教育部人文社会科学规划基金项目（16YJA710014）

辽宁省社会科学规划基金项目（L18BLW016）

社会主义价值引领与
民营经济实践研究

刘润 ◎ 著

中国社会科学出版社

图书在版编目（CIP）数据

民营经济实践与社会主义价值引领研究/刘润著 . —北京：中国社会科学
出版社，2019. 12

ISBN 978 – 7 – 5203 – 5383 – 0

Ⅰ. ①民… Ⅱ. ①刘… Ⅲ. ①民营经济—研究—中国②社会主义核心
价值观—研究—中国 Ⅳ. ①F121. 23②D616

中国版本图书馆 CIP 数据核字（2019）第 227768 号

出 版 人	赵剑英
责任编辑	杨晓芳
责任校对	夏慧萍
责任印制	王 超

出 版	中国社会科学出版社
社 址	北京鼓楼西大街甲 158 号
邮 编	100720
网 址	http://www.csspw.cn
发 行 部	010 – 84083685
门 市 部	010 – 84029450
经 销	新华书店及其他书店

印 刷	北京明恒达印务有限公司
装 订	廊坊市广阳区广增装订厂
版 次	2019 年 12 月第 1 版
印 次	2019 年 12 月第 1 次印刷

开 本	710 × 1000 1/16
印 张	15. 25
插 页	2
字 数	220 千字
定 价	69. 00 元

前　　言

改革开放以来，中国始终强调把社会主义优势与市场经济优势相结合。社会主义首先是形而上的概念，体现了一定的价值诉求、目标原则和发展立场；其次也体现了其独特的制度与道路特征。同时其价值目标的实现和道路的成功离不开战略、规划和发展手段的支撑。目标决定和制约手段，手段为目标服务。资源配置方式选择计划与市场并不是区分社会主义与资本主义的本质特征。作为市场经济，也并不一定与私有制相联系。市场主体既可以是国有企业也可以是民营企业，既可以是国家、集体、个体共同投资的多主体混合所有制经济，也可以是资本、劳动、技术等多要素共同参与的股份制经济。采取何种生产关系取决于生产力的发展阶段和水平，取决于能否解放和发展生产力。

现代市场经济发源于西方，从其产生那天起就与大机器工业的生产力相联系，与资本主义生产资料私有制的生产关系相联系。而在资本主义依靠简单扩大再生产进行扩张的资本原始积累时期，法律和社会保障制度缺失，工人反抗意识没有觉醒，资产阶级主要通过剥削和压榨工人劳动的方式积累资本、获取财富。对此，一方面，是资产阶级学者对现代市场经济在促进生产力发展和社会进步方面的辩护；另一方面，是同情无产阶级的社会主义宣传家对人剥削人、人压迫人和只有少数人发财而大多数人陷入贫困的资本主义的道德鞭挞。直到马克思、恩格斯《共产党宣言》的发表，国际工人运动有了现代马克思主义政党组织和科学社会主义理论指导，世界各国的现代化道路选择发生了分化：资本主义道路和社会主义道路。

一方面，马克思充分肯定了资本主义市场经济在促进社会生产力发展的巨大作用，强调社会发展规律的必然性，认为，无论哪一个社会形态，在它所能容纳的全部生产力发挥出来以前，是绝不会灭亡的，而新的更高的生产关系在它的物质存在条件，在旧社会的胎胞里成熟以前，是绝不会出现的。马克思反对任何试图将社会主义的实现与某种道德辩护联系起来。另一方面，由于科学社会主义的理论核心在于揭露资本主义私有制的剥削本质，提出共产党人的目标就是要消灭私有制，实现人类解放和平等。这恰恰是想改变近代以来遭受殖民压迫和封建剥削现状的中国共产党人看中社会主义的价值诉求。马克思、恩格斯通过对社会主义必将取代资本主义的逻辑论证，把社会主义的高级阶段——共产主义的实现，建立在既符合社会发展运动规律又符合广大劳动人民价值诉求的基础之上，成为中国共产党人的理论指导和信仰依托。从此注定中国的现代化命运与社会主义道路紧密联系在一起。

马克思主义是建立在历史唯物主义和辩证唯物主义哲学认识论和方法论基础之上的，是理论与实践的统一。选择马克思主义为指导，需要将其与中国的历史与现实相结合，需要与中国的国情与发展阶段相结合。由于资本对劳动的剥削恰恰是在商品交换即市场经济环境中实现的，那么共产党人取得政权后自然把消灭私有制、商品经济作为反对剥削压迫的基本手段。经典作家对资本主义市场经济在促进生产力发展方面进步作用的论述，并没有受到应有的关注。

在新中国成立初期的理论与实践局限下，用计划取代市场、用公有制取代私有制，是中国共产党关于社会主义取代资本主义的基本认识和政策选择。这并不表明中国共产党人不重视生产力的发展，而是由于在探索选择社会主义生产关系方面经验不足，认为计划经济更优于市场经济，能更好地实现社会主义目标。在西方经历了世纪性的大萧条后，计划经济与市场经济孰优孰劣在国际学术界也曾有过激烈争论，即使在西方资产阶级学者中也并不能达成共识。在革命道路的选择上，中国共产党也曾经历过挫折，但最终突破了马克思主义的传统认识局限，把马克思主义与中国实际相结合，找到了适合中国国情的农村包围城市的武装革命道路，并取得了革命的成功。传统的社会主义计划经济实践，突出了平等目标，但却严重影响了经济效率。在总结计划经济的经验教训基础上，中国的社会主义建设再出发，提出改革开放政策，选择了建设社会主义市场经济的现代化道路。

中国道路就是对市场经济的选择、坚持和重塑。改革开放之初，中央通过重新认识实践中的社会主义，提出中国社会主义初级阶段理论，强调允许一部分人先富起来，改革一步一步向市场经济推进，在1992年确立社会主义市场经济体制。与此同时，面对民营经济的迅速崛起及其政治诉求，中央在充分肯定了民营经济贡献的基础上，提出"两个毫不动摇"，加强产权保护，不断扩大民营企业家参政、议政渠道，从成为政协、人大代表，到民营企业家也可以入党，实现了民营企业从市场主体到社会主体的身份认同。但是，随着市场经济实践的不断深入，权力寻租、环境恶化、食品安全等不合法和违规问题，以及资本对劳动的强势、收入差距过大等社会分化现象也随之出现。21世纪初，中央提出"科学发展观"，强调以人为本的和谐社会建设目标，矫正市场经济实践中的价值失范现象。党的十八大以来，中国改革开放进入新阶段，中央提出"五位一体"总布局和"四个全面"战略布局，同时中国道路的特色优势已经显现。在此基础上，习近平总书记提出新时代中国特色社会主义思想，并强调"四个自信"。"四个自信"实际上是按照马克思主义基本原则立场对市场经济进行中国塑造的成果肯定。

把社会主义优势与市场经济优势相结合，是党的十八大以来中央一再强调的中国道路特色。改革开放40年，中国实现了从站起来、富起来，进而强起来的历史飞跃，社会的主要矛盾从"人民日益增长的物质文化需要同落后的社会生产之间的矛盾"转化为"人民日益增长的美好生活需要和不平衡不充分的发展之间的矛盾"。如果说改革开放之初，促使一部分人先富起来是市场经济发展的重点，在社会主要矛盾转化为不平衡、不充分发展的今天，社会主义市场经济的发展重点更应聚焦共同富裕。中央提出的在全面建设小康社会的道路上一人不少、一人不落下，是通往共同富裕的新起点。在新的历史进程中，民营经济作为市场经济的重要主体，不仅不能"离场"，而且要以社会主义的"主人"身份发挥其优势，做出应有的历史贡献。

坚持"两个毫不动摇"是中国共产党坚持科学社会主义理论逻辑与中国发展的历史逻辑、实践逻辑相结合做出的重要决策，是十几亿人民在进行社会主义市场经济实践中得出的重要结论，是中国共产党总结中华人民共和国成立以来社会主义建设正反两方面经验教训做出的正确选择。改革开放以来中国经济建设取得了举世瞩目的成就，民营经济功不可没。习近平总书记在同民营企业家座谈时强调，民营企业是自己人。民营经济从不被认可到允许发展到自己人，经历了党对社会主义理论认知的转变，经历了广大人民群众对资本家为富不仁、没有道德的认知到对民营企业在税收、地方经济发展和就业等方面贡献的认可。今天，从世界五百强到"一带一路"建设中均有中国民营企业的身影。

但是，综合来看，目前中国民营经济的发展呈现出多层次性和不平衡性，企业主的素质良莠不齐，管理水平、产品和服务质量、企业创新能力等也有较大差距。同时，距离践行社会主义核心价值观的要求，距离广大人民群众对民营企业承担社会责任的诉求和期待还有较大距离。

鼓励发展非公有制经济不是中国特色社会主义的一种权宜之计，它不会淡出历史舞台。如果说，中华人民共和国成立初期，对民营资本还停留在其资本主义性质的传统认知，对其采取限制政策的话，那么，在建设有中国特色社会主义的制度条件下，民营经济是自己人。作为社会主义事业的建设者，民营企业和企业家需要负起社会主义主人翁的责任，需要不断学习，自我教育，提升认识。民营企业和企业家既要关注企业的眼前利益又要注重企业的长远发展，既要关注企业自身利益又要关注社区、国家和民族利益。

　　用社会主义核心价值观指引民营企业的发展方向，是坚持走中国特色社会主义道路的理性选择。坚持中国道路，需要站在马克思主义的历史唯物主义和辩证唯物主义认识视野下，承认并肯定市场经济的内在价值，摒弃传统市场经济主体的认知局限，通过激发企业家精神，把民营企业的利润目标与企业家的人文精神、价值实现相结合，从而实现民营企业的自身发展与共同富裕的社会主义目标相向而行，与实现中华民族伟大复兴的历史任务相向而行。

　　世界社会主义五百年波澜壮阔的历史进程告诉我们：中国特色社会主义是科学社会主义理论逻辑和中国社会发展历史逻辑的辩证统一，是历史的结论、人民的选择。把培育和践行社会主义核心价值观与企业家的人文精神、价值实现相结合是本书研究的重点难点。在上述认知的基础上，本书共分五章阐述民营经济在中国的实践及其社会主义价值观的引领问题：

　　第一章：社会主义价值理想与经济模式的历史考察。其一，回溯和考察空想社会主义及其代表人物的社会主张和价值追求，提炼出空想社会主义关于没有剥削压迫、人人劳动、人人平等的理想社会追求，总结空想社会主义关于资本主义私有制、商品经济制度与资本主义社会不合理现象之间关系的初步认知。其二，梳理科学社会主义经典作家对资本主义私有制的历史分析和评价，提炼出经典作家对资本主义社会"资本"剥削"劳动"及其带来的贫富两极分化的不公平不合理现象的批判观点，在肯定资本主义生产关系对生产力发展的巨大历史进步作用的基础上，提出实现"人的自由全面发展"的共产主义价值理想和追求。

　　第二章：民营经济合法性的政策认同。其一，梳理改革开放前对民营经济的认知与实践，包括在理论上把公有制、计划经济与社会主义划等号，在实践上推行公私合营，并分析阐述存在认知偏差的理论与现实原因。其二，阐述改革开放后对民营经济的"合法性"承认及其社会主义的理论认知转变，包括从民生诉求、打破"大锅饭"的基层实践，到思想解放、关于社会主义本质认识的理论突破，形成从顶层设计到基层民众对发展社会主义市场经济的政策共识。其三，从党的文件和法律修订视角，梳理改革开放以来对中国民营经济合法性地位予以承认的政策演变。

第三章：市场改革实践中的价值失范及其理论检视。其一，对于中国市场经济实践中出现的以极端利己主义和功利主义为特征的价值失范现象及其所引发的一系列人与人、人与社会、人与自然的矛盾进行分析，包括大众的财富观转变、地方政府在政商关系中的"唯GDP"论和"权力寻租"现象、民营资本的利润最大化价值取向及其后果。其二，梳理由上述价值失范造成的理论界对民营"资本"合法性的质疑和治理范式的论争，并对改革开放后主流经济学理论进行检视，包括西方经济学何以一度成为主流、社会主义政治经济学的理论供给不足问题及其原因。

第四章：社会主义核心价值观的引领依据。其一，从社会主义的理想追求和当代社会主义核心价值观的要求视角，解读用社会主义价值观引领民营经济发展的必要性。其二，从构建中国特色社会主义政治经济学的理论视角出发，解读社会主义核心价值观引领民营经济发展的必要性，包括以人民为中心的社会主义发展立场、市场经济与社会主义辩证统一的发展原则。其三，从民营企业的健康成长视角论证社会主义核心价值观引领民营经济发展的必要性，包括诚信守法、爱国敬业、创新奉献的价值观对于民营企业和企业家健康成长的重要性。

第五章：社会主义核心价值观的引领路径。其一，正确认识政府的作用，即坚持"两点论"。坚持把市场这只"看不见的"手与政府这只"看得见的手"相结合，是社会主义核心价值观引领民营经济发展的前提。其二，教育引导与帮扶解困相结合，包括建立"亲清"政商关系，教育引导民营企业担负起社会主体责任，帮助民营企业渡过难关。其三，要有相应的制度作为保障，包括形成交流学习机制，完善政商交往平台，加强媒体监督和舆论引导，完善法律保护和约束。

　　结语：用社会主义核心价值观引领民营经济的世界意义。其一，澄清新自由主义的市场经济"价值中立"说，为世界各国尤其是发展中国家实现"效率与公平"兼顾的现代化道路提供中国智慧和精神动力支持。其二，打破西方市场伦理的一元化解释，强化"人类命运共同体"责任，为解决当前世界经济面临的伦理困境、提高市场经济信誉、建设"善"的市场经济提供中国特色社会主义的伦理文化支撑。

目　　录

第一章　社会主义价值理想与经济模式的历史考察

一　空想社会主义

（一）社会主义的早期含义

社会主义（socialism）一词源于古拉丁文 socialis，在拉丁文中是"同伴""善于社交"的意思。社会主义一词的出现要晚于社会主义思潮。在高放所著的《社会主义的过去、现在和未来》（1982 年）的书中，专门就"社会主义、共产主义名词的由来及其含义的异同"做了考证，列举了关于社会主义一词起源的十二种说法。仅就社会主义一词最早的含义考证来看，大致有以下几种说法。[①]

第一种说法是强调人的世俗性。一个叫本尼迪克丁·安家尔姆·德生（1699—1772 年）的人在 l753 年与别人论战时，把信奉基督教的神学家和倡导尊重自然规律的人士加以区别，称后者为社会主义者。由于当时欧洲教会的势力很大，它们通常把人看成神的奴仆，否认人的社会性。而主张承认人的社会性即人的世俗性的观点和人士，就被称为社会主义和社会主义者。

第二种说法是作为个人主义的对立面而使用的。1803 年意大利

---

① 根据高放：《社会主义的过去、现在和未来》，北京出版社 1982 年版，第 58—63 页整理。

传教士贾科莫·朱利安尼在其所著《驳斥反社会主义》一书中使用了"社会主义"和"社会主义者"这两个词，抨击 18 世纪盛行的个人主义和个人主义者。他认为个人所有制造成了人类的不平等，个人主义是"反社会主义"的。他把社会主义解释为"由上帝安排好的传统的社会制度"，作为当时欧洲宗教改革运动中的革新派，他承认人的社会性，主张人要为上帝安排好的社会服务，反对人只为自己个人打算。

第三种说法是 1822 年欧文派的一位通信者爱德华·科珀第一次用英文使用了这个术语。欧文派使用社会主义是表达了他们不满资本主义社会中盛行的个人主义，朦胧地倾向于集体主义，主张人们要有社会整体观念。在 1827 年 11 月英国欧文派主办的《合作杂志》中，"把主张资本不应私有而应公有的人们称为'公社主义者或社会主义者'"①。据说，在《合作杂志》上曾经展开了是否要以合作制度代替私人竞争制度的辩论。这时社会主义一词已经具有了新的含义，它是指人们追求一种与资本主义不同的新社会制度。

第四种说法是法国圣西门派的门徒戎西埃雷在 1832 年 2 月的《地球》杂志上提出的。该杂志为圣西门派创办的，旨在宣扬圣西门的学说。戎西埃雷反对与社会没有任何有机联系的个体，主张建立一种人人彼此间存在有机联系的社会制度。他把人与人之间有组织的联系称为"社会主义"，并提出"我们不愿意为社会主义而牺牲个人，也不愿意为个人而牺牲社会主义"。在此基础上，1934 年圣西门派著名活动家比埃尔·勒鲁在其创办的《百科全书评论》杂志发表了《论个人主义与社会主义》一文，他按圣西门的学说，第一次对"社会主义"概念作了阐述，他反对资本主义社会通行的个人主义，把社会主义理解为"联合观念的扩大"；认为社会主义是与个人主义对立的，在社会主义社会个人愿为社会的利益而牺牲自己，而社会并不会

---

① ［英］托尼：《〈英国社会主义史〉导言》，载 M. 比尔《英国社会主义史》上册，第 9 页。转引自吴易风《空想社会主义》，北京出版社 1980 年版，第 1—2 页注释。

把个人吞没，提出只有走"联合"或"社会主义"的道路，才能改善人口众多的贫困人民的命运。这一表述表达了空想社会主义的基本主张。

此后，"社会主义"这一概念在空想社会主义者中广为传播，逐渐成为当时在西欧社会中酝酿已久的反对资本主义、追求新的社会理想的人们的共同夙愿。①

（二）早期空想社会主义与财产公有

社会主义如果仅从这一名词的提出算起至今不过 200 多年，但是作为近代社会主义思想的起源却需要追溯得更早。中共中央总书记习近平 2013 年在新进中央委员会委员、候补委员学习贯彻党的十八大精神研修班的讲话中提道："从提出社会主义思想到现在，差不多五百年时间。"这里所讲的 500 年就是从 1516 年出版的《乌托邦》算起。

自 1516 年莫尔出版《乌托邦》以来，空想社会主义思潮在欧洲的近 300 年内并未使用社会主义一词，而是一直以"乌托邦"或"空想主义"见称。"乌托邦"一词由两个希腊字组成，"乌"是没有的意思，"托邦"是地方，"乌托邦"就是虚幻的、实际不存在的地方。故而，后人称莫尔式的社会主义为"乌托邦社会主义"即空想社会主义。《乌托邦》的全名是《关于最完全的国家制度和乌托邦新岛的既有益又有趣的全书》，莫尔在书中描绘了一个他所憧憬的美好社会。在那里，财产是公有的，任何人都没有私人财产，大家都热心于公共事业，致力于实现共同富裕。乌托邦人痛恨私有制，他们都具备这样的认识：即私有制意味着人剥削人、人压迫人，意味着只有少数人能发财而大多数人会陷入贫困。在乌托邦里，劳动是每个人应尽的义务，凡是有劳动能力的人，不论男女，都参加劳动，乌托邦没有懒汉，没有游手好闲者，寄生现象已经完全绝迹。乌托邦人崇尚自

①　转引自吴易风《空想社会主义》，北京出版社 1980 年版，第 2 页注释。

然、简朴的生活，反对奢华，视金银如粪土。

在莫尔时代，英国等欧洲各国不断开拓航海业，目的就是到世界各地获取金银，在商人眼里金银就是财富。而在莫尔看来，人们需要的只是能使用的产品而不是货币。莫尔认为，由于劳动普遍化，劳动时间就可以大大缩短，就可以生产出满足社会全体成员需要的一切产品。莫尔把提供丰富的物质产品和社会成员的高度自觉作为按需分配的依据："第一，没有一种物资不是充裕的；其次，也无须顾虑任何人会不按照自己的需要而多申请物资。"① 由于按需分配，商品交换和货币在乌托邦也不存在了，人们生产的是满足社会成员需要的产品。也因为人人参加劳动，所以消除了剥削。"没有穷人、没有乞丐"、人人平等。

与这一生产分配方式相匹配的，是莫尔在《乌托邦》中强调的教育与生产劳动相结合的思想。莫尔是最早论述劳动教育的思想家之一。他认为学习知识是为了启发心灵，使人的精神更加丰富。因为人人都受到良好的教育，都懂得劳动的价值，所以人人都是生产能手。在乌托邦的教育中，德育占最优先的地位。"在一切财富中，美德占首位，而学问居第二位。"② 知识应与道德有机地结合起来，只有知识、学问但傲慢崇尚虚荣，那么知识就会成为罪恶的渊薮。他说与美德联系在一起的学问要比王国的全部宝藏还珍贵。在《乌托邦》中，莫尔论述了一条社会主义的道德原则，即人们在追求幸福与快乐时，不应也无权去妨碍他人的快乐。有道德的人要做到牺牲自己，成全别人，要尽到博爱人类、同情人类的义务。个人的行为以不能违反公共利益为前提，个人利益必须服从集体利益。

莫尔早年深受人文主义思想的影响，柏拉图的《理想国》对他影响尤深。他曾陶醉于柏拉图的"共产主义"，非常赞赏柏拉图关于国

---

① ［英］托马斯·莫尔：《乌托邦》，戴镏龄译，商务印书馆 1959 年版，第 72 页。

② ［苏］И. Н. 奥西诺夫斯基：《托马斯·莫尔传》，杨家荣、李兴汉译，商务印书馆 1984 年版，第 34 页。

家起源的"互助说"和治理国家的"哲学王"观点。柏拉图公有社会的设想对莫尔有很大的启发。另外，莫尔还是一位虔诚的天主教徒，奥古斯丁的《上帝之城》对他的影响也很大，基督教教义中一些对人类大同的美好社会的描述给了莫尔诸多启示。这些为莫尔的"乌托邦"思想奠定了丰厚的人文基础。

莫尔生活的时期正是英国资本主义的产生、发展和资本原始积累时期。此时资本主义的迅速发展，毛纺织业对羊毛的需求量越来越大，羊毛价格猛涨，养羊业成为十分有利可图的产业。大封建主、大贵族用暴力把大批农民从耕地上赶走，一片片把地圈起来，饲养羊群，史称"圈地运动"。莫尔在《乌托邦》中借一位外国旅游者之口说"绵羊本来是那么驯服，吃一点点就满足，现在据说变得很贪婪很凶残，甚至要把人吃掉，把你们的田地、家园、城市要蹂躏完啦"①。目睹资本原始积累初期的所谓"羊吃人"的情况，看到了农民在重压下的生活痛苦，莫尔充满了同情。马克思在《资本论》中曾借用莫尔的描述，批判英国的圈地运动是"羊吃人"，称这段"是用血和火的文字载入人类编年史的"。②

《乌托邦》深刻揭露了资本主义原始积累过程中封建贵族和早期资本主义商业残酷盘剥工农大众的罪恶，对私有制进行了猛烈的抨击。莫尔指出正是私有制造成了这种种社会罪恶。"我深信，如不彻底废除私有制，产品不可能公平分配，人类不可能获得幸福，私有制存在一天，人类中绝大的一部分也是最优秀的一部分将始终背上沉重而甩不掉的贫困灾难的担子。"③

《乌托邦》通篇并没有出现"社会主义"一词，但是它最早最深刻地提出要改变资本主义私有制，实现生产资料的社会公有，提出要有计划地统一安排社会生产与生活，采取按需分配、公平分配原则，

---

① ［英］托马斯·莫尔：《乌托邦》，戴镏龄译，商务印书馆1959年版，第36页。
② 《马克思恩格斯选集》第二卷，人民出版社2012年版，第291页。
③ ［英］托马斯·莫尔：《乌托邦》，戴镏龄译，商务印书馆1959年版，第56页。

强调通过法律和教育，使人人知法、人人守法，扬善惩恶。主张人道主义、互帮互助，促进人的自由解放和全面发展，等等。莫尔设计的是"一个具有理想的社会经济结构，即带有一定的生产关系的国家，而这种生产关系仅能确保人应有的生活方式和劳动者友爱的完美道德"。① 在历史上首次提出有计划地调节生产，克服生产无政府状况，乌托邦每年的元老会议"一听说某处某种产品太多，某处某种产品奇缺，马上就在甲乙两地以盈济虚，调节一下"。② 正是由于《乌托邦》一书首先提出了上述这些区别于资本主义的社会主义社会理想的新原则，所以它被举世公认为社会主义思想的源头。

继莫尔的《乌托邦》之后，16、17 世纪的空想社会主义者无一例外地都把反对剥削和压迫、实现平等作为社会主义的目标，把实行公有制作为社会主义的基本要求。与莫尔同一时期的托马斯·闵采尔（1498—1525）提出要用暴力建立一个以公有制为基础、消灭压迫和剥削、平等民主幸福的"千载太平天国"。17 世纪初意大利的康帕内拉（1568—1639）在狱中创作了《太阳城》一书，在书中他用对话体的形式介绍了印度洋上一个虚幻的岛国太阳城，叙述了实行绝对公有制的社会。在该社会中，没有阶级的区分，没有贫富的对立，没有因贫富对立产生的一切恶习。17 世纪英国掘地派运动的著名领袖和杰出思想家温斯坦莱（1609—1652），把自己的社会主义理想付诸实践，带领一批失地的穷苦庄稼汉，在英国的圣乔治山开垦无主的荒地，山上一切公有，共享收成，过着原始共产主义的生活，被称为"掘地派"。在遭到镇压后，温斯坦莱又出版了《自由法》一书，提出了同垦共耕的社会改造方案，呼吁建立一个有使用土地自由的自由共和国。

18 世纪资本主义已由简单协作发展到工场手工业，空想社会主

---

① ［苏］И. Н. 奥西诺夫斯基：《托马斯·莫尔传》，杨家荣、李兴汉译，商务印书馆 1984 年版，第 109 页。

② ［英］托马斯·莫尔：《乌托邦》，戴镏龄译，商务印书馆 1959 年版，第 76 页。

义也摆脱早期纯粹虚构的幻想，开始从法理角度批判资本主义私有制，以法律条文的形式阐述未来理想社会的基本原则。这一时期著名的空想社会主义代表人物大都出现在法国，包括梅叶、摩莱里和马布利等。

梅叶号召人民群众自己起来追求自身的解放，建立一个财产公有，财富平等享有，婚恋自由，没有战争、欺骗、盗窃、诉讼和掠夺的平均共产主义制度。摩莱里在《自然法典》中用法律条文形式描绘一幅合乎"自然意图"的未来社会的蓝图：生产资料公有，人人劳动，人人都为社会公益尽其所能，人人都从社会获其所需。贵族出身的马布利（1709—1785）厌倦官场而辞去公职，40 多年来安于清贫和孤独，专心从事理论研究。马布利批判资本主义私有制，提出要建立一个以自由、平等和劳动为基础的公众福利的"平等共和国"。实行财产公有制度，人们普遍树立起了劳动光荣的道德观念，实行劳动竞赛。认为调动劳动积极性的不是私欲，而是优良的美德；居民需要苦修苦练，因为"需求越少，幸福越多"。在这个共和国里，"人人都是富人，人人都是穷人，人人平等，人人自由，人人是兄弟"。①

早期空想社会主义者把财产公有与道德"善"相联系，把私有制与"恶"相联系。如摩莱里在他的《自然法典》中提出，在私有制社会中到处是贪欲和利己主义等的恶习。人们为了财产、职位和荣誉而竞争，私利压到了公共利益。万恶有根，这个根就是私有制。"在没有任何私有财产的地方，就不会有任何因私有财产而产生的恶果。"② 公有与人人劳动、产品归公、按需分配构成未来社会的图景。此外，部分空想社会主义者还不同程度具有禁欲主义、平均主义和神秘的宗教特征。摩莱里和马布利等人认为，原始的公有制社会是人类

---

① ［法］马布利：《马布利选集》，何清新译，商务印书馆 1960 年版，第 170 页。
② ［法］摩莱里：《自然法典》，刘元慎、何清新译，商务印书馆 1959 年版，第 49 页。

的黄金时代，进入私有制社会是人类祖先偶然迷误的结果，是人性的堕落。

（三）19 世纪的空想社会主义与私有制认知

以卢梭等人为代表的法国启蒙运动进一步促成了空想社会主义在法国和欧洲的诞生。法国启蒙思想"本身都是非常革命的"，"他们不承认任何外界的权威，不管这个权威是什么样的。宗教、自然观、社会、国家制度，一切都受到了最无情的批判；一切都必须在理性的法庭面前为自己的存在作辩护或者放弃存在的权利"[①]。

19 世纪初，以法国的圣西门、傅立叶和英国的欧文为代表的空想社会主义者继承了早期的空想社会主义思想，吸收了 18 世纪法国启蒙学者的理性精神，摒弃了平均主义和禁欲主义的神秘色彩，在批判了资本主义社会的不合理和罪恶的同时，对未来社会提出了许多具体计划和设想。他们愤怒地揭露了资本主义制度所造成的贫富极端对立和其他种种罪恶，断言资本主义制度是一种极不合理、充满危机的制度。"我们在英国可以见到两种极端现象的反常结合，奢侈与忍辱受苦的结合。"[②]"在文明制度下，贫困是由富裕产生的"。[③] 空想社会主义者不仅揭露了资本主义的罪恶，还力图找出罪恶的根源。圣西门认为资本主义社会在经济上已经被无政府状态所统治，这是"一切灾难中的最严重的灾难"。他把无政府状态与资产阶级经济学家所说的经济自由联系起来，认为经济自由必然导致生产的无政府状态。傅立叶从生产的分散性和无政府状态推论经济危机不可避免，猜到了竞争会导致垄断。欧文明确阐述解释了摩莱里提出的私有制是万恶之源。他们用资产阶级启蒙学者的"理性原则"和"人性论"观点来论证，

---

① 《马克思恩格斯选集》第三卷，人民出版社 2001 年版，第 355 页。
② 《欧文选集》下卷，商务印书馆 1965 年版，第 51 页。转引自戴清亮等著《社会主义学说史》，人民出版社 1987 年版，第 57 页。
③ 《傅立叶选集》第三卷，商务印书馆 1964 年版，第 59 页。转引自戴清亮等著《社会主义学说史》，人民出版社 1987 年版，第 57 页。

人类历史是理性进化的历史，认为资本主义绝不是什么自然的、永恒的，而只是一个"过渡时代"。他们对资本主义的批判和对未来社会的设想，不是基于对资本主义社会的基础及其内部的矛盾，也不是从现实的历史条件中寻找改革的道路，而是把一切都诉诸"理性和永恒正义"。他们认为，资本主义之所以要被新的社会制度所代替，是因为它不合乎理性和正义，只有他们各自设计的未来社会，才是理性和永恒正义的体现。

1. 圣西门的"实业制度"

圣西门（1760—1825）出身于贵族家庭，自幼接受良好的教育，在其《生平自述》中自称是"查理大帝的后裔，圣西门公爵的嫡亲"。尽管出身显赫，但他却立志做"工人阶级的代言人"。1789 年，圣西门参加了法国大革命，宣布放弃世袭的爵位和自己的显贵姓氏，改称"公民包诺姆"（即老百姓庄稼汉）。他斥责资本主义社会是黑白颠倒的世界，他指出，"游手好闲者"——贵族、僧侣和食利者高踞社会金字塔的上层，而辛勤劳动、创造了社会财富的广大劳动者却被压在这个金字塔的最底层。他指出，法国如果突然失去三千名科学家、艺术家和手工业者这些"法国的社会之花"，国家就会遭到极大的不幸，整个民族就会变成一具没有灵魂的僵尸。而如果死去三万王公、贵族、元帅、主教这些游手好闲者，不会给社会带来任何损害。他抨击资本主义社会使贪婪和利己主义膨胀，"贪婪已变成在每个人身上占有统治地位的感情；利己主义这个人类的坏疽，侵害着一切政治机体，并成为一切社会阶级的通病"。资本主义社会使"没有才能的人治理有才能的人，道德败坏的人支配善良的公民"。[①] 而"无政府状态，是一切灾难中最沉重的灾难"。因此，"应当解决的最重要的问题，是应当如何规定所有制，使它既兼顾自由和财富，又造福于整

---

① 《圣西门选集》第一卷，王燕生、徐仲年、徐基恩等译，商务印书馆 1979 年版，第 147 页。

个社会"①。

圣西门认为，只有用"实业制度"来代替资本主义制度，才能使人类进入"黄金时代"。它的目标是要让一切人最大限度地获得自由和社会得到最大的安宁保障。他先后创作了《论财产和法制》、《实业制度》、《论文学、哲学和实业》与《新基督教》等著作阐述自己的思想。圣西门的"实业"治国，就是把管理社会的权力，从贵族、军人和政客手中夺取过来，交给实业家和学者。圣西门所说的"实业家"是一切劳动者，既包括工人、农民，也包括工厂主、农场主、商人和银行家。但是，圣西门的"实业制度"是建立在大生产基础之上，需要社会高度的组织化和权力的集中统一。他认为，"有组织的分工将把人们之间紧密联系起来"，通过制定明确、合理的计划，以保证整个社会的生产、科学和艺术及有利于居民的一切公共事业协同顺利进行。圣西门把社会权力分为世俗的和精神的权力两部分。世俗权力由最优秀的实业家代表组成的最高行政委员会掌握，管理政治和经济，圣西门认为，资本家对企业的经营管理也是劳动，而且是比工农业生产劳动更为重要的劳动，他们的智慧和管理能力超过其他阶级。在最高行政委员会中任职的，大多是拥有巨资的资产者。精神权力由最有才能的学者和科学家组成的最高科学委员会掌握，管理国家的科学、文化和宗教事务。圣西门认为，学者同实业家一样，是"民族的真正骨干"，以自己智力和知识进行创造性劳动，促进了科学文化水平的提高，因而在"实业制度"也有极其重要的地位。

圣西门的"实业制度"把社会主义与有组织的"协作制"联系了起来。但是他并不强调生产资料公有制，而是在保有资本主义私人占有制的基础上，把资产者吸引到"实业制度"中来，通过使各个实业家的活动服从社会统一的计划，以更好满足占人口大多数的穷苦劳动者的物质和精神需要。在"实业制度"下，必须实行人人都要

---

① 《圣西门选集》第一卷，王燕生、徐仲年、徐基恩等译，商务印书馆 1979 年版，第 188 页。

劳动的原则，不允许游手好闲的人存在。他说："一切人都要劳动，都要把自己看成属于某一工场的工作者"。穷人用自己的双手养活富人，富人也得用自己的脑子来为穷人工作，如若不然，则也得与穷人一样从事体力劳动。为了促使每个人都参加劳动，圣西门主张大力宣传劳动是美德之本，同时政府开展反对游手好闲者的斗争。因而，在实业制度下失业是不允许的。

圣西门反对暴力，主张通过和平的方式实现"实业制度"，把宣传作为是实现社会变革的唯一手段。首先是向国王宣传，使国王认识到为维护王权的利益必须把世俗权力交给实业家，把精神权力交给学者和艺术家。其次是向广大人民宣传，使之团结起来向国王表示自己的心愿，促使国王利用掌握的权力来实行社会改革。圣西门认为，学者和实业家已经成为强大的社会力量，将在建设实业制度中发挥最重要的作用。为此，他们应尽快组成政党，实业家政党的一个主要任务是宣传"实业学说"，提高广大实业家的觉悟水平，团结社会上一切可以团结的力量来促进实业制度的实现。他还寄希望于法国当时的最高统治者，认为王权也是促进社会变革的重要力量。他说，国王和学者、实业家的利益是一致的，他们之间联盟所形成的力量比社会上其余阶级加在一起的力量要大一百倍，甚至一千倍，而也只有学者和实业家才能真正保卫王权不受新旧贵族和僧侣阶级的侵犯。

法国当时的社会生产力不够发达，因而空想社会主义者主张保留财产私有制。在实业制度中存在私有制，在圣西门看来，这应该是改善了的、与全民利益相适应的私有制。实业阶级应该自由地处置自己的财产，这样可以推动他们去合理地组织生产。

在"实业制度"下，坚持一切人都应得到最大限度的自由，以防止一部分人可能对另一部分人进行统治和压迫。由于军队、警察等暴力机器已不再需要，因而政权的性质和职能便发生根本性的变化，政权由对人的政治统治变为对物的管理，其职能转为组织社会生产以满足全体社会成员的需要。圣西门死后，他的追随者继续宣传圣西门的空想社会主义学说。1832 年 8 月，法庭以圣西门主义者破坏法律、违背道德的罪名对他们提交审讯，圣西门主义学派自此彻底瓦解，不复存在。

2. 傅立叶的"法朗吉"

法国的另一个空想社会主义者傅立叶（1772—1837），先后发表了《全世界和谐》、《四种运动论》、《新世界》等著作，对资本主义种种不合理现象进行无情的揭露和批判，阐述了其社会主义"和谐制度"思想。

傅立叶对资本主义商业和道德堕落进行了无情的批判和讽刺。他指出，法国经历了资产阶级大革命后，商人成为"政治界中真正的暴君"，为了获取最大限度的利润，商人采用一切卑鄙手段来欺骗消费者，恢复极其残忍的黑奴买卖及随之而来的奴隶制度。他列举了商人的 36 种罪行，而政府成了商人的代言人，政府根据商人的利益来制订方针、政策，法院、警察等专政机构成为商人的庇护者。资产阶级道德家利用种种虚伪的道德来为富人和统治者效劳，学术界堕落为"商人最忠实的仆人"，变成"以前曾嘲笑过的商人科学的崇拜者"。他讽刺，在资本主义社会里，"医生希望自己的同胞患寒热病；律师则希望每个家庭都发生诉讼；建筑师需要一把大火把一个城市的四分之一化为灰烬；安装玻璃的工人希望一场大冰雹把所有的玻璃打碎"①。因此，他斥责资本主义社会"是颠倒世界，是社会地狱"。②

傅立叶认为，商人们的无耻行径，加剧了经济混乱和无政府状态。"生产的分散性或不协调的劳动"，使"经济生活周期地陷入混乱"。掩盖在资本主义制度下的是尖锐的个人利益和集体利益的对立，社会上只有 1/3 的人从事生产劳动，其他人都过着寄生生活。工人的贫困"在随着生产发展的程度而增长"，社会存在"个人反对大众的

① 《傅立叶选集》第三卷，商务印书馆 1964 年版，第 321、58 页。转引自戴清亮等著《社会主义学说史》，人民出版社 1987 年版，第 83 页。
② 同上。

普遍战争"。傅立叶看到生产的无政府状态造成了企业主之间的激烈竞争，而竞争会导致垄断的产生，他第一次指出 1825 年资本主义世界经济危机的性质，称其为"生产过剩引起的危机"。

傅立叶提出了未来社会的理想蓝图，他设计了一种以"法朗吉"为基本单位的和谐社会，即生产——消费协作社。"法朗吉"来源于希腊语"队伍"一词，意指严整的步兵队伍。傅立叶用它来表示和谐社会是有组织的生产，以区别于资本主义社会的生产无政府状态。"和谐社会"里不存在城乡差别，"法朗吉"的成员要从事各种劳动。产业归全体成员共同所有，以农业为主，人人都参加劳动，人人自由选择职业，劳动成为乐趣。在"法朗吉"内，每个成员都可以按照自己的兴趣爱好选择生产小队——"谢利叶"，可以同时作为许多个"谢利叶"的成员，同一天内到多个"谢利叶"去参加劳动，但在每个"谢利叶"的劳动时间每天最多不超过一个半至两个小时，这样一天内可以从事好几种不同的劳动。傅立叶认为，劳动的多样性可满足人的最高情欲——"创造欲"和"竞赛欲"，使劳动成为一种享受，成为人们的需要。恩格斯对此予以充分肯定，"他确立了劳动和享受的同一性，指出现代社会制度把这两者分裂开来，把劳动变成痛苦的事情，把欢乐变成大部分劳动者享受不到的东西，是极端不合理的。然后他又指出，在合理的制度下，当每个人都能根据自己的兴趣工作的时候，劳动就能恢复它的本来面目，成为一种享受"。

在"法朗吉"中，傅立叶不像莫尔那样提出财产完全公有。他认为应当按劳动、资本和才能进行分配。其中主要是按劳分配。各种劳动的计价标准不同，脏、苦、累而又为社会所需要的劳动，报酬较高。"法朗吉"中的富人可以只依靠投资的利息生活，由于劳动生产率提高，收入增加，分给股东的股息将远远超出现有社会资本所得的利息，这将有力刺激资本家向"法朗吉"投资。"法朗吉"设有交易所，股票不仅可继承，而且可以买卖。科学家和艺术家则凭才能参加分配，他们的劳动价值和收入份额，由公民表决决定。某些人可以同时获得按劳动、资本、才能三种分配的收入。在"和谐社会"里，保留着以股本形式存在的生产资料私有制，资本家可凭股本获取优厚股息。傅立叶认为，由于"法朗吉"收入可观，到一定时候每个成员都能在"法朗吉"入股，因而雇佣劳动者都能变成私有者。由于各个"法朗吉"成员的劳动、资本、能力状况不同，他们的收入也不相同，因而他们的生活水平也会有很大差异。但"法朗吉"中低档的房舍和膳食，比现有社会富人们享用的还要好得多。

教育在"和谐社会"受到高度重视。傅立叶主张教育与生产劳动相结合，培养全面发展的新一代。他认为教育应当是社会性的，不应当在家庭里进行。儿童从3岁起就须通过考试进入专门的儿童小工厂，在劳动实践的基础上成为"法朗吉"中成熟的一员。在劳动教育的同时，对儿童还要进行科学教育。科学教育是劳动教育的必然结果，因为劳动会使人产生强烈的求知欲，促使他们去学习科学文化知识。因而，傅立叶认为，教育与生产劳动相结合必然会导致科学文化事业的高度发展，并进而缩小乃至消灭体力劳动与脑力劳动的差别。

"法朗吉"是一个有计划有组织、管理有序的社会，既不存在贫富上的巨大悬殊，也不存在战争和欺诈道德败坏。傅立叶预言，在和谐制度下，由于劳动成了人的第一需要，人的劳动积极性空前提高，社会生产迅速发展，这使得沙漠变成良田，运河纵横大地，人们的生活也从根本上得到了改观。"和谐社会"中，商业的规模比资本主义社会扩大20倍，而商业经营人员却反而减少。"法朗吉"成员所需要的任何东西都可以在商店中买到。在这一社会中，普遍的协作制代替了资本主义社会的个人竞争，人们摆脱贫困和不幸，获得最大的幸福，从而导致整个社会的和谐。

傅立叶反对暴力革命，认为只有通过建立"法朗吉"这种和平的办法去改造现有社会，才能实现"和谐制度"。为了建成"和谐社会"，傅立叶认为，必须有下面四种人通力协作：第一是需要富有资财并具有乐善好施性格的政治活动家或将军作为创办人；第二是需要与权贵和资本家有来往的人作为谈判家；第三是有广泛社会影响的资产阶级政客、拿破仑政权里的贵族和将军以及作家（一个人可以兼任其中两种角色）作为宣传家；第四是这种组织的发明家，而这个发明家就是他自己。

傅立叶一直期望着能有豪富权势者慷慨解囊，支持他的"法朗吉"试验。他尤其重视执政的国王的作用，认为"决定性的办法是说服具有崇高影响的国王。只要他认购了第一股，其余的股份在第二天中就会被人认购一空"。他在报上登广告，给有关的大亨写信，希望有人出资跟他商谈这件事。在那段时间里，每天上午不论他去干什么，中午 12 点都会准时回到家里等着，等了几年也没有一个富翁来支持他。1832 年众议院议员博德一杜拉利在塞纳一瓦兹省康迪地方拨出自己的一块地皮，发起组织股份公司，进行傅立叶的"法朗吉"实验。原计划招募 1620 人，征集 120 万法郎，结果只有 150 人应征，而且其中大多数是没有财产的雇佣工人，没有什么钱，150 人凑了 30 万法郎。因为资金不足，只建造了一个有一些建筑物的农场。1833 年这个实验最终以失败告终。

3. 欧文的"劳动公社"

欧文（1771—1858）生活在英国工业革命完成的机器大工业时代，他对资本主义的认识和批判比圣西门、傅立叶更为深刻，对私有制的批判最为严厉，并且亲自将其理论付诸实践。

欧文提出"人是环境的产物"，社会上的一切罪恶源于三大祸害：私有制、宗教和建筑在两者之上的现代婚姻制度。在被他称为"三位一体的祸害"中，私有制又"是各国的一切阶级之间的纷争的永久根源"。私有制使"人们为了个人的发财致富进行疯狂的斗争，使劳动者阶级感受到了压迫和无法忍受的痛苦"。这种斗争败坏了人的高尚品质，培养和鼓励了一切卑劣的感情和欲望。私有制"过去和现在都是人们所犯的无数罪行和所遭受的无数灾祸的根源"[1]，在私有制度下，英国的无产者和贫民已经达到人口的 3/4。由于英国采用了大机器生产，"人就被当成了次要的和低等的机器"。未成年的童工每

---

[1] 《欧文选集》，商务印书馆 1981 年版，第 11 页。

天被迫劳动 12 小时以上，身心发育遭受极大摧残。大机器生产造成了两个后果，一方面是私有财富的迅速增加，另一方面则是劳动时间的延长，尤其是童工、女工的使用把大批工人从生产过程中排挤出去，失业人数增长，工资收入下降，结果是"世界上充满了财富"，"却到处笼罩着贫困"。欧文反对马尔萨斯在《人口论》中提出的人口过剩造成贫困的观点，他认为生活资料的来源是无穷的，关键在于建立合理的社会制度。为了人类的幸福和利益，必须对私有制"进行彻底的社会改造"[①]，"如果只对社会制度进行局部改革，那就不能消除灾祸，人也不能达到愉快地享受合理而幸福的生活的境地"。需要把"纯粹个人日常用品以外的一切东西都变成公有财产"。[②]

欧文的理想社会方案是共产主义"劳动公社"（又称"合作公社""方形村""新和谐公社"等）。公社通过统一的计划组织生产，生产的目的是为了满足全体公社成员的物质和精神文化生活需要，因此现有的社会混乱和生产的无政府状态将不再存在，经济危机也将永远消除。"劳动公社"既不同于早期空想社会主义者提出的生产资料和消费资料的全部公有制，又不同于圣西门、傅立叶的实业制度和"法朗吉"中保留私有制尾巴的改良方案。"劳动公社"中没有富人和穷人、资本家和工人的阶级划分，也没有剥削和压迫，"在正确组织起来的和有科学根据的财产公有制度下，人人都受同样的教育和处于同样的生活环境……而由现有制度的错误产生的罪恶将全部绝迹"。欧文不排除大机器生产，主张公社要采用机器和技术发明来替代笨重的体力劳动。他认为，在资本主义制度下机器不过是资本家奴役劳动者的工具，而在公社制度下，机器将成为节约劳动时间和资金，减轻劳动强度，增加社会财富，为人类谋福利的手段。由于大机器的使用和科学技术发明，公社能生产出丰富的产品，"劳动公社"可以实现"按需分配"的原则。"一切人都可以无忧无虑地获得他们的身体健

---

① 《欧文选集》，商务印书馆 1981 年版，第 54 页。
② 同上书，第 13 页。

康所需要的日用品"。人们也不会想要占有超过自己需要的产品和积累私人财富，也就不会产生私有观念。因为在物质产品极为丰富的情况下，积累私人财富如同在水源多于需要的地方用瓶子贮水一样，成为不可理解的事情。

欧文主张教育与生产相联系，生产本身也是教育。公社实行义务劳动，没有任何人享有脱离生产劳动的特权。同时，训练青年尽可能从事全面的技术活动。每个社员既要参加农业劳动，又要参加工业劳动，还要进行科学研究。因此，在"劳动公社"里，工农差别、城乡差别、体力劳动和脑力劳动的差别也随着旧的分工的消失而消失。公社开办各种学校，按照人们的不同年龄和经验分"组"，"组"是将劳动、社会管理和劳动分工容纳在一起的最基层组织。在不同年龄要分别接受不同的教育、培训、生产性劳动、创造性劳动和科学研究、艺术活动以及组织管理、分配监督等工作。按欧文的设想，"在这种社会划分和与此相适应的制度下，每个人所受的训练和教育将使他们能够用最好的方式尽量发展本人的才能和力量"。通过这种教育，就可以建立起新的道德风尚，培养诚实、正直、勤劳和集体主义的新人。欧文认为，这种新制度实现后，将会使全人类获得世世代代的永久幸福。公社社员可以过上现有社会资本家也享受不到的幸福生活。

为了实现自己的理想社会方案，欧文一方面积极进行工厂试验，另一方面积极进行宣传教育。

早在 1800 年，欧文在苏格兰就接管了一个拥有 2000 工人的新拉纳克纺织工厂。他在那里进行了一系列既要"有利于社会的大规模试验"，又要"牟利"的改造活动。1819 年，欧文在工厂里实行了第一个工厂法，把工人的劳动时间由每天 13—14 小时缩短为 10.5 小时，但不减少工资；改善工人的劳动条件，设立工厂商店，商品比一般商店价格低 25%，保证工人以较低价格买到生活必需品；创办有社会保险性质的伤病储蓄金，为工人修建新式住宅，改善工人居住条件；取消了对工人渎职行为的惩罚制度，对于犯错误的人进行劝善教育，使工人生活得更加有尊严。设立了工厂学校，既可以使工人的子女在这里上学，又开展工人的职业教育。在这里欧文第一次给工人创办了幼儿园，工人的孩子从 2 岁起就在那里生活和接受教育。兴办模范学校，倡导教师用亲切友好的谈话激发儿童的好奇心和求知欲，耐心解答儿童提出的各种问题。改善工厂周边环境，他把酒馆和酒吧全部迁走，严禁酗酒和赌博。在欧文的努力下，新拉纳克这个原本人员成分极其复杂的地方，变成了一个模范移民区。在这里，酗酒、警察、刑事法庭、诉讼、贫困救济和慈善事业几乎绝迹了。

欧文积极进行宣传，他写了《新社会观，或论人类性格的形成》等著作阐述自己的思想和新拉纳克的成就，引发了国内外大批人士前来参观。新拉纳克工厂俨然成了新型企业的模范。新拉纳克地区也变成了一个"完善的模范移民区"，获得了"幸福之乡"的称号，欧文也因此成为享誉欧洲的富有工厂主和慈善家。然而，欧文并不满足于他自己初步进行的这些改革。在他看来，目前他工厂里工人的生活条件还远不是合乎人的尊严的："这些人都是我的奴隶。"欧文认为，财富是劳动阶级创造的，劳动果实应该是属于劳动阶级的。以前仅仅为少数人发财而使广大群众受奴役的新的强大生产力，为改造社会提供了物质基础，它作为大家的共同财产，只应当为大家的共同福利服务。为此，他进一步提出财产公有、消灭私有制、共同劳动的理想社会计划。但是他的激进主张遭到资产阶级的普遍排斥，受到了主流报刊的封杀，他也被逐出了上流社会。

1824 年欧文同他的信徒来到美国，进行"新和谐公社"的共产主义新村实验，用他积累的财富购得 3 万英亩土地，引起了美国和西欧的广泛关注，有 1000 多人参加了实验活动，包括了美国的一些知名人士。公社自给自足，还通过了一个"宪法"，实行财产共有和民主管理制度。这个试验进行了 4 年，由于消费超过了生产，试验无法持续下去。

1829 年欧文回国以后，企图继续通过消费合作社和生产合作社改造资本主义社会。1832 年欧文领导的"全国劳动产品公平交换市场"在伦敦成立。在劳动市场里，劳动产品借助于以劳动小时为单位的劳动券进行交换，一些失业或半失业的人可以拿自己生产的产品换取自己需要的东西。但是畅销商品被一抢而空，而有些商品却大量积压，于是这种交换逐渐维持不下去了，劳动市场不得不在第 3 年就关闭了。在欧文的这一试验中，包含了按劳分配的思想。马克思曾指出："欧文的'劳动货币'，同戏票一样，不是'货币'。欧文以直接社会化劳动为前提，就是说，以一种与商品生产截然相反的生产形式为前提。劳动券只是证明生产者个人参与共同劳动的份额。"从这个意义上说，欧文的劳动券有按劳分配的意思。

除了工厂试验，欧文积极投身于社会主义的宣传运动中。1834 年欧文组织创办的《新道德世界》是当时影响很大的一个社会主义刊物，恩格斯也曾为它撰过稿。据统计，仅在 1825 年至 1837 年，欧文就做过 200 次以上的宣传旅行和上千次演讲，发出过大约 500 次呼吁，给报刊写过 2000 篇文章，还给英、法、美、俄及"神圣同盟"各国领导人写信，希望他们能理解并协助建立共产主义。1839 年，欧文和他的信徒通过协会，在英格兰南部汉普郡的协和移民区组织劳动公社的试验，很坚决地实行了共产主义，前后一共坚持了 5 年。恩格斯说，欧文"不仅宣传了'坚决的共产主义'，而且……实行了共产主义"。但是最后这些共产主义的试验都以失败告终。

从 1516 年莫尔的《乌托邦》发表到 1849 年欧文出版他的最后一部总结性力作《人类思想和实践中的革命》，空想社会主义经历了330 多年。空想社会主义者批判资本主义社会的罪恶，提出社会改造理想。在他们所设想的未来社会中，都提倡人人劳动，消灭寄生虫，劳动者应该得到他们所创造的一份财富。关于社会财富的分配方式，他们提出应当是多样的。早期空想社会主义者在以农业为主、手工劳动的条件下，提出按需分配主张，实际上是一种粗陋的平均主义。后来的社会主义者在资本主义大工业条件下，提出了按劳分配、按股份分配、按才能分配等主张，进而设想在财富生产能力较高的情况下可以实现按需分配的主张。

空想社会主义作为一种重要的社会思潮，曾经起过重要的历史作用。这些著作抨击现存社会的全部基础。因此，它们提供了启发工人觉悟的极为宝贵的材料，对后人认识未来的社会主义和共产主义社会，起着思想启迪的作用。空想社会主义因而成为马克思主义的科学社会主义的思想来源。恩格斯说，科学社会主义永远不会忘记，"它是依靠圣西门、傅立叶和欧文这三位思想家而确立起来的"①。马克思称之为"本来意义的社会主义和共产主义体系"。用公有制和计划分配取代私有制和市场竞争，进而消除剥削等劳动不平等现象，反映了社会主义者对理想社会的向往与追求。

但是，空想社会主义者的理想方案均脱离了当时社会的经济基础和生产力发展状况，由于不懂得生产力与生产关系、经济基础与上层建筑的这一社会历史发展的矛盾运动规律，空想社会主义者的公有制和计划分配方案与社会现实产生了很大差距，不可避免地成为空想。《全球通史》的作者美国学者斯塔夫里阿诺斯指出，所有这些空想社会主义者都把注意力集中在他们所设计的模范社会的原则和明确的活动方式上，"但是这些模范社会将如何取代现存社会，他们从未认真考虑过。他们对于从富裕的或有权势的资助人那里得到帮助这一点抱有模糊的期望"。

二　科学社会主义

19 世纪三四十年代后，马克思、恩格斯批判地吸收了空想社会主义的思想成果，创立了科学社会主义。科学社会主义是马克思穷尽毕生精力与恩格斯共同创立的指引无产阶级劳苦大众获得解放的理论。可以说，科学社会主义从创立之初，其价值立场和伦理旨归就是明确的：为广大劳动人民谋福利、谋幸福。但是，与空想社会主义不同，马克思、恩格斯对资本主义的批判和对未来社会的构想并不仅仅停留在道德层面，他们通过考察人类社会运动规律，从辩证唯物主义

---

① 吴易风：《空想社会主义》，北京出版社 1980 年版，第 194 页。

的历史观出发，一方面肯定了资本主义的历史成就——创造了巨大的生产力、为人类的解放和自由全面发展奠定了物质基础；另一方面揭露资本主义的不合理——资本对劳动的剥削以及由此带来的无产阶级贫困及其制度根源。指出资本主义私有制的历史进步性、过渡性和暂时性，提出资本主义私有制必将被更高形式的生产关系——公有制所取代，使人类摆脱压迫和不平等、获得自由和解放的共产主义社会既是合理的，也是能够实现的。

（一）肯定资本主义私有制的历史进步性

相比于以往的私有制社会形态，马克思、恩格斯承认资本主义社会的物质财富创造能力是惊人的，历史上还没有哪一种生产方式能在经济上达到资本主义的生产规模和进步。

马克思指出，资本无限增殖自身的特性是促进资本主义物质财富增长的动因。资本是商品经济发展到资本主义阶段的产物，分工、私有制、商品生产和交换是资本主义经济的基本特征。资本最初总是表现为一定数量的货币，但货币不一定是资本。货币转化为资本的核心意义在于货币能够成为赚钱的手段，作为"有目的"的货币，当其投入流通是为了获取更多的货币时，货币就转化为了资本。货币所有者也就变成了资本家。无限增殖自身是资本的根本属性，"资本只有一种生活本能，这就是增殖自身，获取剩余价值，……吮吸尽可能多的剩余劳动。"[①] 他的目的也不是取得一次利润，而只是谋取利润的无休止的运动。

在以社会化分工和商品交换为特征的资本主义生产条件下，资本家不断追求价值增殖的动机促使其不间断地进行资本积累，扩大再生产。为了获取尽可能多的利润，一方面通过扩张生产规模和不断开拓新市场来扩大生产，另一方面通过压低劳动成本、改进生产技术来提高劳动生产率。为了适应生产扩张的需要，资本自身也发生了变化，

---

① 《马克思恩格斯文集》第五卷，人民出版社2009年版，第269页。

通过大资本吞并小资本和信用手段的运用与创新，资本获得了独立性，大大增强了融资能力，为生产的扩张提供资金保障。同时，在市场经济中，资本家相互之间也存在激烈的竞争，为了维持利润免遭破产，资本家不断地采用先进技术和有效的组织管理方式，以打败技术水平低、生产规模小、经营管理差的竞争对手，从而进入更大范围、更大规模的竞争。

"资本调动科学和自然界一切力量，同样也调动社会结合和社会交往的力量，以便使财富的创造不取决于（相对地）耗费在这种创造上的劳动时间。"① "只有资本主义的商品生产，才成为一个划时代的剥削方式，这种剥削方式在它的历史发展中，由于劳动过程的组织和技术的巨大成就，使社会的整个经济结构发生变革，并且不可比拟地超越了以往的一切时期。"② 资产阶级在追求资本增殖的过程中也扫除了一切前资本主义的落后的思想观念。马克思和恩格斯指出："资产阶级在历史上曾经起过非常革命的作用。资产阶级在它已经取得了统治的地方把一切封建的、宗法的和田园诗般的关系都破坏了。""它无情地斩断了把人们束缚于天然尊长的形形色色的封建羁绊。"③

正是资本的无限增殖自身的特性促使："资产阶级在它的不到一百年的阶级统治中所创造的生产力，比过去一切世代创造的全部生产力还要多，还要大。"资本主义建立起了现代社会化大生产，造就了一个由社会分工和国际分工联系起来的全球化经济，"它的商品的低廉价格，是用来摧毁一切万里长城、征服野蛮人最顽强的仇外心理的重炮。""自然力的征服，机器的采用，化学在工业和农业中的应用，轮船的行驶，铁路的通行，电报的使用，整个大陆的开垦，河川的通航，仿佛用法术从地下呼唤出来的大量人口"，社会劳动里所潜伏的巨大生产力是过去任何一个世纪都无法料想到的。④

---

① 《马克思恩格斯全集》第四十六卷（下册），人民出版社 1980 年版，第 219 页。
② 《资本论》第二卷，人民出版社 2004 年版，第 44 页。
③ 《马克思恩格斯选集》第一卷，人民出版社 1995 年版，第 274—275 页。
④ 同上书，第 277 页。

（二）对资本主义私有制的价值批判和逻辑批判

在肯定了资本主义相比以往社会形态所做的历史贡献的前提下，马克思、恩格斯谴责了资本主义生产资料私有制和商品货币关系所带来的一系列不合理不公平现实，揭露了资本主义自由和平等观念的虚伪性。

一方面，造成"资本"对"劳动"的剥削和无产阶级的贫困。

根据古典朴素的劳动价值论，财富除了偶然从自然中得到之外，大部分都是劳动产品，需要是人从事劳动的动因。人类正是通过劳动创造自己的生活资料、改善自己的生存环境，使人类社会朝着不断满足人类需要的方向发展。如果没有劳动，也就不会有人类的生存与发展。但是，现实的社会产品分配并不取决于劳动创造财富的伦理价值尺度，而是由社会生产资料的占有情况、产品的分配机制及其法律制度决定着财富的归属。马克思认为，在资本主义条件下，生产资料由资本家集中占有，产品分配单纯由市场调节，必然带来资本对劳动的剥削，"资产者不把无产者看作人，而是看作创造财富的力量。资产者还可以把这种力量同其他的生产力——牲畜、机器——进行比较。……整个人类社会只是成为创造财富的机器"[①]。

在资本主义生产过程中，劳动力的买和卖表面上是按照自由、平等和自利的原则相交换的，但一离开这个商品交换领域，个人之间表面上的平等和自由就消失了。"资本发展成为一种强制关系，迫使工人阶级超出自身生活需要的狭隘范围而从事更多的劳动"。[②]马克思用"异化"概念阐述被纳入资本主义生产体系的劳动者——工人被剥削的境遇。尽管工人的劳动创造了社会物质财富，但劳动者却不是物质财富的主人，工人同自己劳动的产品的关系不是主从关系，而是对立的异己关系。结果造成了"工人生产的财富越多，他的产品的力量

[①]《马克思恩格斯全集》第四十二卷，人民出版社1979年版，第262—263页。

[②]《资本论》第一卷，人民出版社1975年版，第344页。

和数量越大，他就越贫穷"这一不合理状况。工人的生产活动服从于资本家的意志，对于工人来说，劳动——生产行为或生产活动不是为自己，而是为资本家，整个劳动过程都是在资本家严格监督下进行的，工人不能自由地发挥自己的体力和智力。工人"在自己的劳动中不是肯定自己，而是否定自己，不是感到幸福，而是感到不幸，不是自由地发挥自己体力和智力，而是使自己的肉体受折磨、精神遭摧残"。① 因而，工人只有在劳动之外才感到自在，而在劳动中则感到不自在，他在不劳动时觉得舒畅，而在劳动时就觉得不舒畅。工人只有在运用自己的动物机能时，才觉得自己是自由活动，而如果使这些机能脱离了人的其他活动，并使它们成为最后的和唯一的终极目的，人便沦为动物。这种资本主义的强制劳动就造成了只要肉体的强制或其他强制一停止，人们就会像逃避鼠疫那样逃避劳动。

劳动异化造成了劳动者同人的类本质的异化。马克思认为"人是类存在物"，人的生命活动是有意识的，这是人同动物的生命活动的根本区别。人的类特性在于自由自觉的活动。通过改造世界的活动，人不仅"理智的复现自己，而且能动地、现实地复现自己"。而自然界则表现为"他的作品和他的现实"。"正是在改造对象世界中，人才真正地证明自己是类存在物。"然而，劳动的异化从人那里夺去了他的劳动产品，夺去了他的生产的对象；劳动的异化使劳动这种生命活动、这种人的本质变成为仅仅是维持自己生存的手段。"异化劳动使人自己的身体，以及在他之外的自然界，他的精神本质，他的人的本质同人相异化。"

如此一来，通过异化的、外化的劳动，"工人生产出一个对劳动生疏的、站在劳动之外的人对这个劳动的关系"。即"生产出资本家——或者不管人们给劳动的主人起个什么别的名字——对这个劳动的关系"。② 工人劳动创造的产品不是为了满足自己的需要，而是成

---

① 《马克思恩格斯全集》第四十二卷，人民出版社 1979 年版，第 270 页。
② 同上书，第 272—273 页。

了为资本谋取利润的手段，违背了人"自由自觉"劳动的本质属性和人对于劳动的内在需要。

马克思认为，资本主义私有财产制度不仅使工人的劳动失去了为人服务的目的性和主体性，被物所统治，而且也使资产阶级被资本控制，资本家的行为活动也成了不能"自由自主"的外在力量，资本家再也不能掌握自己的命运，只能听从资本的控制，"这种流通的客观内容——价值增殖——是他的主观目的；只有在越来越多地占有抽象财富成为他的活动的惟一动机时，他才作为资本家或作为人格化的、有意志和意识的资本执行职能"①。资本家也失去了人之为人的一切，只不过成为"这个社会机制中的一个主动轮罢了"②。在资本的支配和统治之下，不论是资本家，还是工人，都失去了人的本质需要和属性，被迫同自己的社会属性和道德属性相分离。马克思在《1850 年—1853 年伦敦笔记》的经济学资料梳理过程中，第一次意识到，过去他一直指认"资产阶级社会"的这种社会历史形态，实际上是以资本的生产关系为权力统治结构的——资本主义的社会。

在资本增殖的绝对性规律作用下，工人阶级的贫困成为一种历史趋势。马克思指出，资本主义的发展是一个资本不断积累的过程，即资本家在竞争的压力下不得不把剩余价值不断转化为资本。资本家之所以购买工人的劳动力，是因为工人的劳动力能满足资本增殖的需要，这种需要的满足变成了资本家的消费过程，资本需要劳动力的前提条件是劳动力能够给资本带来利润（或剩余价值）。马克思在《资本论》中指出："资本主义积累的本性，决不允许劳动剥削程度的任何降低或劳动价格的任何提高有可能严重地危及资本关系的不断再生产和它的规模不断扩大的再生产。"工人"只是生产费用的一个项目和单纯的生产工具，注定只能拿到最低限度的工资，每当工人对资本

---

① 《资本论》第一卷，人民出版社 1975 年版，第 174 页。
② 《马克思恩格斯选集》第二卷，人民出版社 1995 年版，第 240 页。

来说成为'多余的'时候，还不得不降到这最低限度以下"①。随着社会劳动生产率的提高和资本的积累和集中，资本有机构成不断提高，可变资本（即用以购买劳动力部分的资本）所占的份额会逐渐减少。资本有机构成不断提高的趋势使得用于支付工人工资的可变资本的增加慢于劳动人口的增加，造成了资本主义社会人口的相对过剩，过剩人口形成一支可供使用的产业后备军，加剧了劳动力市场竞争，反过来又为资本积累进一步创造了有利条件，从而使工人的工资水平下降。而女工、童工的使用更加剧了这一趋势。于是就产生了这样的结果：工人的劳动在增多，但所得的工资却在减少，"在一极是财富的积累，同时在另一极，即在把自己的产品作为资本来生产的阶级方面，是贫困、劳动折磨、受奴役、无知、粗野和道德堕落的积累"②。

尽管马克思把资本对劳动的雇佣关系的现实看作历史逻辑使然，但是马克思也并不美化和掩饰资产阶级的剥削实质，"决不用玫瑰色描绘资本家和地主的面貌"。马克思用剩余价值理论揭穿资本剥削劳动的秘密，分析了资本家是如何通过延长劳动时间榨取绝对剩余价值，如何通过提高劳动生产率、缩短工人的必要劳动时间而增加相对剩余价值的生产，如何通过绝对剩余价值和相对剩余价值的生产完成资产阶级的原始积累，成为财富的占有者。

另外，造成"拜金主义""极端利己主义"的资产阶级价值观和交往观。

马克思认为，由劳动创造的使用价值才是满足人们需要的财富，人们之所以把货币看作财富，只是因为在市场交换的机制下，它可以作为一般等价物和其他一切物品相交换。离开了商品交换关系，它可以和一切其他物品相交换的神奇性就会消失。财富不是在流通领域，而是在生产领域中被创造出来的，如果没有使用价值的生产，交换价

---

① 《马克思恩格斯全集》第二十六卷第三册，人民出版社 1974 年版，第 284 页。
② 《马克思恩格斯全集》第二十三卷，人民出版社 1972 年版，第 708 页。

值将会失去存在的基础，整个社会财富的增加也就会失去基础。货币的增多、减少与财富本身无关，货币和货币符号（纸币）的贬值和增值同它们所代表的现实资本的价值变动无关，"一国的财富在这种贬值或增值以后，和在此以前是一样的"①。

　　但是在资本主义条件下，资本"不断增殖自身、获取利润"的灵魂蔓延成了社会的灵魂。货币由于本身具有价值，而能衡量其他一切商品的价值，货币摇身一变，从交换的牵线人和中介变成了主宰人们命运的力量，并让人们感觉到一切事物只有变为货币，才能实现人们的主观愿望，"货币的力量多大，我的力量就多大"。"它被当成万能之物……货币是需要和对象之间、人的生活和生活资料之间的牵线人。"② 在这个意义上，货币被当成上帝，让人对它顶礼膜拜。货币变成最"受尊敬的"东西，一切关系都要臣服于货币统治之下，变成能够买卖的对象。对金钱的欲望使原本是人所求而为人服务的东西，变成了控制人的魔杖，人反而成了金钱的奴隶。这种货币的异化颠倒和混淆了人和物的性质，破坏了人们之间合乎人性的真正关系。

　　当货币成了万能的和至高无上的"上帝"之后，每个人的社会属性和道德属性都变成了自然属性和动物属性，每个人都要服从和听从于货币或者金钱的安排。金钱和货币统治人们的思想和道德，金钱成为价值的核心，人与人之间的关系用物与物的关系代替。从而造成赤裸裸的拜金主义和极端的利己主义观念，导致经济的发展和道德的进步相背离。不仅资本家同工人成了剥削与被剥削的关系，资本家和大地主等有产者也成为金钱的奴隶，为了赚钱而活着。资本家和大地主因为竞争发生冲突，相互指责和攻击。马克思对此作了描述，土地所有者讽刺自己的对手——资本家是"狡黠诡诈的，兜售叫卖的，吹毛求疵的，坑蒙拐骗的，贪婪成性的，见钱眼开的，图谋不轨的，没有心肝和丧尽天良的，背离社会和出卖社会利益的，放高利贷的，牵线

---

① 《马克思恩格斯选集》第二卷，人民出版社1995年版，第527页。
② 《马克思恩格斯全集》第三卷，人民出版社2002年版，第361页。

撮合的，奴颜婢膝的，阿谀奉承的，圆滑世故的，招摇撞骗的，冷漠生硬的，制造、助长和纵容竞争、赤贫和犯罪的，破坏一切社会纽带的，没有廉耻、没有原则、没有诗意、没有实体、心灵空虚的贪财恶棍"①。而资产阶级反击自己的对手挥霍无度、荒淫无耻、卑鄙龌龊、无法无天和干着大逆不道的勾当。

资产阶级"无情地斩断了把人们束缚于天然尊长的形形色色的封建羁绊，它使人和人之间除了赤裸裸的利害关系，除了冷酷无情的'现金交易'，就再也没有任何别的联系了。它把宗教虔诚、骑士热忱、小市民伤感这些情感的神圣发作，淹没在利己主义打算的冰水之中"②。对于资产阶级带来的人与人之间传统纽带关系的改变，马克思尽管在感情上并不认同，但是从社会历史运动规律出发，马克思认为，在一定意义上，资本主义经济的发展使人摆脱了封建宗法关系和血缘关系的束缚，对人性的解放与人的发展起着积极的推动作用。动产"解除了束缚市民社会的桎梏，把各领域彼此连成一体，创造了博爱的商业、纯洁的道德、令人愉悦的文化教养；它使人民摒弃低俗的需要，代之以文明的需要，并提供了满足这种需要的手段"③。但是，伴随着资本的强权统治，资本主义的货币职能发生了改变，使一切人的社会关系被物的关系遮蔽，违背了人的作为"类"存在物的社会关系的本质。马克思批判资本主义时代只是从形式上打破了封建控制的枷锁，以资为本的资本主义经济法律关系必然导致以"拜金主义""极端利己主义"为特征的价值观、交往观和人的"异化"。

正是在上述意义上，马克思对资本主义社会不合理的根源——资本主义私有制和商品货币关系进行批判。

（三）共产主义社会的价值理想实现

马克思主义政治经济学始终贯穿着其唯物主义的社会历史观，马

① 《马克思恩格斯文集》第一卷，人民出版社 2009 年版，第 174—175 页。
② 《马克思恩格斯文集》第二卷，人民出版社 2009 年版，第 33—34 页。
③ ［德］马克思：《1844 年经济学哲学手稿》，人民出版社 2000 年版，第 70—71 页。

克思、恩格斯所创立的科学社会主义学说之所以称之为"科学",就在于其没有停留在对资本主义的简单批判上,而是运用其辩证唯物主义和历史唯物主义哲学认识论对人类社会运动规律进行科学论证并据此得出结论。"从已经过时的事实出发诉诸所谓永恒正义。这种诉诸道德和法的做法,在科学上丝毫不能把我们推向前进。"①

根据唯物主义社会历史观,马克思、恩格斯提出任何一种分配关系都是由生产关系及其法律关系决定的。人们在使用特定的生产方式发展生产力的过程中所相互结成的一定的物质生产关系,根本决定和制约着此外的一切其他社会关系。马克思认为,分配关系的历史性质就是生产关系的历史性质,"这个一定的历史形式达到一定的成熟阶段就会被抛弃,并让位给较高级的形式。分配关系,从而与之相适应的生产关系的一定的历史形式,同生产力,即生产能力及其要素的发展这两个方面之间的矛盾和对立一旦有了广度和深度,就表明这样的危机时刻已经到来。这时,在生产的物质发展和它的社会形式之间就发生冲突"②。也只有到了共产主义阶段,劳动者以及人类才能最终获得自身解放。这是一个合目的与合规律的统一。"这种共产主义,作为完成了的自然主义,等于人道主义,而作为完成了的人道主义,等于自然主义,它是人和自然界之间、人和人之间的矛盾的真正解决,是存在和本质、对象化和自我确证、自由和必然、个体和类之间的斗争的真正解决。"③"这是人类从必然王国进入自由王国的飞跃。"

马克思从批判资本主义不合理的经济关系中得出未来社会的合理启示,从资本主义社会中孕育着新的自我否定的社会因素视角得到对未来社会的认识。

首先,扬弃私有财产,复归以劳动者为主体的经济社会关系。

---

① 《马克思恩格斯文集》第九卷,人民出版社2009年版,第156页。
② 《资本论》第三卷,人民出版社2004年版,第1000页。
③ 《马克思恩格斯全集》第四十二卷,人民出版社1979年版,第120页。

　　马克思批判资本主义社会的私有制把原本属于人的主体性和价值性的劳动，变成了一种脱离人的价值、支配人且外在于己的强大力量，把本来是为了人、通过人和指向人的建立在劳动这一生产实践活动基础上的社会关系，变成了物的关系。把人的价值变成了一种和物的价值相等同的存在物。那么，怎样恢复人的类本质和社会关系的本来面目？怎样消除阶级对立和对抗，复归劳动者主体的经济社会关系，实现人的自由自觉创造特性？

　　马克思认为只有扬弃私有财产，消除资产阶级所有制，人的异化的社会关系才能变成真正的属人的社会关系。在未来社会中，生产实践活动的目的不是物的交换。马克思批评国民经济学家没有看到人同人的关系在私有制社会被物与物的财产关系遮蔽这一事实，指出他们是为了维护资产阶级的利益，而对无产阶级所受的苦难和异化生存状态不予理解，更无法对异化的社会做出科学的解释。马克思在《共产党宣言》中提出，"共产主义并不剥夺任何人占有社会产品的权力，它只剥夺利用这种占有去奴役他人劳动的权力"。马克思在《资本论》中把重建个人所有制作为劳动者实现对其劳动产品所有权、回归人与人之间正当联系的根本途径。"从资本主义生产方式产生的资本主义占有方式，从而资本主义私有制，是对个人的、以自己劳动为基础的私有制的第一个否定，但是资本主义生产由于自然过程的必然性，造成了对自身的否定。这是否定的否定。这种否定不是重新建立私有制，而是在资本主义时代的成就的基础上，也就是说，在协作和对土地及靠劳动本身生产的生产资料的共同占有基础上，重新建立个人所有制。"[1] 与资本主义对工人劳动的无偿占有相对立，马克思在《哥达纲领批判》中提出按劳分配原则，让"每一个生产者，在作了各项扣除以后，从社会领回的，正好是他给予社会的"[2]。

————————

① 《资本论》第一卷，人民出版社1975年版，第832页。
② 《马克思恩格斯文集》第三卷，人民出版社2009年版，第434页。

其次，通过联合体来共同地和有计划地利用生产力。

在资本主义条件下，个人使用的生产资料变成了只能由大批劳动者共同使用的社会化的生产资料，社会分工愈来愈细，生产日益专业化，各个企业通过市场联系在一起，所有的生产过程都融洽为一个互相依赖、互相制约的社会化生产过程。而与社会化大生产相对的是资本主义的生产资料的私人占有形式，资产阶级私有财产制度造成了资本与劳动的对抗性分配关系，这种对抗性的分配关系最终使它的灭亡不可避免。一方面，资本家在竞争规律的驱使下，为了追求利润而盲目扩大生产，造成生产的无政府状态，而劳动者却在沉重剥削下趋于贫困，缺乏购买力，其结果就必然导致生产相对过剩的经济危机；另一方面，随着资产阶级对无产阶级剥削的加强，由资本主义生产方式带来的联合和组织起来并日益强大的无产阶级的反抗也在不断地增长。资产阶级为自己培养了掘墓人。上述两方面均表明生产资料的集中和生产的社会化达到了同它们的资本主义外壳不能相容的地步。旧的生产关系必将被新的更高形式的生产关系所取代。

在资本主义的发展过程中，资本主义内部也在社会化生产中寻找与自身的特点相适应的生产资料的占有形式，在资本主义生产允许的限度内产生了股份公司和垄断组织，社会生产的组织脱离单个资本家的操纵，执行其社会组织的职能。但是，无论是股份公司还是资本主义的垄断集团，都仍然是资本主义的占有形式，不能消除生产力的资本主义属性，垄断集团之间的竞争更加激烈，阶级的对立在全球化条件下越出国界，形成发达国家对落后国家的剥削。资产阶级在资本主义关系内部的生产组织调整，并未解决资本主义社会的基本矛盾。马克思认为，资本主义私有制已越来越无法控制在其自身基础上成长起来的社会生产力，只能实现生产资料的社会占有，从根本上铲除资本对劳动的奴役，在社会范围内组织有计划的生产。

与以往"虚假的共同体"不同，共产主义是"真实的共同体"，通过生产关系的调整，消除社会生产的无政府状态。使"社会生产内部的无政府状态将为有计划的自觉的组织所代替"，从而推动社会生产力的发展，建立平等的社会关系，消除人剥削人的奴役制度。"社会化的人，联合起来的生产者，将合理地调节他们和自然之间的物质变换，把它置于他们的共同控制之下，而不让它作为一种盲目的力量来统治自己。"①

最后，提出共产主义社会的旨归——实现人的自由解放和全面发展。

马克思批判资本主义社会中人的发展是异化、片面、不自由的。未来共产主义社会是建立在生产力高度发达基础上的，人们征服自然、改造自然界的能力得到极大提高，人类能够完全自主地支配自己的生活条件，使人们真正成为社会与自然界的主人。进而实现人的自由解放和全面发展。

从人的发展历程来看，在前资本主义的自然经济条件下，人的依赖性占据主导地位。由于生产力发展水平低下，人们之间相互依赖的关系紧密，其结果就是完全压抑了人的个性发展，表现为自我牺牲，以牺牲个人的利益为前提来换取共同体的发展。在那个时代，绝大多数个人只是共同体或群体的一个部分，是以从属于他人的发展为前提，只具有隶属性地位，是一种不自由和片面化的发展。在资本主义社会的后发展阶段即"物的依赖关系"中，个人的发展方式和个性特点具有明显的极端利己主义特征。表现出"拜金主义"和"利己主义"的价值观和交往观。大多数人只顾及和关注自己的私人利益与眼前利益，而不兼顾其他人的利益和长远利益，人们在发展自己的过程中往往把他人和社会当作自己发展的障碍与威胁。

只有到了共产主义社会，利己和利他才实现了真正的统一，个人的发展和社会的发展才能相一致，"由社会全体成员组成的共同联合体来共同地和有计划地利用生产力；把生产发展到能够满足所有人的

---

① 《资本论》第三卷，人民出版社 1975 年版，第 926 页。

需要的规模；结束牺牲一些人的利益来满足另一些人的需要的状况；彻底消灭阶级和阶级对立；通过消除旧的分工，通过产业教育、变换工种、所有人共同享受大家创造出来的福利，通过城乡的融合，使社会全体成员的才能得到全面发展"①。

---

① 《马克思恩格斯选集》第一卷，人民出版社 2012 年版，第 308—309 页。

第二章 民营经济合法性的政策认同

一 改革开放前对民营经济的认知与实践

（一）在认知上把全面公有制、计划经济与社会主义划等号

纵观社会主义发展史，无论是空想社会主义还是科学社会主义，对资本主义的批判都集中在劳动人民的贫困和其所受到的剥削和压迫上，认为私有制和市场竞争是造成剥削和无产阶级贫困的根源，把消灭私有制作为解决压迫和剥削问题的重要手段。社会主义没有按照马克思、恩格斯的设想在西方发达资本主义国家首先建成，而是在俄国、中国等落后国家展开了实践。在对社会主义的解读过程中，基本上是把社会主义与全面公有制、计划经济等同起来。无论是苏联还是中国，在共产党取得政权后都选择了生产资料公有制和计划分配的体制，以期消灭剥削和实现社会平等。列宁在《土地问题和争取自由的斗争》中说道："只要存在着市场经济，只要还保持着货币权力和资本力量，世界上任何法律也无力消灭不平等和剥削。只有实行巨大的社会化的计划经济制度，同时把所有的土地、工厂、工具的所有权转交给工人阶级，才能消灭一切剥削。"①

但是，马克思主义的历史观是唯物的、辩证的，认为人类社会发展受生产力与生产关系、经济基础与上层建筑相互作用这一矛盾运动规律所支配。片面追求"一大二公"和高度集中的计划经济体制，

---

① 《列宁全集》第十三卷，人民出版社 1987 年版，第 124 页。

恰恰违背了历史唯物主义和辩证唯物主义的社会历史认知，僵化地、静止地理解了社会主义与公有制、计划经济之间的关系，没有把社会主义理想、目标追求与实践中的社会主义发展阶段及现实国情相结合。

"把公有制、计划经济与社会主义划等号"这一认知在思想史上广泛存在。在20世纪二三十年代西方经济流派的论战中，学者们也普遍把生产资料公有制与中央计划配置资源等同于社会主义。甚至中国改革开放后发展市场经济和非公有制经济的一系列经济制度的调整，也被西方学者解读是向资本主义靠拢，把中国是否彻底私有化作为评判中国市场化改革是否彻底的依据。究其根本，均是没有认识到社会发展受生产力与生产关系、经济基础与上层建筑这一矛盾运动规律的支配，不理解马克思主义的理论逻辑与历史逻辑的辩证统一关系。因而不能把发展社会主义的立场原则、目标与发展阶段、发展手段相联系。

除了上述对社会主义的僵化理解外，新中国成立后选择计划经济，更有对当时面临的国内外形势的现实考量。

中国共产党当时面临着两方面的诉求：一是通过工业化建设使国家富强，改变落后挨打的命运；二是要变革生产关系，以实现社会关系的平等。新中国成立初期，北京街头的汽车没有一辆是中国产的。在1949年，全国的原油产量也只有12万吨。面对当时中国的工业现状，毛泽东感慨地说："现在我们能造什么？能造桌子椅子，能造茶碗茶壶，能种粮食，还能磨成面粉，还能造纸，但是，一辆汽车、一架飞机、一辆坦克、一辆拖拉机都不能造。"[1] 没有现代工业的国家是永远强大不起来的，不改变这种落后状况，中国就不能摆脱被动挨打的命运。建立起自己的工业体系，成为新中国第一代领导人的责任和使命。

在谈到中国工业化道路选择什么样的生产关系形式时，毛泽东指

---

① 中共中央文献研究室等编：《大型电视文献纪录片〈新中国〉解说词》第四集，中央文献出版社1999年版。

出，从历史上看，实现工业化有两条道路：一条是资本主义工业化道路，另一条是社会主义工业化道路。近代以来中国的历史证明，中国已经丧失了通过资本主义工业化进入强国行列的机遇，如果搞资本主义只能成为帝国主义的附庸。当时，苏联计划经济所取得的成就对新中国经济模式的选择也产生了很大影响。苏联采用生产资料全民所有制和高度集中的计划经济体制，通过集中资源优先发展重工业特别是国防工业，取得了一定的成效，并为反法西斯战争的胜利奠定了工业和物质基础。同样是处于西方国家的经济封锁下，同样是共产党执政，面临着同样的工业化追赶目标，加上苏联对中国的技术援助，向苏联学习成为新生政权的必然选择。当时流传着一个家喻户晓的口号："苏联的今天就是我们的明天。"中国第一个五年计划项目中，由苏联援建了包括国防兵器、航空航天、冶金机械、化工能源等工业项目156个。这些骨干项目为搭建中国民族工业体系，改变中国工业落后和工业布局不合理的面貌，起到了不可替代的作用。

就当时中国的经济结构来看，在农村土地改革以后，由于农民获得了自己的土地，农业生产在一个时期内有过相当大的发展，但受小农经济的局限，增产潜力有限，难以适应工业化对粮食和工业原料作物迅速增长的需求，无力为国家工业化积累资金和扩大工业品的市场。在城市，中国民族资本不仅工业比重小，而且缺乏重工业的基础，依靠它本身的力量无法有力地推进工业化的发展。而且在私营企业和国家各项经济政策之间，在私营经济和国营经济之间，以及私营企业内部资本家与职工之间，利益冲突越来越明显。为了实现社会主义工业化建设目标，中央做出了对个体经济和私营资本主义工商业进行社会主义改造的决策。在资源有限的条件下，仿照苏联模式优先发展工业尤其是重工业，也是中国实行高度集中的计划经济和变革生产关系的现实原因。

（二）在实践上推行公私合营

在上述理论认知和国内外的现实条件下，中国共产党开始了历史上著名的"三大改造"。将分散的个体经济改造成集体经济，将私营手工业和工商业改造成国营经济。

在关于国营经济和集体经济能否调动劳动者生产积极性的问题上，当时党内存在这样一种认识：即在社会主义工厂里，劳动者就是主人公，主人公就是劳动者。在任何一个平凡的岗位上，人们为自己的工作而自豪。奋发图强，实现国家的工业化，是他们共有的理想。

在手工业和工商业改造之前，首先是农业的集体化改造。在远离城市的乡村，土改后，一方面，一些地方出现了农民自发组织的互助组；另一方面，一些老区的互助组却存在涣散的趋势。对此党内有不同的看法。1951 年 9 月，在毛泽东的倡议下，中央召开了全国第一次互助合作会议，在会后起草的《关于农业生产互助合作的决议（草案）》中，认为农民中存在互助合作的积极性。草案出台后，毛泽东提议向熟悉农民生活的作家们征求意见，著名作家赵树理来到了太行山区的小山村了解农民对互助合作的看法，并向中央提出农民存在个体生产的积极性。随后，中共中央修改了决议，指出，农民在土改后有个体经济和互助合作两种积极性；互助合作运动中，既要积极发展，又要稳步前进。

到 1952 年底，农民自愿组织了 830 多万个互助组和 3600 多个初级社。在互助合作运动中，农民觉悟得到了提高，认识到办互助合作社是为了"防止发生两极分化"。山西省平顺县川底村村民常双虎在被记者问及当年是否愿意入社时说："我愿意。我倒不怕，我倒是也有牛羊，3 个牲口，有 30 多头羊，还有树木，种了 18 亩地，但是我愿意入，因为我跟上这个党，沾了光了，因为集体起来，比较富裕。"[1] 到 1955 年春，全国出现了 67 万个初级社。在几亿人口的农村推行合作化运动，难免带有强制性。在不断升温的反"右倾"、猛烈批判所谓的"右倾机会主义"所形成的政治压力下，许多地方发生

---

[1]　中共中央文献研究室等编：《大型电视文献纪录片〈新中国〉解说词》第四集，中央文献出版社 1999 年版。

强迫命令现象，侵犯了中农特别是富裕中农的利益。许多地方建社准备条件不足，却要求过急，工作过于简单粗糙。过快的速度，过粗的方式，也为中国农业的发展留下了明显的后遗症。尽管如此，从总体上说，这场涉及几亿农民的生产资料占有方式、生产方式和生活方式的社会大变革，并没有造成社会的动荡。① 到 1956 年底，全国已有96.3% 的农户加入了合作社。农业合作化的顺利完成，实现了中国土地的公有化，土地及耕畜、大型农具等主要生产资料归农业生产合作社集体所有。

农业合作化运动的高潮，同时也推动了对手工业和资本主义工商业的社会主义改造。1953 年 10 月，全国工商联成立，其任务之一是"协助政府逐步把私营企业纳入国家资本主义轨道"。1954 年 9 月，国务院通过《公私合营工业企业暂行条例》，对私营企业的社会主义改造做出具体规定。在 1955 年秋天，当工商业改造从个别企业合营进入全行业合营的时候，一些资本家心中仍然充满了疑惑和顾虑：如果主动迎接即将到来的改造高潮，怕失掉现有的经济利益和社会地位；如果不积极主动，又怕挨斗争，受到更大的冲击。他们内心充满矛盾，惴惴不安。时为上海信谊药厂总经理陈铭珊说："当时统战部也召开了座谈会，大家来学习，当时我不发言，我一句话也不讲，实际上我心里有个顾虑的，我想，公私合营怎么搞？是不是共产党要把我们工厂都吃掉了？"②

为了打消他们的顾虑，1955 年 10 月底，毛泽东两次邀请全国工商联执行委员举行座谈，希望他们能认清社会发展的规律，掌握自己的命运，主动走社会主义道路。同年 11 月，中共中央再次重申，对资本主义工商业实行和平赎买的政策，是有偿地而不是无偿地、逐步地而不是突然地改造资本主义。这是马克思和列宁曾经设想过而未能

---

① 《中国共产党历史（第二卷）》（1949—1978），中共党史出版社 2011 年版。
② 中共中央文献研究室等编：《大型电视文献纪录片〈新中国〉解说词》第四集，中央文献出版社 1999 年版。

实现的一个重要思想。指出这是一个光明的前途，工人阶级替工商业者生产的利润一定增加，资本家的工作岗位和政治地位都会安排好。把个体私有制和资本主义私有制废除了，整个民族只有到那个时候才更有前途，更有发展希望。毛泽东的讲话，在很大程度上减轻了工商界代表人物对前途、命运的担忧和疑虑，许多人当场表示拥护。

陈铭珊说："最后他们做总结的时候，他们讲的，企业有红利的，赚钱的，红利照发，股息红利照发，你的职位不动，你原来什么职位，仍旧什么职位，工资不减，你原来是多少工资，工资不减，这个我听了心里很高兴，那么后来，最后一个，公方代表一定要派，那么我想这个没办法了，大部分问题都解决了，我想，也就可以了。我心里怎么想呢？我想，要接受改造么，还是早点吧，不要等人家都排队，我再排队，那就不好了。"① 更多的资本家出于对现实的考虑，纷纷向政府提出合营要求。他们在这样的协议书上签上了自己的名字。在上述会议的带动和影响下，全行业公私合营的高潮势不可当。1955 年 11 月，南京的棉布、百货两业的零售商店实行了全行业公私合营；上海的棉纺、毛纺、麻纺、造纸、卷烟、面粉、碾米等 8 个行业的 165 个工厂中，有 160 个完成经济改组并为 100 个工厂，实行了全行业公私合营。

虽然资本家的心态是多种多样的，但公私合营的步伐越来越快，到 1956 年 1 月，全国各大城市出现了公私合营的高潮。在上海，荣毅仁代表工商界向工人保证，在 1 月 20 日前完成全市工商业的合营。1 月 15 日，北京市率先宣布进入社会主义。北京各界 20 多万人在天安门广场集会，庆祝社会主义改造胜利完成。工商界代表把一份份喜报交到了毛泽东的手里。一个星期后，当时中国最重要的工商业城市上海和天津也宣布进入社会主义。和农业社会主义改造一样，对资本主义工商业和手工业的改造速度，也过于迅猛，在实际工作中出现了

---

① 中共中央文献研究室等编：《大型电视文献纪录片〈新中国〉解说词》第四集，中央文献出版社 1999 年版。

一些偏差。到 1956 年底，全国私营工业户数的 99%（原有 8.8 万余户），私营商业户数的 82.2%（原有 240 余万户），分别纳入了公私合营或合作社的轨道。

社会主义改造基本完成，建立起了公有制占绝对统治地位的高度集中的中央计划经济体制。

"公私合营"不但改造了资本主义工商业，也使民族工商业者的思想得到了改造。许多民族工商业者也认识到只有把自己的命运和祖国的伟大前途结合在一起，才有光明的前途。荣毅仁说："对于我，失去的是我个人的一些剥削所得，它比起国家的第一个五年计划的投资总额是多么渺小，得到的却是一个人人富裕、繁荣强盛的社会主义国家……共产党和人民政府对民族资产阶级采取和平改造的方针，替我们安排了出路，经过一个公私合营的过程，培养和锻炼我们的技术和业务能力，支持我们有利于国家的社会政治活动，工作、学习和生活都得到很好的照顾。只要自己努力，完全可以成为光荣的社会主义社会的自食其力的劳动者。"[1]

王光英、孙孚凌、经叔平等民族工商业代表也都纷纷学习党的理论政策，开始重新认识新中国经济形势。

二 改革开放后对民营经济的认知转变

(一) 认知转变的缘起: 民生

改革开放前三十年所积累的重要思想、物质、制度条件及其正反两方面经验，为改革开放的顺利实施创造了条件。

高度集中的计划经济体制，保证了国家集中有限资源发展基础工业和国防工业，使中国在"一穷二白"的基础上建立了独立的比较完整的工业体系和国民经济体系，奠定了国民经济的基础。1952—1978 年，工业总产值增长 15 倍，其中重工业增长 28 倍，建立了大小

---

① 徐中尼:《访上海资本家荣毅仁》,《新华半月刊》1956 年第 4 号。

工业企业 35 万个，其中大中型国营企业 4400 个。实现了中国人民"摆脱剥削和压迫"，达成"民族独立和解放"的夙愿。在新中国被西方国家经济封锁、东西方冷战的国际局势下，这个成就的取得是值得充分肯定的。正如邓小平所说："如果六十年代以来中国没有原子弹、氢弹，没有发射卫星，中国就不能叫有重要影响的大国，就没有现在这样的国际地位。"[1] 但是，这种发展模式也存在一定的弊端，高速度低效率、高投入低产出、高积累低消费。虽然增长率不低，但人民长期得不到实惠。人民群众尤其是广大农民的生活改善有限。从世界范围看，社会主义国家的计划经济体制普遍出现僵化，人民生产积极性下降，生活水平和科技实力与西方发达资本主义国家相比差距明显。尤其是在党的八大之后，我党犯了在经济建设上急于求成的"大跃进"错误，盲目制定高指标，对生产力造成了严重破坏。

经济问题政治化，是改革开放前背离社会主义建设规律的一个重要原因。把所有制问题视为走资本主义道路还是走社会主义道路的立场划分，对经济建设产生了极其不利的影响。这也是许多领导干部在政治运动中被打成"右派"的重要原因。1966 年至 1976 年历时 10 年的"文化大革命"，把阶级斗争扩大化，"四人帮"提出"宁要社会主义的草，不要资本主义的苗"，生产力遭到极大破坏，百姓的生活更是雪上加霜。

据资料统计，"文化大革命"结束时，中国至少两亿农民的温饱问题没有解决，许多农民甚至还处在赤贫状况。这种境况，令许多直接接触农民的官员深感愧疚和焦虑。例如，在安徽全省 28 万个生产队中，只有 10% 的生产队能维持温饱；67% 的队人均年收入低于 60 元，25% 的队在 40 元以下。[2] 城市居民生活虽有国家保障，但职工工资 20 年没有上涨，生活消费品凭票购买，住房严重紧缺，上千万知

---

① 《邓小平文选》第三卷，人民出版社 1993 年版，第 279 页。

② 李向前：《旧话新题：关于中国改革起源的几点研究——兼答哈里·哈丁和麦克法夸尔两先生对中国改革的质疑》，《中共党史研究》1999 年第 1 期。

识青年、下放干部、知识分子和其他城市下放人员要求回城，全国城镇有 2000 万人等待就业等。① 根据对 182 个城市的调查，有缺房户 689 万户，占 35.8%。131 万户长期住在仓库、走廊、车间、教室、办公室、地下室，甚至还有住厕所的。居住面积不足两平方米的，有 86 万户。三代同堂、父母同成人子女同室、两户以上职工同屋的，有 189 万户。住在破烂危险、条件恶劣的简陋房子里的，还有上百万户。②

民生问题不只是一个严重的经济问题，而且成为一个严重的社会和政治问题。邓小平、陈云这一时期的两段话集中反映了高层的集体紧迫感。1978 年 9 月，邓小平对地方领导人说："我们太穷了，太落后了，老实说对不起人民"，"外国人议论中国人究竟能够忍耐多久，我们要注意这个话。我们要想一想，我们给人民究竟做了多少事情呢？"③ 同年 11 月中央工作会议上，陈云说："建国快 30 年了，现在还有要饭的。老是不解决这个问题，农民就会造反。支部书记会带队进城要饭。"④

对于"文化大革命"的反思，邓小平谈到它提供了反面教训，"促使人们思考，促使人们认识我们的弊端在哪里。为什么我们能在七十年代末和八十年代初提出了现行的一系列政策，就是总结了'文化大革命'的经验和教训"⑤。"文化大革命"结束后，中共中央高层在集中精力进行现代化建设上很快达成共识。但是经济建设怎样搞，当时还没有一个清晰的思路。

1978 年中共中央派代表团出国考察，每个代表团回国后都要写

---

① 参见中共中央文献研究室编《三中全会以来重要文献汇编》上册，人民出版社 1982 年版，第 148 页。
② 《关于城市住宅建设的意见》，《经济研究参考资料》1979 年第 76 期。
③ 《邓小平年谱（1975—1997）》（上卷），中央文献出版社 2004 年版，第 380—381 页。
④ 《陈云年谱》（下卷），中共中央文献出版社 2000 年版，第 229 页。
⑤ 《邓小平年谱（1975—1997）》（下卷），中央文献出版社 2004 年版，第 1131、1244—1245 页。

出报告，并向中央领导人汇报。这一年中国共派出各种代表团达到了529 批次，人数是 3200 人以上，而其中副委员长、副总理以上的国家领导人就有 12 位，出访的人数多 、级别高，而且出访的目的地主要就是西方发达国家。最重要的一次考察当属西欧五国之行，出发前，邓小平专门嘱咐代表团成员，让他们"广泛接触，详细调查，深入研究些问题"①。代表团行程为 5 月 2 日到 6 月 6 日，共计 36 天，先后访问了西欧五国的 25 个城市 80 多家单位。其间会见了有关政界人士和企业家，参观了工厂、农场、城市设施、港口码头、市场、学校、科研单位和居民区，收集了大量的资料信息。

中国被封锁和自我封闭 20 多年，除了少数搞外交和外贸工作的外，大多数领导人都没有出过国，对于外部世界，特别是对西方发达资本主义国家的情况不甚了解。这些考察团所看到和带回来的信息，对中国领导层的思想冲击很大。欧洲经济的自动化、现代化、高效率，给考察团成员留下了深刻印象。西德一个年产 5000 万吨褐煤的露天煤矿只用 2000 工人，而中国生产相同数量的煤需要 16 万工人，相差 80 倍。法国戴高乐机场一分钟起落一架飞机，而北京首都国际机场半小时起落一架，还搞得手忙脚乱。

时任国务院副总理的王震访问英国，他听说，约占全英国人口70％的普通老百姓，都拥有在中国人看来相当阔绰的私人住宅和家用轿车，每年度假可以出国旅游，感到非常惊讶。王震来到一个失业工人的家参观；这个失业工人住着一栋 100 多平方米的两层楼房，有餐厅、客厅，有沙发、电视机，装饰柜子里有珍藏的银器，房后还有一个约 50 平方米的小花园。由于失业，他可以不纳税，享受免费医疗，子女免费接受义务教育。王震看后感慨良久。没想到处于"水深火热"之中的工人，生活水平比中国的副总理都要高。

据访问日本的人回来介绍：日本普通工人家庭一般有四五十平方米的住宅，全国平均每两户有一辆汽车，95％ 以上的人家有电视机、

---

① 《谷牧回忆录》，中央文献出版社 2009 年版，第 293 页。

电冰箱、洗衣机等耐用消费品，服装式样多，农民都穿毛料子。日本东京的大型商店商品多达50万种，而北京的王府井百货大楼仅有2.2万种，相比之下，我们"实在觉得很寒碜"。① 大家无不痛心疾首于这样的现实：中国太落后了，这些年耽误的时间太长了！必须坚决改革。

在1978年底召开的十一届三中全会上，中共中央做出了把工作重心转移到经济建设上来的决定。此后，中央政策的出发点就落在了是否有利于发展生产力这一标准上来。1984年6月，邓小平提出"社会主义阶段的最根本任务就是发展生产力""社会主义要消灭贫穷，贫穷不是社会主义，更不是共产主义"等经典论断。

作为马克思主义政党，中国共产党在提出"贫穷不是社会主义"的同时，也从来不是"唯生产力论"，在社会关系上，邓小平强调中国发展生产力的目的是共同富裕，而不是两极分化，并且强调要通过诚实劳动致富。1986年9月2日，针对美国记者迈克·华莱士的提问："现在中国领导提出'致富光荣'的口号，资本主义国家很多人对此感到意外，这个口号同共产主义有什么关系？"邓小平说："我们经历了'文化大革命'，关于共产主义，'文化大革命'中有一种观点，宁要穷的共产主义，不要富的资本主义。我在1974年、1975年重新回到中央工作时就批驳了这种观点。……但我们讲的致富不是你们讲的致富。社会主义财富属于人民，社会主义的致富是全民共同致富。社会主义原则，第一是发展生产，第二是共同致富。我们允许一部分人先好起来，一部分地区先好起来，目的是更快地实现共同富裕。正因为如此，所以我们的政策是不使社会导致两极分化，就是说，不会导致富的越富，贫的越贫。坦率地说，我们不会容许产生新的资产阶级。"② 1986年12月14日邓小平会见贝宁总统时说："要弄清楚什么是社会主义以及社会主义的主要任务是什么。"他认为，贫

① 曹普：《邓小平沉重"问号"启动改革》，《学习时报》2008年9月29日。
② 《邓小平文选》第三卷，人民出版社1993年版，第171—172页。

穷不是社会主义，更不是共产主义。1990 年 12 月，邓小平又从社会主义的优越性和社会主义本质的高度论述了共同富裕，他讲："社会主义最大的优越性就是共同富裕，这是体现社会主义本质的一个东西。"①

从计划经济到市场经济，从"纯而又纯"的公有制到鼓励和发展非公有制经济，一系列政策转向的前提是思想观念的转变。思想解放运动是社会变革的先导。"贫穷不是社会主义"这一振聋发聩的声音，把中国共产党人对社会主义的认识从生产关系准则转向生产力与生产关系兼顾的视角，既是对于长久以来老百姓积压在心底的致富愿望的正当性予以承认，也是对新中国成立以来为了优先发展重工业而忽视民生建设、让人民"勒紧裤带"压抑需求的政策检讨。

（二）"姓资姓社"的争议

长期以来，无论是对马克思主义经典著作的解读还是国际共产主义运动的实践，生产关系即生产资料所有制问题始终是马克思主义者区分"姓资姓社"的重要依据。中共中央在 1953 年提出过渡时期总路线的时候，认为社会主义就是要建设单一公有制的社会，毛泽东在谈话当中也多次讲到"总路线就是解决所有制问题。"要使生产资料公有制成为整个国家和社会的唯一经济基础。陈云在 1956 年党的八大上提出了，我们社会主义经济结构整体上应该是以公有制为主体，同时也应该允许一定范围的个体经营，在国营商业和供销合作社商业之外，应该开放一定范围的自由市场。"这种个体经营是国家经营和集体经营的补充"。② 但是由于没有能够从理论上说明为什么在社会主义社会应当允许个体经济、私营经济这种经济成分的存在，因此一到实践中，当个体经济、私营经济快速发展起来以后，它就会被人们

---

① 《邓小平文选》第三卷，人民出版社 1993 年版，第 364 页。
② 《陈云文选》第三卷，人民出版社 1995 年版，第 13 页。

认为我们是不是已经倒回资本主义了。所以私营经济的政策是不可能长期坚持下去的。改革开放前 30 年，仅仅是在 1956 年中共八大前后，个体、私营经济一度有过比较快的发展，但是这个时间很短暂，到 1958 年大跃进和人民公社化运动开始以后很快又消失了。

与所有制相联系的是分配制度的问题，即是计划分配还是市场分配。1956 年底匆匆完成生产资料的农业、手工业、资本主义工商业的公有制改造之后，中国原则上坚持"按劳分配"，但在计划经济实践中却陷入了一个"大锅饭"的平均主义分配状况，使各个生产经营单位的积极性下降，商品供给短缺，很多生活消费品供给不足，不得不凭票购买。在 1978 年十一届三中全会之后，中央决定把党的工作重心转移到经济建设上来，对社会主义经济的认识也没有突破"单一公有制＋计划经济"的固有观念。随着改革开放的不断深入，一系列实践中的做法和政策逐渐成为"姓资姓社"的争论焦点。从农村的"包产到户"开始，到个体经济、私营经济的雇工问题，再到对外开放的外资引进、特区性质，在 1992 年前夕，最终演变成了市场经济的"姓资姓社"大讨论。

1. 打破"大锅饭"

根据马克思主义政治经济学原理，合理的经济分配方式应该是按劳分配，但是在中国的计划经济实践中，最终形成了平均主义的分配格局，俗称"大锅饭"。按劳分配的初衷是坚持劳动创造财富的价值观，强调公平和平等，反对"资本"剥削"劳动"和贫富两极分化，与"按资分配"的资本主义分配方式相对立。但在生产资料全面公有制和计划经济条件下，贯彻按劳分配就需要管理者对劳动量进行测度，而现实存在的障碍是：劳动量的测度和评价很难有一个统一的标准。如果简单按劳动时间来进行计算，相同的劳动时间内，每个人的产出数量和质量是不同的，同时，在现代的社会化大生产和劳动分工条件下，劳动产出数量和质量的比较在不同行业、不同工种、不同生产条件下也是很难测量的，国有企业和集体经济单位最终都在实践中采用了平均主义的分配方式。这种平均主义的分配带来的结果就是劳动的内在动力不足，进而造成生产效率的低下，供给严重短缺，百姓的生活消费品不得不受到限制。改革开放前，政府对包括"吃、穿、用"的生活必需品进行按人按户的定量分配，实行以票证为主的配给制，比如粮油票、肉蛋票、豆制品票，布票、棉花票、肥皂票、手纸票、煤票、电器票、自行车票等的商品购买证。大多数商品都是凭票供应的，什么样的商品就用相应的票证去购买。在改革开放以前，以票证限制消费的方式实现供需平衡成为计划经济时期的一个特色。

集体主义的宣传和精神奖励在短期内对一部分觉悟较高的共产党党员和干部有一定效果，但是对大部分的普通群众来说，却很难使他们保持长期的工作热情和努力。改革就是从打破平均主义大锅饭，落实按劳分配原则开始的。

安徽凤阳小岗村的包产到户，首先打破了"大锅饭"的平均主义分配方式。包产到户前，小岗村"吃粮靠返销，用钱靠救济，生产靠贷款"，每年秋后，家家户户都要外出讨饭。全村没有一间砖瓦房，许多农户的茅草屋破烂不堪，家徒四壁，有的穷得全家只剩一床棉被。1978年秋，凤阳遭遇特大旱灾，粮食歉收，不少农户又开始准备出门讨饭，队干部被逼无奈才召集村民做出了一个大胆决定：私下把田分到每家每户。18位村民冒着坐牢的危险签下了这一"生死状"。结果，"大包干"一年就大变样：1979年秋收，小岗村的粮食总产由1978年的1.8万公斤猛增到6.6万公斤。这一变化不仅结束了小岗村20多年吃"救济粮"的历史，而且上缴国家粮食3200多公斤。小岗的成功使周边群众纷纷仿效。

周其仁在黑龙江下乡时曾观察到一个现象："就是同一个农民在'公家地'与在'自留地'里的劳作态度判若两人——那可是同样的天气、同样的土地和同样的劳动力——劳动者在选择努力的投放程度。这是我学到的经济行为的第一课"①。实际上这就是劳动者个体

① 马国川：《周其仁访谈录：一部未完成的产权改革史》，《经济观察报》2009年1月17日。

积极性的调动问题。邓小平在 1962 年 7 月 7 日的《怎样恢复农业生产》中曾用刘伯承同志经常讲一句四川话"黄猫、黑猫，只要逮住老鼠就是好猫"，来说明在生产关系上不能完全采取一种固定不变的形式，看用哪种形式能够调动群众的积极性就采用哪种形式。1978 年 12 月，邓小平在十一届三中全会召开前夕所做的讲话《解放思想，实事求是，团结一致向前看》中，再次强调了发挥企业主体和劳动者积极性的问题。"现在我国的经济管理体制权力过于集中，应该有计划地大胆下放，否则不利于充分发挥国家、地方、企业和劳动者个人四个方面的积极性，也不利于实行现代化的经济管理和提高劳动生产率。当前最迫切的是扩大厂矿企业和生产队的自主权，使每一个工厂和生产队能够千方百计地发挥主动创造精神。一个生产队有了经营自主权，一小块地没有种上东西，一小片水面没有利用起来搞养殖业，社员和干部就要睡不着觉，就要开动脑筋想办法。全国几十万个企业，几百万个生产队都开动脑筋，能够增加多少财富啊！"①

对于如何提高劳动者积极性的问题，邓小平进一步提出用经济的方法管理经济。"为国家创造财富多，个人的收入就应该多一些，集体福利就应该搞得好一些。不讲多劳多得，不重视物质利益，对少数先进分子可以，对广大群众不行，一段时间可以，长期不行。革命精神是非常宝贵的，没有革命精神就没有革命行动。但是，革命是在物质利益的基础上产生的，如果只讲牺牲精神，不讲物质利益，那就是唯心论。"②

在城市工商业公私合营后，"大锅饭"带来的弊端同样表现明显。北京一些传统的老字号经过公私合营后，不仅产品品种少，而且质量下降非常明显。

东来顺是北京城里一家有 150 年历史的老字号饭馆，它以涮羊肉

---

① 《邓小平文选》第二卷，人民出版社 1994 年版，第 145—146 页。
② 同上书，第 146 页。

出名，其羊肉"薄如纸、匀如晶、齐如线、美如花"，投入汤中一涮即熟，吃起来又香又嫩，不膻不腻。1955 年，东来顺搞了公私合营，改名为民族饭庄，从此它的羊肉再也涮不出原来的鲜美味道了。民间因此有人调侃说："资本主义的羊肉经社会主义改造后，就不好吃了。"这些言论传到了毛泽东的耳朵里。陈云对这一现象也早已观察到了，自从公私合营之后，很多老字号的质量明显下滑，除了东来顺的羊肉，常常被群众议论的还有全聚德的烤鸭，这家烤鸭店的烤鸭变得"烤不脆，咬不动，不好吃了"。

陈云专门针对东来顺羊肉和全聚德烤鸭去作了调研，并给出了答案："我们轻易地改变了它的规矩。"东来顺原先只用 35—42 斤的小尾巴羊，这种羊，肉相当嫩。我们现在山羊也给它，老绵羊也给它，冻羊肉也给它，涮羊肉怎么能好吃？羊肉价钱原来一斤是一块两毛八，合营以后要它和一般铺子一样，统统减到一块零八，说是为人民服务，为消费者服务。这样它就把那些本来不该拿来做涮羊肉的也拿来用了，于是羊肉就老了。本来一个人一天切 30 斤羊肉，切得很薄，合营后要求提高劳动效率，规定每天切 50 斤，结果只好切得厚一些。羊肉老了厚了，当然就不如原来的好吃了。全聚德的烤鸭也是同样的问题，原来的烤鸭用的是专门喂养 100 天左右的鸭子，有严格的喂养规矩，饲料主要是绿豆和小米，粮食统购统销和公私合营后，烤鸭店的原料由国家统一调配，给他们的是农场喂养的老鸭子，结果自然是不好吃了。

针对公私合营后传统老字号产品质量的下滑，陈云在计划经济体制内提出了打破"大锅饭"的解决方案。陈云认为，对"统购统销"，要采取一定的改进措施，一是对有些商品，如百货中的一部分，国家不再统购统销。我们要采取将你一军的办法，好的要，不好的不要，好的价高，不好的价低，这叫逼着你改进提高质量。二是对商品的设计人员，像工厂的设计师，时装店的设计师，要给予奖金，这样，有利于调动他们的积极性，发挥他们的才智，设计出受群众欢迎的产品。三是每个产品要有专门的责任人，要由内行来管理生产。四是要保证供应好的原料。①

1978年12月，在十一届三中全会前夕召开的中央工作会议上，邓小平提出："在经济政策上，我认为要允许一部分地区、一部分企业、一部分工人农民，由于辛勤努力成绩大而收入先多一些，生活先好起来。一部分人生活先好起来，就必然产生极大的示范力量，影响左邻右舍，带动其他地区、其他单位的人们向他们学习。这样，就会使整个国民经济不断地波浪式地向前发展，使全国各族人民都能比较快地富裕起来。""这是一个大政策，一个能够影响和带动整个国民经济的政策。"② 首次明确提出反对平均主义"大锅饭"的分配方式，强调"允许一部分地区、一部分企业、一部分工人农民""由于辛勤努力成绩大"而先富起来对于发展经济，推动全国人民共富的重要作用。

实践证明，平均主义分配方式造成劳动者缺乏积极性，导致生产力发展缓慢。随着包产到户在一些地区由农民自发组织起来的现状，中央决定首先以农村为突破口，切实贯彻按劳分配原则，克服平均主义。党的十一届三中全会通过的《关于加快农业发展若干问题的决定（草案）》吸收了邓小平的意见，强调按劳分配、多劳多得的社会主义分配原则，我们的一切政策是否符合发展生产力的需要，就是要看这种政策能否调动劳动者的生产积极性。

但是当时中央层面对"包产到户"的合法性问题仍然产生了激烈的争论，反对意见归根到底还是认为"包产到户"违背了社会主义的"集体化"原则和方向，争论一直持续到1982年。随着"包产到户"试验的效果不断反馈到中央，特别是那些一直以来比较贫困的农村，各地试验的结果是"一包就灵"，贫困地区第二年就有饭吃，其他地区能增产。1982年的中央"一号文件"终于正式肯定了土地的农民家庭承包经营制度，承认"包产到户"的合法性。

---

① 《陈云文选》第二卷，人民出版社1995年版，第301页。
② 《邓小平文选》第二卷，人民出版社1994年版，第152页。

十一届三中全会以后，从"包产到户"到"家庭联产承包责任制"，农业生产由原来的集体经营转变为家庭经营，在分配制度上也明确划分了国家、集体、个人的权利、责任和利益关系，将农民的收入同他们的劳动成果挂起钩来，即"缴够国家的，留够集体的，剩下都是自己的"，在农村实践中贯彻按劳分配原则。农村分配制度改革为后来的乡镇企业发展奠定了基础。

2. 私营企业及其雇工的承认

从理论争论的角度上讲，农村土地承包政策的改革，并没有使理论界在对社会主义传统认识上有大的突破。因为，从生产关系上看，尽管是包产到户，但是整个土地是集体所有，所以仍然可以认为是社会主义集体所有制的一种经营方式。而在社会主义所有制关系的认识上真正出现突破的，就在于允许个体经营、个体生产，允许民间办企业以致后来对雇工的承认。

1979年2月，面对大批知青返城，城镇待业人员积压700万—800万的巨大压力，中国工商行政管理局召开工商行政管理局长会议，会议向中共中央、国务院作出报告，提出"各地可以根据当地市场需要，在取得有关业务主管部门同意后批准一些有正式户口的闲散劳动力从事修理、服务和手工业者个体劳动，但不准雇工"。报告获得了党中央、国务院的批准，虽然不允许雇工，但它首次从政策上承认了个体经济的合法性。到1979年底，全国个体从业人员发展到31万人，比1978年增长了一倍多。

1981年6月，中共十一届六中全会通过了《中共中央关于建国以来党的若干历史问题的决定》。第一次作出了"我们的社会主义制度还是处于初级阶段"的判断。对国情的重新审视并据此制定方针政策，体现了党内"解放思想""实事求是"精神的一步步推进。10月17日，中共中央、国务院通过了《关于广开就业门路，搞活经济，解决城镇就业问题的若干决定》（中发〔1981〕42号）。决定指出："今后必须着重开辟在集体经济和个体经济中的就业渠道"，"在我国，国营经济和集体经济是社会主义经济的基本形式，一定范围的劳动者个体经济是社会主义公有制经济的必要补充"。"在社会主义公有制经济占优势的根本前提下，实行多种经济形式和多种经营方式长期并存，是我党的一项战略决策，决不是一种权宜之计。"这是从实际出发对中国发展多种经济形式的必要性进行阐释。在此基础上，文件规定"对个体工商户，应当允许经营者请两个以内的帮手，有特殊技艺的可以带五个以内的学徒"。据此，对个体雇工的政策开始松动。

随着雇工现象的增多，雇工问题逐渐成为争论的焦点。当年引起广泛关注的一个典型的事件就是安徽年广久的傻子瓜子。学者们在对照马克思《资本论》中所举的例子得出结论：雇工 7 个人以下，赚了钱用于自己消费的，算个体户；雇工 8 个人以上，就产生了剩余价值，就算剥削，就是资本家。[①] 这就是后来规定雇工在 8 人以上叫私营企业的由来。而现实个体经济的发展，雇工人数却不可能止于这一限额，从 1979 年到 1982 年底，个体经济的发展，不断地突破国家规定的雇工人数的限额。卖傻子瓜子的年广久从 1981 年 9 月开始雇工，当时是雇了 4 个帮手，而到 1984 年，年广久雇用的工人已经达到 103 人，加上他儿子开的分店，雇工达 140 多人。一个卖瓜子的小商贩，雇工 100 多人，成为百万富翁，是否合法？"不剥削，怎么会成为百万富翁？""社会主义国家，怎么会让剥削阶级存在""这不是复辟资本主义吗？"对于傻子瓜子这样雇工超过 8 个的个体户如何定性的问题，民间议论纷纷，政府官员也拿不定主意。1984 年 10 月 22 日，邓小平在中央顾问委员会第三次全体会议上，首次提到"傻子瓜子"，他在会上说："我的意见是放两年再看。那个能影响到我们的大局吗？如果你一动，群众就说政策变了，人心就不安了。你解决了一个'傻子瓜子'，会牵动人心不安，没有益处。让'傻子瓜子'经营一段，怕什么？伤害了社会主义吗？"[②]

邓小平的意见是主张看一看，不要动他们，允许一部分人先富起

---

① 《马克思恩格斯全集》第二十三卷，人民出版社 1975 年版，第 342 页。
② 《邓小平文选》第三卷，人民出版社 1993 年版，第 9 页。

来。有个别雇工超过了国务院的规定，这冲击不了社会主义。只要方向正确，头脑清醒，这个问题容易解决。十年、八年以后解决也来得及，没有什么危险。

1986 年邓小平关于让一部分人先富起来的思想深入人心。在《关于 1986 年农村工作部署》中，中共中央、国务院进一步阐明了共同富裕和承认差别的关系："允许一部分人、一部分地区先富起来，才有利于推动社会进步。必须把社会主义发展中先富后富的差别同私有制条件下的两极分化区别开来。个体经济是社会主义经济的必要补充，在农村允许它存在并有所发展，就会出现生产资料占有的某些差别。只要采取适宜的政策，进行必要的调节，就可以使这种差别保持在社会所允许的限度，而不会构成对社会主义基础的威胁。"同年 9 月，中共十二届六中全会通过的《关于社会主义精神文明建设指导方针的决定》进一步指出："我国还处在社会主义的初级阶段，不但必须实行按劳分配，发展社会主义的商品经济和竞争，而且在相当长的历史时期内，还要在公有制为主体的前提下发展多种经济成分，在共同富裕的目标下鼓励一部分人先富起来。"这是在中央文件中对"多种经济成分"的合法性质疑进行回应，对分配差别化在发展社会主义经济中的必要性、可控性进行了论证，既不回避矛盾，又从实际出发引导人们突破对社会主义认识的固有观念，解放了思想。1986 年年底，全国个体工商户发展到 1211 万户，从业人员 1846 万人，注册资金 180 亿元。1987 年的中央 5 号文件出台，在政策上真正放开了对私营企业雇工人数限制，结束了雇工 8 个以上姓资姓社问题的争论。5 号文件提出管理个体经济和私营企业的十六字方针，即：允许存在，加强管理，兴利抑弊，逐步引导。并明确指出："在社会主义初级阶段，在商品经济发展中，在一个较长时期内，个体经济和少量私人企业的存在是不可避免的。"

3. 兼顾效率与公平的前提下承认非劳动收入

随着我国的乡镇企业、个体私营企业和"三资"企业的迅速发展，在实践上已经存在非劳动等生产要素的收入。1987 年，在中共十三大报告当中明确提出，我们现在所处的是社会主义初级阶段，公有制是整个国民经济的主体，个体经济跟私营经济是社会主义公有制经济的补充。社会主义初级阶段的分配方式不可能是单一的，必须实行"按劳分配为主体其他分配方式为补充，兼顾效率与公平"。

具体来说，第一，"我们必须坚持的原则是，以按劳分配为主体，其他分配方式为补充。除了按劳分配这种主要方式和个体劳动所得以外，企业发行债券筹集资金，就会出现凭债权取得利息；随着股份经济的产生，就会出现股份分红；企业经营者的收入中，包含部分风险补偿；私营企业雇用一定数量劳动力，会给企业主带来部分非劳动收入"。第二，这些非劳动收入，"只要是合法的，就应当允许"。第三，"我们的分配政策，既要有利于善于经营的企业和诚实劳动的个人先富起来，合理拉开收入差距，又要防止贫富悬殊，坚持共同富裕的方向，在促进效率提高的前提下体现社会公平"。第四，"对过高的个人收入，要采取有效措施进行调节；对以非法手段牟取暴利的，要依法严厉制裁"。第五，"当前分配中的主要倾向，仍然是吃大锅饭，搞平均主义，互相攀比，必须继续在思想上和实际工作中加以克服。凡是有条件的，都应当在严格质量管理和定额管理的前提下，积极推行计件工资制和定额工资制"①。指出当前我国的所有制结构是以公有制为主体，多种经济成分并存。在此基础上，提出以"按劳分配为主体其他分配方式为补充，兼顾效率与公平"。

十三大报告第一次在党的代表大会报告中提出了以按劳分配为主体、以其他分配方式为补充的原则，提出了允许合法的非劳动收入，要在促进效率的前提下体现社会公平等政策主张。

4. 市场经济的性质争论

关于市场化改革的性质问题，理论认识和政策许可可以说是经历了一个非常曲折的过程，出现了激烈的思想交锋。

---

① 《沿着有中国特色的社会主义道路前进——在中国共产党第十三次全国代表大会上的报告》，《人民日报》1987 年 11 月 4 日。

事实上，早在 1956 年前后，已有不少学者在自觉或不自觉地从制度层面反思社会主义经济运作规律。时任中财委秘书长兼私营企业局局长的薛暮桥在 1957 年的春天撰写了《经济工作中的若干理论问题》一文，其中提出了困扰内心的四个问题：第一，社会主义经济是否可以容许小商品经济甚至资本主义经济在一定时期、一定范围内存在，并有一些发展，然后慢慢改造它们？第二，社会主义国家应当采用什么办法来使消费品的生产能够适合人民的多方面和多样化的需要？第三，怎样能够在社会主义建设中保持国民经济各方面的平衡？第四，在我国目前的条件下，国家的基本建设投资应当首先用于什么方面？不过，当时的薛暮桥还不能把社会主义与商品经济联系起来。1956 年 6 月，孙冶方在《经济研究》杂志上发表《把计划和统计放在价值规律的基础上》一文。1957 年，顾准发表《试论社会主义制度下的商品生产和价值规律》。他们破天荒地认为"我们必须研究社会主义下面的商品生产问题"，提出了社会主义的生产也可以由市场规律自发调节的惊人观点。超出了传统上把社会主义等同于计划经济的认识。正因为如此，在很多年后，他们被并称为"中国经济学界提出在社会主义条件下实行市场经济的先驱"。1980 年，薛暮桥任国务院体制改革办公室顾问，在由薛暮桥等人起草的《关于经济体制改革的初步意见》中，提出"我国现阶段的社会主义经济是生产资料公有制占优势，多种经济成分并存的商品经济"。[①]

1989 年，由于春夏之交的国内政治风波，使得中国的个体私营经济遇到了"寒流"，关于私营经济的未来出现了各种各样的猜测。个体私营经济发展最迅猛的温州也变得有些"紧张"。"八九风波"的阴影尚未从人们心头消除，东欧剧变与苏联解体又给人们带来更大的震撼和困惑。面对这个局面，国内一些坚持计划经济传统的学者认为苏东事件是"改革"引起的。他们认为，改革开放必然会导致中

[①] 《薛暮桥回忆录》，天津人民出版社 2006 年版，第 356 页。

国社会滑向资本主义，甚至认为和平演变的主要危险来自经济领域，改革开放就是引进和发展资本主义。因此需要对每一项改革开放的措施问一问"姓社还是姓资"。

1990 年 2 月 22 日《人民日报》刊登了一篇文章，题为《关于反对资产阶级自由化》，以"搞资产阶级自由化的人，有没有经济上的根源"为由，把私营经济与自由化绑在一起。文章以犀利的言辞质问，"究竟我们要推行资本主义化的改革还是社会主义改革"？随后《人民日报》又发表了系列反对资产阶级自由化的文章。一个关于市场化改革的经济问题，一下子被"政治化"了，把经济特区说成是和平演变的温床，把股份制改革试点说成是向私有化迈进，把企业承包说成是瓦解公有制经济，引进外资被批评为甘愿做外国资产阶级的附庸。一时间，国内一片反和平演变和清查资产阶级自由化的声浪，"姓资姓社"的诘难使整个改革开放政策都受到了质疑。而在同一时期，从波兰开始，苏联和东欧社会主义阵营的政权如多米诺骨牌一样接连垮台，国际局势风云突变，而国内关于"中国向何处去"的讨论也变得越来越激烈。意识形态上的"左右"之争很快超越了思想层面，波及了实践层面，据著名经济学家董辅礽主编的《中华人民共和国经济史》记载，由于"左"倾思潮的影响，私营企业人心惶惶。1989 年，全国的个体户同比下降了 15%，私营企业减少了 50%，而从业人员更缩水了 157%，从 1989 年到 1991 年，国内 GDP 增长一直徘徊在 5% 左右。

面对思想理论分歧和国际政治的严峻局势，1990 年底，在党的十三届七中全会召开前夕，邓小平同志召集几位中央负责同志谈话，提出"要善于把握时机解决我们的发展问题"，强调"不要怕冒一点风险"推进改革开放，"改革开放越前进，承担和抵抗风险的能力就越强"。他还强调"必须从理论上搞懂，资本主义与社会主义的区分不在于是计划还是市场这样的问题。社会主义也有市场经济，资本主义也有计划控制"，"不要以为搞点市场经济就是资本主义道路，没有那么回事。计划和市场都得要。不搞市场，连世界上的信息都不知道，是自甘落后"①。根据邓小平同志这个谈话精神，江泽民同志在随后召开的党的十三届七中全会开幕式上重申，要继续坚定不移地实行改革开放，深化改革和扩大开放是必须长期坚持的根本政策。此外，江泽民同志提出要大胆利用一些外资进行国有大中型企业的技术改造，"即使冒点风险，也值得干"。

1991年初，邓小平来到上海，在时任上海市委书记朱镕基的陪同下，多次视察工厂、参观企业，听取有关浦东开发的汇报。借此机会，邓小平对上海的领导干部强调："改革开放还要讲，我们的党还要讲几十年。会有不同意见，但那也是出于好意，一是不习惯，二是怕，怕出问题。光我一个人说话还不够，我们党要说话，要说几十年。"他又一次着重指出："不要以为，一说计划经济就是社会主义，一说市场经济就是资本主义，不是那么回事，两者都是手段，市场也可以为社会主义服务。"他还强调"开放不坚决不行，现在还有好多障碍阻挡着我们。说'三资'企业不是民族经济，害怕它的发展，这不好嘛。发展经济，不开放是很难搞起来的。世界各国的经济发展都要搞开放，西方国家在资金和技术上就是互相融合、交流的"。他希望"上海人民思想更解放一点，胆子更大一点，步子更快一点"。"要克服一个怕字，要有勇气。什么事情总要有人试第一个，才能开拓新路。"②

邓小平的一系列关于市场经济和加快改革步伐的谈话，在上海的领导干部圈内引起了轰动。邓小平的谈话精神在《解放日报》以"皇甫平"的笔名刊出了系列文章。文章发表后在国内外、党内外反响强烈。每篇文章发表的当天，有不少读者打电话到报社问文章作者是谁，并说读了文章很有启发，有助于进一步解放思想，认清形势，打开思路，坚定信心。当时，全国不少省市自治区驻沪办事处人员都接到当地领导人电话，要求收集"全部文章"。文章受到许多读者的

---

① 《邓小平文选》第三卷，人民出版社1993年版，第364页。
② 同上书，第367页。

欢迎，说这是"吹来一股清新的改革开放春风"。但与此同时，国内媒体有文章指责这种说法是"庸俗生产力论""经济实用主义"，等等。这些质问和指责，就其理论根源仍然是坚持社会主义只能是公有制和计划经济的传统观点。

与媒体的喧嚣不同，我国理论界对此进行了严肃深入的讨论。1991 年 7 月 4 日，中国社会科学院经济学院在刘国光的主持下，召开了"当前经济领域若干重要理论问题"座谈会，吴敬琏、卫兴华、戴园晨等经济学家就"姓社姓资"这一敏感问题坦陈己见。吴敬琏说："从全局上说，从战略上说，一定要保证我国整个经济发展的社会主义方向。从具体问题来说，不能囿于'姓社还是姓资'的诘难。对外开放用了一些社会化大生产通用的作法，如果问'姓社还是姓资'，这些做法都不能用了。如果这样的话，从根本上说来，是妨碍社会主义经济繁荣的，甚至是破坏社会主义繁荣的。"卫兴华说了五点：第一，实行改革开放不能不问"姓社姓资"；第二，不能乱定"姓社姓资"；第三，不能对什么事情都一定要问"姓社姓资"；第四，问"姓社姓资"，不是排斥和否定一切姓"资"的东西存在；第五，不要用不正确的"社资观"去胡乱批评正确的理论思想。①

1991 年 7 月 1 日，江泽民同志在庆祝中国共产党建党 70 周年大会上发表讲话，进一步阐述了邓小平同志关于不要把计划经济和市场经济作为区分社会主义与资本主义标志的思想。

（三）社会主义本质论的提出与结束争论

为了用事实检验改革开放政策的效果，1992 年春天，88 岁高龄的邓小平不辞劳苦坐上了南下的火车。其"南巡"足迹遍及武昌、深圳、珠海、上海等地，针对特区蓬勃发展的经济，邓小平指出"对办特区，从一开始就有不同意见，担心是不是搞资本主义。深圳的建

---

① 周瑞金：《"皇甫平"交锋与邓小平南巡》，《理论参考》2012 年第 3 期。

设成就，明确回答了那些有这样那样担心的人。特区姓'社'，不姓
'资'。从深圳的情况看，公有制是主体，外商投资只占四分之一，
就是外资部分，我们还可以从税收、劳务等方面得到益处嘛！多搞点
'三资'企业，不要怕。只要我们头脑清醒，就不怕。我们有优势，
有国营大中型企业，有乡镇企业，更重要的是政权在我们手里。有的
人认为，多一分外资，就多一分资本主义，'三资'，企业多了，就
是资本主义的东西多了，就是发展了资本主义。这些人连基本常识都
没有。我国现阶段的'三资'企业，按照现行的法规政策，外商总
是要赚一些钱。但是，国家还要拿回税收，工人还要拿回工资，我们
还可以学习技术和管理，还可以得到信息、打开市场。因此，'三
资'企业受到我国整个政治、经济条件的制约，是社会主义经济的有
益补充，归根到底是有利于社会主义的"[1]。

　　针对1991年思想交锋中暴露出的意识形态分歧，邓小平指出，
"改革开放迈不开步子，不敢闯，说来说去就是怕资本主义的东西多
了，走了资本主义道路。要害是姓'资'还是姓'社'的问题。判
断的标准，应该主要看是否有利于发展社会主义社会的生产力，是否
有利于增强社会主义国家的综合国力，是否有利于提高人民的生活水
平"[2]。在此基础上，邓小平从正面阐述了社会主义本质是"解放生
产力，发展生产力，消灭剥削，消除两极分化，最终达到共同富裕"。
从这个角度看问题，"计划多一点还是市场多一点，不是社会主义与
资本主义的本质区别。计划经济不等于社会主义，资本主义也有计
划；市场经济不等于资本主义，社会主义也有市场。计划和市场都是
经济手段"[3]。

　　邓小平的南方谈话，正如江泽民同志所高度评价的那样："精辟
地分析了当前国际国内形势，科学地总结了十一届三中全会以来全党

①　《邓小平文选》第三卷，人民出版社1993年版，第372—373页。
②　同上书，第372页。
③　同上书，第373页。

的基本实践和基本经验，明确地回答了这些年来经常困扰和束缚我们思想的许多重大认识问题。"社会主义本质理论突破了"姓资姓社"的固有观念，把对社会主义的认识提高到了一个新的科学水平。过去一段时期，我们曾脱离生产力发展水平和现实国情，片面强调公有制，认为公有制范围越大、程度越高，越有助于发展社会主义，甚至脱离实际条件，盲目扩大公有制的范围，提高公有制的程度，使社会主义建设走了弯路。"解放和发展生产力，消灭剥削，消除两极分化，最终达到共同富裕"这一概括把社会主义的手段和目的统一起来，廓清了不合时代进步和社会发展规律的模糊观念，摆脱了长期以来拘泥于具体模式而忽略社会主义本质的错误倾向，进一步明确了建设社会主义的根本目的，为推行改革开放、运用"资本"发展社会主义的合法性提供了根本理论支撑。

"三个有利于"标准和社会主义本质理论的提出，统一了思想，结束了争论，为分配制度改革提供了理论依据。党的十四大作出了我国经济体制改革的目标是建立社会主义市场经济体制的决定，明确提出，在分配制度上，以按劳分配为主体，其他分配方式为补充，兼顾效率与公平。运用包括市场在内的各种调节手段，既鼓励先进，促进效率，合理拉开收入差距，又防止两极分化，逐步实现共同富裕。1993 年 11 月在十四届三中全会上，中央作出了《关于建立社会主义市场经济体制若干问题的决定》，强调在社会主义市场经济条件下，"劳动者的个人劳动报酬要引入竞争机制，打破平均主义，实行多劳多得，合理拉开差距"。并提出"允许属于个人的资本等生产要素参与收益分配"。党的十五大报告进一步提出"依法保护合法收入，允许和鼓励一部分人通过诚实劳动和合法经营先富起来，允许和鼓励资本、技术等生产要素参与收益分配"。提出把按劳分配和按生产要素分配结合起来，从而明确按生产要素分配的地位，并把资本、技术等纳入生产要素参与收益分配的范畴。2002 年党的十六大，在分配理论上对按生产要素分配进行了明确界定，指出了如何贯彻"效率优先、兼顾公平"的"两个注重"原则。一是明确了劳动、资本、技术和管理是基本的生产要素，同时也没有否认知识、资源、信息等生产要素在财富创造中的积极作用；二是明确了生产要素按贡献分配；三是对效率与公平的关系做出了清晰的回答。

至此，分配制度改革最终确立了劳动、资本、技术和管理等生产要素按贡献参与分配的原则。形成了与公有制为主体、多种所有制经济共同发展的所有制结构相匹配的分配制度。彻底打破了平均主义"吃大锅饭"现象和按劳分配的单一分配模式，提高了市场经济主体的积极性、主动性和创造性，促进了民营经济的大发展。

三 民营经济的贡献与政治身份认同

（一）民营经济的发展与贡献

党的十一届三中全会以来，中国共产党不断破除所有制问题上的传统观念，为非公有制经济发展打开了大门。1980 年温州的章华妹领到了第一张个体工商户营业执照，1987 年全国城镇个体工商等各行业从业人员已经达 569 万人，民营企业开始蓬勃兴起。

在农村最早的一批个体户有两类，一类是和种植、养殖、饲料有关的农业副业，他们通常被称为某某方面的"大王"，如养鸡大王、果王、饲料大王、乳制品大王、花生油大王、屠宰大王等。被誉为中国饲料大王的刘永好在 1982 年与自己的 3 位兄长一起辞去公职到四川成都新津县的农村"下海"创业，通过变卖手表、自行车等家产，筹集了 1000 元人民币，作为创业初期的投入。从养殖鹌鹑入手，兄弟 4 人成立了"育新良种场"，孵小鸡、养鹌鹑。到 1986 年，良种场已经年产鹌鹑 15 万只，鹌鹑蛋不仅被贩卖到国内各个城市，而且还卖到了国外，成了全世界最大的鹌鹑养殖基地。之后，刘永好兄弟改行做饲料，自行研发以"希望"命名的猪饲料，也就是今天闻名全国的希望集团的前身。

另一类与农业无关，主要是依靠农村剩余劳动力成本优势创办的乡镇企业，包括建材、运输、服装、轻纺、小五金、零配件等产业。

1979 年，中国的改革开放大幕拉开，铁匠出身的鲁冠球看到了中国汽车市场的前景，在当时属于乡镇企业性质的宁围公社农机修配厂，集中力量生产专业化汽车配件万向节（即万向接头，是可以实现变角度动力传递的汽车传动轴和驱动轴的连接器）。在 1980 年的全国汽车零部件订货会上，该厂生产的"钱潮牌"万向节仅仅一天时间，就销售了 210 万元的订单，打出了万向产品的名气。1983 年，更名后的萧山万向节厂实施了产权制度改革。鲁冠球获得了一半的资产。1988 年，鲁冠球以 1500 万元向宁围镇政府买断了工厂股权，万向正式变身为民营企业，其产品不仅顺利打入欧美发达国家，而且占领了号称高科技的美国同类产品的 1/3 市场。最终成了中国民企的一个传奇。

在城市，最早的创业者是"回城知青"。由于城市没有留给他们充分就业的位置，他们就从开饭店和发廊、倒腾服装和手表、做家居搞维修这种最原始的小生意起步。值得一提的是，在 20 世纪 80 年代，出现了公职人员（包括部队转业军人）的"下海"潮和科技人员的创业潮，提升了中国民营企业的创业质量。万科、联想、海尔、上海大众、健力宝这几个著名的民营企业都是在中国出现第一次"下海经商"浪潮的 80 年代中期创业的。当时，人们普遍的思想观念还是"捧铁饭碗、拿死工资"。然而，一部分有着强烈经商意识的人却不安于现状，开始把"铁饭碗"扔到了一边，一头扎入"商海"，一批民营企业在各地几乎同时涌现出来。这些人中包括后来赫赫有名的企业家王石、柳传志、张瑞敏等。1984 年，两个濒临倒闭的集体小厂合并成立了青岛冰箱总厂，出任厂长的张瑞敏引进德国利勃海尔的技术，最后将这家企业发展成中国知名的家电企业海尔集团；这一年，广东三水的李经纬创出了"健力宝"品牌，并将其打向了美国洛杉矶奥运会；这一年，马胜利出任石家庄造纸厂厂长，以推行承包而闻名全国，他吸收了横跨全国十多个省市的 100 多家企业，组建了"中国马胜利造纸企业集团"，集团年产值曾达到 4 亿元；这一年，张近东从南京师范大学毕业，凭借 10 万元创业资本下海，随后创办了"苏宁电器"……

当年，下海、停薪留职成为一个流行词，"你下海了吗？"人们见面时常会发出这样的问候。改革开放后，中国大地共有三次下海经商浪潮，1984 年的便是第一次，其后两次发生在 1987 年和 1993 年。在 80 年代末的创业者中，有的从县镇企业、街道办或某个社团办的小集体企业转制为私营企业；还有的从国有企业改换门庭或从外企离职的自主创业；大学生、研究生、教师创业，也贯穿在整个市场经济的成长史，1990 年，俞敏洪离开北大英语系，创办了"新东方"。在一次次的下海热中，一部分人先富了起来，经商的热情也被激发了起来。此外，校办企业也吸纳了不少创业者，宗庆后就是 1987 年从杭州市上城区一所小学的校办企业开始起步，将一个小小的校办企业发展成为中国最大食品饮料生产商娃哈哈集团公司。

　　1992 年是中国的民营经济发展的一个历史节点，邓小平发表南方谈话，中共十四大承认了市场经济的合法性，此后兴起了新一轮的创业、发展民营经济的热潮，很多知名大型民营企业都是这个时期起步的。1992 年、1993 年，大批在政府机构、科研院所的知识分子受南方谈话的影响，纷纷主动下海创业。"92 派"是中国现代企业制度的试水者，和之前的中国企业家相比，他们应该是中国最早具有清晰、明确的股东意识的企业家代表。陈晓守的图书《九二派》，记录了 1992 年邓小平南巡后成长起来的一批企业家，描述了这批企业家的理想与商道。

　　到 21 世纪初，中国民营经济进入了超常规发展的历史时期。其涉足的领域也更广更深。民营企业拥有全国 66% 的专利与 74% 的技术创新以及 82% 的新产品开发。当年因"假冒骗"出名的"温州制造"，在 21 世纪初，其生产的温州电器产品已创造了连助"神五""神六""神七"飞天的辉煌业绩。在融入全球化和利用境内外两个市场、两种资源过程中，中国民营企业自身也一步步地从"作坊时代"实现了向"跨国时代"的蝶变。①

---

　　① 中国民营经济 30 年：《从"作坊时代"迈向"跨国时代"》，中央政府门户网站，2008 年 10 月 26 日。http：//www. gov. cn/govweb/jrzg/2008 – 10/26/content_ 1131504. htm。

2008 年国际金融危机之后，受市场、资源等方面的限制，中国的出口导向型和劳动密集型发展模式受到严峻挑战。与此同时，第二次互联网发展浪潮方兴未艾。中国中小企业、民营企业转型加快。一是中小企业与非公经济进入新兴产业，形成多元化布局。中小企业加大了在现代物流业、金融服务业、融资租赁、电子商务等新兴生产性服务业方面的布局。金融租赁、新能源、通信设备制造等新兴经济领域的民营企业市场竞争力不断增强，已经成为最具活力的经济类型。二是中小企业与非公经济创新能力不断提升。通过转型升级，自主创新意识大大增强，自主创新能力逐步提高。

2015 年的中央经济工作会议，提出今后一段时间要以供给侧结构性改革为主线。在此背景下，民营企业通过加强技术创新、管理创新、产品创新、商业模式创新、品牌建设等提高全要素生产率，加快转型升级步伐，民营企业呈现出从产业链中低端向高端的迈进，从传统产业向新兴产业调整的趋势。

以民营企业 500 强的自主创新为例，到 2016 年，民营企业研发人员占比超过 3% 的企业数量达到 313 家，占企业比 62.6%。2017 年民营企业 500 强的研发投入力度进一步增强，研发人员占比在 10% 以上的企业数量达到 189 家，比上一年增加 12 家。其中，华为投资控股有限公司研发投入最高，达到 896.90 亿元。2017 年关键技术来源于自主开发和研究的企业共 401 家，占 80.2%，比上年增长 1.78%，企业自主创新能力继续提升。总体来看，行业领先企业普遍重视研发投入对企业发展的重要作用，信息、汽车等领域更体现出技术密集型产业的高研发投入与高产出相关的特点。此外，随着"互联网＋"的不断深入，传统产业与互联网加速融合。2017 年民营企业 500 强中，有 453 家企业结合自身产业特点与互联网融合创新，其中 274 家开展智能化生产，推动智能制造，比 2016 年增加 33 家，占 60.49%。① 在欧盟委员会发布的"全球企业研发投入排行榜"中，

---

① 《民企自主创新能力持续增强》，《人民日报》2018 年 8 月 30 日。

2016 年华为超过苹果公司，以 83.58 亿欧元的研发费用高居第八位，中国的百度、联想、腾讯和美的等企业都榜上有名。2018 年华为跃升为全球研发投资的第五位。

改革开放 40 年，我国民营经济从小到大、从弱到强，不断发展壮大。截至 2017 年底，我国民营企业数量超过 2700 万家，个体工商户超过 6500 万户，注册资本超过 165 万亿元。从贡献来讲，民营经济具有"五六七八九"的特征，即贡献了 50% 以上的税收，60% 以上的国内生产总值，70% 以上的技术创新成果，80% 以上的城镇劳动就业，90% 以上的企业数量。在世界 500 强企业中，我国民营企业由 2010 年的 1 家增加到 2018 年的 28 家。民营经济已经成为中国国民经济最具活力的部分之一，成为推动我国发展不可或缺的力量，成为创业就业的主要领域、技术创新的重要主体、国家税收的重要来源，为我国社会主义市场经济发展、政府职能转变、农村富余劳动力转移、国际市场开拓等发挥了重要作用。

中国仍然处在社会主义初级阶段，生产力的发展表现为不发达、多层次和不平衡等特点，发展非公有制经济和以股份制为主要形式的混合所有制经济是符合邓小平提出的三个有利于标准的。

（二）民营经济的地位肯定

新中国成立后，基于对民族资产阶级"既有剥削工人阶级取得利益的一面，又有维护宪法、愿意接受社会主义改造的一面"的认识，中国共产党对民族资产阶级采取"团结、批评、教育"的方针，对私人资本主义经济采取了"利用、限制、改造"的方针和和平赎买政策，于 1956 年完成了对资本主义工商业的社会主义改造。至此，中国的私营经济基本消失，仅存的一些个体经济，由于人数与规模很小，影响微乎其微。直到改革开放前，非公有制经济在中国一直被认为是"产生资本主义的土壤"而被排斥。

对于民营企业来说，改革开放的历程，就是一个对民营经济从不允许到允许、再到放开手脚的过程。

邓小平早在 1948 年写的《跃进中原的胜利形势与今后的政策策略》中，对私人工商业就作了客观评价，"把工商业搞垮了，自己给自己筑一道长城……大别山的锅厂，以及与锅厂有联系的煤窑、小摊贩等能养活三万人，锅厂一停工，这三万人就立刻无法生活了……究竟是打倒了资本家，还是打倒了老百姓？我看这不是打倒了资本家，而是打掉了人民的生计……如果我们在工商业问题上搞得不好，解放区的经济无法建设，人民的生活要受到影响，那时国民党不叫我们走，我们也得走，革命就要失败，所以要解决好工商业政策问题，私人工商业是新民主主义经济不可缺少的一部分，我们要扶助它发展……我们反对投机垄断，也要允许商人赚点钱"①。

正是有了早年经济工作的实践经验和认识，邓小平在坚持辩证唯物主义和历史唯物主义的立场，提出改革开放政策、"三个有利于"标准和社会主义本质论，解放了思想，使我们对民营经济有了客观公正的认识。

对民营经济的身份认同和政策激励首先体现在党的方针政策中，宪法修订紧随其后。

第一阶段：1978 年十一届三中全会至 1992 年南方谈话前。

1978 年 12 月中共十一届三中全会后，非公有制经济开始得到恢复和发展。1980 年 8 月中共中央在《进一步做好城镇劳动就业工作》的文件中指出，个体经济是"从事法律许可范围内的，不剥削他人的个体劳动"。"这种个体经济是社会主义公有制的不可缺少的补充，在今后一个相当长的历史时期内都将发挥积极作用。"1981 年 6 月中共中央《关于建国以来党的若干历史问题的决议》明确指出："国营和集体经济是中国基本的经济形式，一定范围的劳动者个体经济是公有制经济的必要的补充。"1982 年 12 月中国人大五届五次会议通过的《中华人民共和国宪法》第十一条规定：在法律规定范围内的城乡劳动者个体经济是社会主义公有制经济的补充。1984 年通过的《中共中央关于经济

---

① 《邓小平文选》第一卷，人民出版社 1994 年版，第 107 页。

体制改革的决定》，第一次系统阐述了党在现阶段对发展个体经济的基本指导方针，指出"坚持多种经济形式和经营方式的共同发展，是我们长期的方针，是社会主义前进的需要"。1987 年 11 月，中共十三大明确提出鼓励发展个体经济、私营经济的方针。

为了贯彻党的方针，民营经济的一系列法律法规随后也做了修订和相应调整。1988 年 4 月，第七届全国人民代表大会第一次会议通过的《中华人民共和国宪法修正案》，对 1982 年的《宪法》进行了修订，其中第 11 条增加规定："国家允许私营经济在法律规定的范围内存在和发展，私营经济是社会主义公有制经济的补充"，从立法上突破了多种所有制经济并存的禁区，明确了私营经济的法律地位。

第二阶段：1992 年南方谈话至 2013 年十八大前。

1992 年初，邓小平的南方谈话彻底摆脱了市场经济是资本主义属性的错误观念，达成了建立社会主义市场经济体制的改革共识。在此基础上，同年 10 月召开的党的十四大第一次明确提出了"建立社会主义市场经济体制"的改革目标，把社会主义基本制度与市场经济结合起来。1997 年召开的党的十五大，把"公有制为主体、多种所有制经济共同发展"确立为我国的基本经济制度；明确提出"非公有制经济是我国社会主义市场经济的重要组成部分"；"要继续鼓励、引导"个体、私营等非公有制经济，使之健康发展。2002 年党的十六大提出毫不动摇地巩固和发展公有制经济、毫不动摇地鼓励、支持和引导非公经济发展，即"两个毫不动摇"；确认个体户、私营企业主也是中国特色社会主义事业的建设者，鼓励努力创造财富；提出包括资本在内的多种要素"按贡献"分配的新分配制度。2007 年党的十七大在继续强调两个"毫不动摇"的基础上，提出了国企民企"两个平等"，即"坚持平等保护物权，形成各种所有制经济平等竞争、相互促进新格局"。①

---

① 胡锦涛：《高举中国特色社会主义伟大旗帜　为夺取全面建设小康社会新胜利而奋斗——在中国共产党第十七次全国代表大会上的报告》，中央政府门户网站，http://www.gov.cn/ldhd/2007－10/24/content_ 785431_ 5. htm。

随着党的方针政策的进一步调整，党的十四大之后，宪法也作了相应的修订和调整。1993 年 3 月，八届全国人大一次会议通过了宪法的第二个修正案，把原宪法中"在社会主义公有制基础上实行计划经济"修改为"国家实行社会主义市场经济"。围绕宪法的这一修改，八届全国人大及其常委会相继制定了系列相关法律。包括公司法、合伙企业法等，明确了各类市场主体的合法地位，保障其公平参与市场竞争。

1999 年 3 月，在九届全国人大二次会议通过的宪法修正案中，对多种所有制予以宪法承认。明确规定"国家在社会主义初级阶段，坚持公有制为主体、多种所有制经济共同发展的基本经济制度"。将原修订案中"私营经济是社会主义公有制经济的补充"进一步改为"在法律规定范围内的个体经济、私营经济等非公有制经济，是社会主义市场经济的重要组成部分"。非公有制经济的地位从"补充"上升到"重要组成部分"。①

2004 年 3 月 14 日，十届全国人大二次会议高票通过宪法修正案，其中第二十二条规定："公民的合法的私有财产不受侵犯。"这一规定标志着我国公民的私有财产权开始从一般的民事权利上升到宪法权利，受到国家根本大法的认可与保护。

2007 年十届全国人大五次会议审议通过的《物权法》和《企业所得税法》，以国家法律的形式对民营企业资产进行保护，《物权法》确立了非公经济在国内与其他经济的平等地位，获得了与国有资产、集体资产和个人资产的平等保护地位，彻底消除民营企业家们的担心。而《企业所得税法》通过"两税合一"给予了非公经济与外资平等竞争的平台，使中国企业获得了同等的国民待遇。根据该法律，包括中国民营企业在内的内资企业将与外资企业享受同等的 25% 所得税税率，此前，内资企业的实际税率一般为 33%。中国的民营企

---

① 《中华人民共和国宪法修正案（1999 年 3 月 15 日通过）》，《人民日报》1999 年 3 月 17 日第一版。

业将因此获得更大的增长空间。

第三阶段：2013 年十八大以来。

党的十八大以来，中央重申坚持基本经济制度，坚持"两个毫不动摇"。2013 年 11 月党的十八届三中全会提出，公有制经济和非公有制经济都是社会主义市场经济的重要组成部分，都是我国经济社会发展的重要基础；公有制经济财产权不可侵犯，非公有制经济财产权同样不可侵犯；国家保护各种所有制经济产权和合法利益，坚持权利平等、机会平等、规则平等，废除对非公有制经济各种形式的不合理规定，消除各种隐性壁垒，激发非公有制经济活力和创造力。党的十八届四中全会提出要"健全以公平为核心原则的产权保护制度，加强对各种所有制经济组织和自然人财产权的保护，清理有违公平的法律法规条款"。党的十八届五中全会强调要"鼓励民营企业依法进入更多领域，引入非国有资本参与国有企业改革，更好激发非公有制经济活力和创造力"。

2016 年 3 月，最高人民检察院在其官网上全文发布了《最高人民检察院关于充分发挥检察职能依法保障和促进非公有制经济健康发展的意见》。《意见》要求，各级检察机关依法打击侵犯非公有制企业权益和非公有制经济人士人身、财产权利的刑事犯罪；依法惩治破坏市场秩序、侵犯非公有制企业产权和合法权益的经济犯罪；依法打击侵犯非公有制企业合法权益的职务犯罪。针对保障非公有制企业权益的问题，《意见》明确指出，各级检察机关要严格执行宽严相济刑事政策。防止不讲罪与非罪界限、不讲法律政策界限、不讲方式方法，防止选择性司法，防止任意侵犯非公有制企业合法权益问题的发生。

党的十九大把"两个毫不动摇"写入新时代坚持和发展中国特色社会主义的基本方略，"两个毫不动摇"作为党和国家一项大政方针进一步确定下来。近年来，社会上有的人发表了一些否定、怀疑民营经济的言论。有人提出"民营经济离场论"，认为民营经济已经完成使命，需要退出历史舞台；有人提出"新公私合营论"，把国家鼓励混合所有制改革曲解为新一轮"公私合营";有人把加强企业党建和工会工作说成是要对民营企业进行控制,等等。

针对上述说法,2018年11月习近平在民营企业座谈会上的讲话中重申,支持民营企业发展,是党中央的一贯方针,这一点丝毫不会动摇。强调三个没有变、不能变:非公有制经济在我国经济社会发展中的地位和作用没有变;毫不动摇鼓励、支持、引导非公有制经济发展的方针政策没有变;致力于为非公有制经济发展营造良好环境和提供更多机会的方针政策没有变。"我国基本经济制度写入了宪法、党章,这是不会变的,也是不能变的。"任何否定、怀疑、动摇我国基本经济制度的言行都不符合党和国家方针政策,"所有民营企业和民营企业家完全可以吃下定心丸、安心谋发展"①。

(三) 企业家的政治身份认同

改革开放前,经过社会主义工商业改造,中国的社会阶级阶层主要由工人阶级、农民阶级、知识分子阶层组成。改革开放后,随着非公有制经济的发展壮大,在工人、农民、知识分子阶层之外,一批新的社会阶层逐步形成。

1979年1月17日,中共十一届三中全会闭幕不到一个月,邓小平约见胡厥文、胡子昂、荣毅仁、古耕虞、周叔五位解放前的民族工商业者吃"火锅宴",动员他们创办企业。邓小平提出,"要落实对原工商业者的政策","总之,钱要用起来,人要用起来"。② 就在这次谈话之后不久,荣毅仁带头创办了中信公司。一些上海的老工商业者以民间集资方式创办了中国第一家民营企业"爱国建设公司"。之后,民间个体户开始出现。1983年8月30日,胡耀邦、万里、习仲勋、王震等党和国家领导人在中南海亲切接见中国集体经济和个体经济的先进代表,胡耀邦即席发表讲话说,从事个体劳动同样是光荣

---

① 习近平:《在民营企业座谈会上的讲话》,《人民日报》2018年11月2日第二版。
② 《邓小平文选》第二卷,人民出版社1994年版,第157页。

的，鼓励个体、私营老板们干光彩的事，做光彩的人。

2001 年，江泽民在庆祝中国共产党成立八十周年大会上讲话中，首次提出"新的社会阶层"概念。"改革开放以来，新出现的民营科技企业的创业人员和技术人员、受聘于外资企业的管理技术人员、个体户、私营企业主、中介组织的从业人员、自由职业人员等新的社会阶层中的广大人员，为发展社会主义社会的生产力和其他事业作出了贡献，是中国特色社会主义事业的建设者"。对于"通过诚实劳动、合法经营先富起来的个体劳动者和私营企业主，不仅是党和政府的政策允许的，也是光荣的，他们为建设有中国特色社会主义事业贡献了力量，应该受到社会的尊重"①。

2006 年，胡锦涛同志在第 20 次全国统战工作会议上进一步对民营企业主的身份做了定位。强调，"新的社会阶层人士是新世纪新阶段统一战线工作新的着力点"，并指出新的社会阶层主要由非公有制经济人士和自由择业知识分子组成，主要包括"六种人"：即私营企业主、个体工商户、私营企业和外资企业的管理技术人员、中介组织从业人员、自由职业人员。2015 年 9 月 22 日，《中国共产党统一战线工作条例（试行）》向社会公布，将"新的社会阶层人士"与"非公有制经济人士"并列作为统战工作对象。并把原来所列的"六种人"中的"私营企业主、个体工商户"，从"新的社会阶层人士"中划入"非公有制经济人士"。②

但是，私营工商业者的社会价值和地位在改革开放后的一段时期里并没有得到全社会的理解和认同。在许多人的观念中，受中国传统封建文化观念影响，私营工商业者与"无奸不商""唯利是图"相连接，受马克思批判的"资本来到世间，从头到脚每个毛孔都滴着血和肮脏的东西"的影响，人们又把私营工商业者与这一资本主义原罪的

---

① 《江泽民在庆祝建党八十周年大会上的讲话》，《人民日报》2001 年 7 月 2 日第一版。

② 《中国共产党统一战线工作条例（试行）》，《人民日报》2015 年 9 月 23 日第五版。

认知相联系。

改革开放以来，民营企业政治身份和社会地位的获得，一方面依靠民营企业家自身的努力；另一方面，源于中国共产党对民营企业在中国特色社会主义建设事业中的地位、性质和作用的认知转变。

在改革开放过程中，成千上万的私营企业主在不同的领域、不同的行业勤奋工作、努力拼搏。一批批勇于拼搏、敢于创新的企业家阶层在市场经济竞争大潮中崛起，带领民营企业为积累社会财富、创造就业岗位、促进经济社会发展、增强综合国力作出了重要贡献。推动中国的市场化进程不可逆转地向前迈进。在中国经济面临转型突破的重要关口，新一代互联网精英迅速崛起，为中国经济转型贡献自己的力量。企业家们不仅把企业做大、做强，把"中国制造"推向世界，同时，还积极参与社会慈善事业、扶贫和教育等公益事业，体现出了强烈的社会责任感，并因此而赢得社会的尊重和承认。

企业家政治身份和地位的重要变化源于党的十六大。2001 年，党的十六大召开前夕，江泽民在庆祝中国共产党成立八十周年的讲话中，不仅承认了民营企业家作为新的社会阶层是社会财富的创造者，而且进一步承认其可以成为中国共产党党员。认为，改革开放以来出现的新社会阶层，也是有中国特色社会主义事业的建设者，我们应该"把承认党的纲领和章程、自觉为党的路线和纲领而奋斗、经过长期考验、符合党员条件的社会其他方面的优秀分子吸收到党内来"。在此基础上，2002 年党的十六大修改了党章，中国共产党的性质表述发生了变化，把"三个代表"写进党的性质表述，"中国共产党是中国工人阶级的先锋队，同时是中国人民和中华民族的先锋队，是中国特色社会主义事业的领导核心，代表中国先进生产力的发展要求，代表中国先进文化的前进方向，代表中国最广大人民的根本利益"。把"吸收其他社会阶层的先进分子入党"写进了党章，"年满十八岁的中国工人、农民、军人、知识分子和其他社会阶层的先进分子，承认党的纲领和章程，愿意参加党的一个组织并在其中积极工作、执行党的决议和按期交纳党费的，可以申请加入中国共产党"①。

据此，民营企业家公开获得了政治身份，以合法身份出现在了政治舞台上。同时，党章中还增加了关于非公有制经济组织中党的基层组织主要任务的规定。提出，"非公有制经济组织中党的基层组织，贯彻党的方针政策，引导和监督企业遵守国家的法律法规，领导工会、共青团等群众组织，团结凝聚职工群众，维护各方的合法权益，促进企业健康发展"。进一步加强了党同非公有制企业职工群众的联系，为进一步引导非公有制企业的发展提供了保障。

党的十六大共有 7 名民营企业家当选了党代表；十七大代表中，当选人数增至 17 人；十八大代表中，增至 27 人。在每年 3 月举行的全国"两会"上，不少民营企业的当家人成为"两会"代表委员，积极参政议政。早在十四大召开第二年的 1993 年，全国政协委员名单中首次出现了 23 位民营企业家，在 2003 年的十届全国人大代表中，共有 55 名民营企业家，全国政协委员中共有 65 名民营企业家。改革开放以来，带着"资本主义尾巴"从事商业活动的私营企业主们，开始以主人身份踏上国家参政议政的最高舞台。通过参政议政，民营企业家们既成为党的政策执行者，又成为政策的参与者、推动者，其社会影响力和政治地位不断提高。

改革开放以来，非公有制经济对我国经济发展的贡献越来越大，影响也越来越深远。但不可否认，在非公有制经济的快速发展中，在一批批私营企业不断参与的国有企业改制中，在一批批私营企业老板不断跻身《福布斯》富豪榜的过程中，也出现一些"问题富豪"，其行为包括非法集资、走私、官商勾结侵吞国有资产、操纵股价等，这些"问题富豪"也因此成为阶下囚。部分民营企业目光短浅，不讲诚信、制造假冒伪劣产品，引起了人们的不满，也对民营经济的声誉

---

① 《全面建设小康社会，开创中国特色社会主义事业新局面——在中国共产党第十六次全国代表大会上的报告》，中央政府门户网站：http：//www.gov.cn/test/2008 – 08/01/content_ 1061490_ 7. htm。

产生了不利影响。否定、怀疑民营经济的言论再度出现。

2015 年 5 月，习近平在中央统战工作会议上指出，非公有制经济要健康发展，前提是非公有制经济人士要健康成长。号召广大非公有制经济人士加强自我学习、自我教育、自我提升。要发挥工商联作为党和政府联系非公有制经济人士的桥梁和纽带作用，对商会组织进行有效指导、引导、服务。强调促进非公有制经济健康发展和非公有制经济人士健康成长是重大经济问题，也是重大政治问题。针对有的人简单地把非公有制经济人士看成社会财富的攫取者、贫富分化的制造者的错误认识，习近平强调非公有制经济人士主流是好的，但也存在某些弱点和不足。要坚持团结、服务、引导、教育的方针，一手抓鼓励支持，一手抓教育引导，关注他们的思想，同他们交思想上的朋友。关注他们的困难，有针对性地进行帮助引导，引导非公有制经济人士特别是年轻一代致富思源、富而思进，做到爱国、敬业、创新、守法、诚信、贡献。要形成健康的政商关系，要教育引导非公有制经济人士明白，成为人大代表、政协委员，是为人民服务、为国家发展建言出力的责任状。①

2016 年 3 月 4 日的全国两会期间，习近平总书记在政协民建、工商联界联组会上与民营企业家代表座谈时，希望民营企业家们要十分珍视和维护好自身社会形象。首次提出建立"亲与清"的政商关系。对民营企业家而言，所谓"亲"，就是积极主动同各级党委和政府及部门多沟通多交流，讲真话，说实情，建净言，满腔热情支持地方发展；所谓"清"，就是要洁身自好、走正道，做到遵纪守法办企业、光明正大搞经营。企业经营遇到困难和问题时，要通过正常渠道反映和解决，如果遇到政府工作人员故意刁难和不作为，可以向有关部门举报，运用法律武器维护自身合法权益。靠旁门左道、歪门邪道搞企业是不可能成功的，不仅败坏了社会风气，做这种事心里也不踏实。

---

① 习近平：《巩固发展最广泛的爱国统一阵线》，新华网，2018 年 5 月 20 日，http：//www. xinhuanet. com/politics/2015－05/20/c_ 1115351358. htm。

习近平总书记提出，守法经营，这是任何企业都必须遵守的一个大原则。公有制企业也好，非公有制企业也好，各类企业都要把守法诚信作为安身立命之本，依法经营、依法治企、依法维权。法律底线不能破，偷税漏税、走私贩私、制假贩假等违法的事情坚决不做，偷工减料、缺斤短两、质次价高的亏心事坚决不做。广大民营企业要积极投身光彩事业和公益慈善事业，致富思源，义利兼顾，自觉履行社会责任。

为了更好地引领民营经济健康发展，更好地发挥企业家作用，2017年9月8日，中共中央、国务院发布《关于营造企业家健康成长环境弘扬优秀企业家精神更好发挥企业家作用的意见》，提出着力营造依法保护企业家合法权益的法治环境、促进企业家公平竞争诚信经营的市场环境、尊重和激励企业家干事创业的社会氛围，引导企业家爱国敬业、遵纪守法、创业创新、服务社会，调动广大企业家积极性、主动性、创造性，发挥企业家作用，为促进经济持续健康发展和社会和谐稳定、实现全面建成小康社会奋斗目标和中华民族伟大复兴的中国梦作出更大贡献。

2018年11月习近平在民营企业座谈会上的讲话中，充分肯定我国民营经济的重要地位和作用。对广大民营企业家敢为人先的创新意识、锲而不舍的奋斗精神，组织带领千百万劳动者艰苦创业、不断创新的努力予以充分肯定。强调，我国经济发展能够创造中国奇迹，民营经济功不可没！重申党在坚持基本经济制度上的观点是明确的、一贯的，从来没有动摇。强调把公有制经济巩固好、发展好，同鼓励、支持、引导非公有制经济发展不是对立的，而是有机统一的。公有制经济、非公有制经济应该相辅相成、相得益彰，而不是相互排斥、相互抵消。对于一段时间以来，社会上有的人发表了一些否定、怀疑民营经济的言论予以澄清。指出怀疑、否定民营经济的说法是完全错误的，不符合党的大政方针。①

---

① 习近平：《在民营企业座谈会上讲话》，《人民日报》2018年11月2日第二版。

改革开放四十年，民营经济已经成为我国经济制度的内在要素，民营企业和民营企业家已经是中国特色社会主义事业的建设者，是"自己人"。民营经济既是中国改革开放、发展社会主义市场经济的重要成果，也是推动社会主义市场经济发展的重要力量。在新时代，民营经济是推进供给侧结构性改革、推动高质量发展、建设现代化经济体系的重要主体，也是我们党长期执政、团结带领全国人民实现"两个一百年"奋斗目标和中华民族伟大复兴中国梦的重要力量。不仅不能"离场"，而且要参与"一带一路"建设，走向更加广阔的世界舞台。

第三章 市场改革实践中的价值
失范及其理论检视

　　利用资本发展生产力是落后国家建设社会主义的现实选择。在中国从计划经济到市场经济的转轨实践中，非公"资本"越来越凸显出其促进生产力发展的巨大力量。对于非公"资本"所创造的经济成就，中外理论界都给予了充分的肯定。但资本向我们展示的不仅仅是经济增长，它还引发了由其带来的种种社会矛盾。包括"资本"对"劳动"的过度占有、贫富差距的拉大，经济"脱实向虚"倾向，以及由经济上的不平等带来对社会资源占有的不平等、对公共权力的侵入和资源环境的损害等，影响了人与人、人与社会、人与自然的和谐发展。

　　在生产资料公有制和计划经济条件下，社会主义的价值取向是建立在集体主义基础上的。改革开放以来，非公经济的合法化，使原有的建立在"一大二公"和计划分配基础上的集体主义价值取向被重新认识。市场经济的分配方式彻底粉碎了套在人们身上的精神枷锁，社会主义也要讲个人的物质利益，追求个人物质利益也是正当的。但是，在市场经济实践中通过什么手段获取物质利益？如何处理在市场经济实践中出现的一系列人与人、人与社会、人与自然的矛盾？其依据又是什么？这是社会主义市场经济实践所必须回答的理论问题。

一　市场改革中的价值失范

（一）大众的财富观转变

早在 1983 年 8 月，《中国青年报》发表了一篇《为钱正名》的文章，提出"你能多赚钱，说明你对社会多做贡献"的观点。这一观点反映了在市场经济推动下人们财富观念在悄然发生变化。与上层的思想解放及政策的松绑相呼应，民间也积蓄着一股突破传统观念的力量。人们不再谈钱色变，开始从正面去认识金钱，讨论金钱的功能和作用。围绕着"向钱看"这一思潮，在当时引发了广泛讨论，争论异常激烈。

首先，钱是"社会的奖章"吗？一种观点认为，在商品生产下，钱就是社会的奖章，得到钱，意味着你对社会作出了贡献，你完成了社会分工所赋予你的任务，社会对你予以嘉奖；相反，得不到钱，说明你对社会没有作出贡献，你没有完成社会所赋予你的义务，社会对你施以惩罚。另一种观点认为，不能抛开特定的生产关系来谈产品的分配形式，分配形式只是生产关系的一个方面，它受生产资料所有制的制约。在资本主义条件下，资本家榨取工人血汗，获得高额利润，而工人们除了领取维持生命的工资外一无所有，难道这能说是因为工人阶级没有对社会作出贡献的惩罚吗？用钱作为人的价值尺度是资产阶级历来主张的老观点。社会主义条件下的按劳分配，收入多少确实可以在一定程度上反映劳动量的多少和对社会贡献的大小。但是，中国的现实是：第一，在多种经济成分中，除公有制经济外，在其他性质的经济形式中不是按劳分配。第二，即使在实行按劳分配的公有制经济形式中，由于制度上、措施上的缺陷，也还存在多劳少获，少劳多获，不劳而获，劳而不获等不合理现象。第三，由于存在商品和货币，使得有些人可以通过劳动以外的非法渠道获得货币。因此，在我国目前情况下，把钱作为人的价值尺度，只能起到贬低、打击具有共产主义精神的先进人物，而纵容、鼓励落后人物乃至经济犯罪分子的作用。

其次，"向钱看"对不对？学者们普遍持否定态度。对此，有以下几种解释：其一，社会主义的生产目的与资本主义根本不同，资本主义商品生产的唯一目的是赚钱，而社会主义商品生产的根本目的是为了最大限度地满足整个社会日益增长的物质和文化生活的需要，不是为了"向钱看",而是"向整个社会的人看"。其二,社会主义物质利益原则建立在社会主义公有制基础上,它强调必须兼顾国家、集体、个人三方面的利益,兼顾眼前和长远利益,而"向钱看"则片面强调个人或小团体利益、眼前利益。其三,社会主义物质利益原则是共产主义思想体系的一个组成部分,而"向钱看"却属于资产阶级思想体系。社会主义不是反对作为经济活动主体的生产单位和个人对以货币所体现着的物质利益的正当追求,而是反对那种不顾国家政策、法令,不讲职业道德,不惜损害国家和消费者的利益,甚至搞歪门邪道或利用其他手段去追求金钱收入,谋取个人或小集团利益的错误倾向。

再次,"向钱看"与社会主义职业道德有没有矛盾?

一种意见认为,如果生产者不"向钱看"就不能知道消费者的偏好,就不能取得最大的收入,不能实现国家、集体、个人三者的经济利益。所以,"向钱看"不仅不与社会主义工商业者的职业道德相矛盾,而且是后者的重要组成部分。另一种意见认为,钱体现的是经济关系,道德体现的是伦理关系,虽然伦理关系反映经济关系并受经济关系制约,但经济关系本身并不直接就是伦理关系。因此,把"向钱看"直接当作社会主义工商业者的职业道德的重要组成部分,在逻辑上是站不住脚的。社会主义工商企业的职业道德应该是集体主义(包括有利于他人、群众、社会、国家)的精神,在自己的经营活动中恪守信誉、保证产品质量、买卖公平、尊重顾客、照顾消费者利益等。一个好的社会主义工商企业不仅可以,而且必须把经济效益和职业道德统一起来。如果把"向钱看"直接地看作职业道德,就势必鼓励工商业者不择手段地捞钱,从而使偷工减料、偷税漏税、私抬物价、弄虚作假等歪风泛滋起来,对国计民生造成极大危害。

最后,对于怎样看待当前"向钱看"的倾向?有的同志持肯定态度,认为不能压抑"向钱看"的欲望,主张鼓励生产者"向钱看",认为这样"就会一切顺利,万事如意"。而反对者认为,我们所谓"向钱看",就是把"钱"看作社会发展的决定力量,看作人生的最终目标。一句话，就是一切为了钱，一切用钱来衡量，一切靠钱来推动。显然，这种钞票至上、金钱万能的"拜金主义"只会煽起人们的极端利己主义思想和各种违法乱纪行为。倘若实行"向钱看"的原则，必将毒化社会生活，经济会混乱，政治会腐败，思想文化会颓废，道德会堕落，国格、人格会降低。一句话，社会主义会变成资本主义。因此，一方面要重视、发挥货币的经济杠杆作用，另一方面要不断地对人们进行共产主义思想教育，帮助人们抵制货币拜物教的影响。①

20世纪80年代改革开放之初"为钱正名"的讨论，一方面反映了人们开始打破对物质利益追求的思想禁锢；另一方面反映了人们的集体主义观念仍然较强。"既要重视、发挥货币的经济杠杆作用""又要不断地对人们进行共产主义思想教育，帮助人们抵制货币拜物教的影响"。这一主张成为当时理论界和社会的主流观点。

如果说，改革开放初期，受传统的公有制经济和共产主义理想信念教育的影响，人们的集体主义观念较强。但是伴随着市场经济和非公经济的发展，世俗的欲望被释放，个人主义、功利主义和私有观念开始逐渐成为人们的价值选择。宏大叙事的理想主义在文艺作品中开始退场，舍己为人的英雄气概不再被推崇，金钱开始成为某些人衡量"成功"的标准。"人们躲避甚至蔑视崇高，在价值观世俗化的情形下，传统意识形态的政治话语和精英话语已经不是世俗社会的主导形态，平淡、自然和原生态的日常生活获得了从未有过的关注。消费主义和大众文化甚嚣尘上。"②

"向钱看齐"的思潮也同样会冲击到亲情、友情、爱情，影响社会和谐。在一档电视相亲节目中，女嘉宾一句"宁可坐在宝马里哭泣，也不坐在自行车上笑"道出了部分拜金女的婚恋观。"金钱成为

---

① 《中国青年报》"向钱看"对不对？系列讨论①—⑨整理。见《中国青年报》2019年8月9日，8月23日，9月6日，9月13日，9月27日，10月8日，10月15日，10月22日，12月12日。

② 廖小平：《改革开放以来价值观演变轨迹探微》，《伦理学研究》2014年第5期。

考量一切的标准"是马克思对资本主义价值观的典型批判,"资产阶级在它已经取得了统治的地方把一切封建的、宗法的和田园诗般的关系都破坏了。它无情地斩断了把人们束缚于天然尊长的形形色色的封建羁绊,它使人和人之间除了赤裸裸的利害关系,除了冷酷无情的'现金交易',就再也没有任何别的联系了。它把宗教虔诚、骑士热忱、小市民伤感这些情感的神圣发作,淹没在利己主义打算的冰水之中。"①

　　2012 年,退休的北京大学钱理群教授,在一场名为理想大学的专题研讨会上表示,我们的一些大学正在培养一些"绝对的精致的利己主义者"。② 所谓"绝对",是指一己利益成为他们言行的唯一的绝对的直接驱动力,为他人做事,全部是一种投资。所谓"精致",是指他们具有如下特征:他们有很高的智商,很高的教养,所做的一切都合理合法无可挑剔,他们惊人地世故、老到、老成,故意做出忠诚姿态,很懂得配合、表演,很懂得利用体制的力量来达成自己的目的。相当一部分尖子学生表现出这种特征。钱理群教授认为,真正的精英应该有独立自由创造精神,要有自我的承担,要有对自己职业的承担,要有对国家、民族、社会、人类的承担。但是现在的教育在实用主义、实利主义和虚无主义的影响下,正在培养出一些"精致的利己主义者"。

　　近年来,《小时代》系列电影的高票房印证了大众的这种远离理想、看重功利和实用等世俗价值的流行追求。2013 年 8 月 25 日新加坡《联合早报》发表的《小时代的小我》一文中,作者陈颖对此分析道:"在一个注重个体利益和感受的时代,年轻人更多地向内关注自我、投射自我、放大自我、沉醉自我,是一种必然。大部分的他们不愿吃力地在'大'上停留,而选择在'小'上投注心力。对年长的人来讲,与其说他们批判的是《小时代》,毋宁是对那些失落政治

---

① 《马克思恩格斯文集》第二卷,人民出版社 2004 年版,第 33—34 页。
② 《中国青年报》2012 年 5 月 3 日。

理想、不关注社会困境、自我意识膨胀、只懂奢华消费的一代人的深深失望。"[1] "事实上，90 年代拒绝普遍伦理的价值观相对主义盛行，以及个人利益最大化成为普遍追求的价值目标，就是价值观多元化的后果和表征之一。"[2]

这样的绝对的、精致的利己主义者，他们的问题的要害，就在于没有信仰，没有超越一己私利的大关怀、大悲悯、责任感和承担意识，就必然将个人的私欲作为唯一的追求和目标。个人本位的价值取向不仅与社会主义道德相违背，从社会的长远发展来看，也违背了社会发展规律，因而也往往是不能长存的。

"个人本位"的价值取向同样如一把双刃剑，一方面，它最大的优点就在于克服了人的依赖性，强调人的独立性、自主性和自立性；另一方面，"个人本位"却也有着不可忽视的缺点，它容易造成个人的私欲扩大化，永远只关注自己的利益，而对他人以及整个社会的利益视而不见。物质激励的分配方式与非公有制经济关系的结合，也确实会诱发"一切向钱看"现象。这也是为什么社会主义思潮从产生那天起就把批判的矛头指向资本主义私有制。在市场经济实践中，人们切实体验到金钱与自身生活的紧密关系。尽管经过多年的教育，人们对金钱有一定的理性认知，明白"金钱不是万能的"道理，但是面对现实诱惑，人们也会发出"没钱是万万不能的"这样的感慨。并且，金钱诱惑一旦冲击到权力机构，就会出现"寻租"，产生权钱交易、贪污腐败的行为，损害了公共利益，辜负了人民的期望，影响了共产党的威信。而对于本身就以逐利为目的的商人来说，更容易不择手段。

从促进社会主义生产力发展的角度出发，重新认识金钱的作用和资本的功能，对金钱进行客观评价，是改革开放之初思想解放的必然要求。重视物质利益是马克思主义的一个基本观点，马克思主义认

---

[1] 洪俊杰：《小时代：物质至上娱乐至死》，《上海观察》2014 年 7 月 29 日。

[2] 廖小平：《改革开放以来价值观演变轨迹探微》，《伦理学研究》2014 年第 5 期。

为，物质利益是一切经济关系的轴心，是推动经济发展的内在动力。人的积极性是以直接的物质利益为基础的，物质利益是一切经济活动的直接推动力。没有物质利益观念这样的变革，社会经济变革就会失去动力。可以说，否认个人对自身利益的关心和追求的合理性、正当性，否定合理拉开收入差距，搞平均主义，不利于人们积极性的发挥，不利于社会生产力的发展，也不符合社会主义道德。但凡事都不能走极端，"为钱正名"可以，但过分夸大金钱的作用，一切都用金钱衡量，势必走向拜金主义。使中国民间对"有钱能使鬼推磨""人为财死、鸟为食亡"的讽刺变为现实，人的精神走向堕落。也似乎应验了当初反对搞市场化改革、反对发展非公经济人士的观点，印证了他们所说的"违背马克思主义立场"的指责。

（二）地方政府在政商关系中的价值失范

第一，改革开放以来，地方政府价值失范的一个主要表现是"唯GDP论"的政策思维。

GDP，即国内生产总值，它衡量了一个国家或地区在一定时期内生产的所有最终产品和劳务的市场价值。尽管 GDP 的统计口径和方法存在缺陷，包括不能完全反映经济增长的社会成本，如自然资源的利用以及对环境的破坏和污染，不能准确地反映经济增长的质量，不能完全反映收入差距问题，不能反映人们生活休闲的福利等问题。但它仍然是目前为止最为全面的能够反映一定区域范围内的经济总量和结构，且可在国家间进行比较的衡量经济规模的统计标准，是政府实施宏观管理的重要依据。

改革开放以来，中国快速发展的一个重要原因是各个地方政府展开的 GDP 竞赛。由于中国经济起点低，生产力水平落后，远远不能满足人民日益增长的物质文化需要，"发展才是硬道理"、以发展来解决社会发展中的各种问题成为改革开放以来的政策共识。"发展才是硬道理"这一朴素的概括，明确了政府工作的方向就是谋"发展"，从而凝聚了各方力量，形成发展合力。与西方经济学教科书把政府与市场对立、认为政府会成为经济的"掠夺之手"不同，由于 GDP 在一定程度上是中国地方政府领导干部的重要考核依据，对 GDP 增长的关心使中国地方政府成了各地经济发展的"扶助之手"。发展是硬道理最终就落脚到对 GDP 增长的追求之上。GDP 导向的发展观对促进中国经济持续高速增长起到了重大作用。但在你追我赶的地方政府追求 GDP 指标的过程中，"发展是硬道理"也逐渐演变成了经济功利主义的政策解读。落实"发展才是硬道理"演变成了地方政府片面追求 GDP 的增长，陷入了"唯 GDP 论"的政策思维。

政府通过制订 GDP 增长规划，追求 GDP 的适当增长速度，并没有错。问题在于，如果演变为"唯 GDP 论"，政府工作就很容易出现偏差。由于 GDP 只是统计国内经济总产出，并不将社会成本和环境成本统计在内，因此将 GDP 的增长率作为考核地方政府政绩的衡量标准，在促进经济增长的同时也带来了一系列负面影响。在地方政府你追我赶的投资竞争中，很多地方政府创造各种条件招商引资，以拉动地方经济。由于盲目扩大投资，有些投资并不符合当地实际需求，造成资源的浪费；有的地方实施过度开发，造成对生态环境的严重破坏；有的地方过度依赖房地产对经济的拉动作用，造成房地产价格上涨过快，形成泡沫，既挤压了实体经济的发展又造成金融风险。这种高增长意味着更多的能耗需求，也带来了过度竞争和产能过剩，以及金融信贷风险增大、资源环境破坏。此外，在招商引资的竞争中有的地方为了争取大资本项目落户本地，对"资方"过于迁就，形成"资方霸权"，造成了职工利益损失，引发社会矛盾与冲突。

改革开放后，我国城乡居民的人均收入长期低于 GDP 的增长速度，民众未能完全分享经济增长带来的成果，甚至在某些地区存在为这种增长买单的现象。事实上，这种"唯 GDP 论"的发展模式也是不可持续的，如果民众收入和生活质量提高幅度跟不上 GDP 增长速度，社会购买力就无法对投资扩大后产生的市场需求形成支撑，反过来会对投资的进一步扩张形成制约，造成经济增长速度下降。"成也萧何，败也萧何"，改革开放以来中国所取得的经济成就得益于对 GDP 指标的重视，但社会上出现的各种问题和矛盾，经济效率与社会公平、经济发展与资源环境关系等方面出现的价值失衡现象，包括政府在处理经济效率与社会公平、经济发展与资源环境关系等方面出现的价值失衡现象，有很大因素也是"唯 GDP 论"所带来的结果。

第二，地方政府价值失范的另一个表现就是由"寻租"造成的政商关系扭曲现象。

改革开放带来的经济成就离不开资本这一要素，资本与市场结合产生了推动生产力发展的巨大能量，空前地调动了人们的积极性、主动性和创造力，中国创造了持续三四十年的高速增长纪录，民营企业功不可没。但是，资本的逐利性使它并不总是按照公平竞争的法则去获取利润，资本始终想要挣脱法律道德束缚。马克思说过："一旦有适当的利润，资本就大胆起来。有 50% 的利润，它就铤而走险；为了 100% 的利润，它就敢践踏一切人间法律；有 300% 的利润，它就敢犯任何罪行，甚至冒绞首之险。"耶鲁大学教授阿瑟·奥肯在他的《平等与效率》一书中说："我为市场欢呼，但我的欢呼不会多至两次。金钱尺度这个暴君限制了我的热情。一有机会，它会扫尽其他一切价值，把社会变成一架自动售货机。"[1] 他指出，要建立一种有效的制度，使得金钱不能购买权力。

权钱交易通常被称为"寻租"。"租金"是一个经济学概念，最早，租金就是地租。后来泛指一切由生产要素的稀缺所带来的经济收入。现代经济学理论研究发现，政府的行政干预和管制也可以造成人为的资源稀缺，从而使掌握稀缺资源的权力部门因此获得额外收入，即政府相关部门可以通过寻求这种干预和管制从而收取"租金"，这被称为权力"寻租"。

在中国从计划经济向市场经济转轨的过程中，由于政府还掌握着包括土地在内的经济资源和行业发展的审批权力，而这些资源和权力

---

① ［美］阿瑟·奥肯：《平等与效率》，陈涛译，华夏出版社 1999 年版，第 116 页。

直接关系到资本的利润获得，一些资本便会千方百计地使用包括金钱、股票、房产赠送等方式"收买"、贿赂权力，与权力交好。在资本的凌厉攻势下，一些政府官员及其部门最终没有守住底线，把人民委托的服务公共利益的权力用到了谋取私利上面来。随着某些政府官员与私人企业打交道的增多，他们也开始借助手中权力像生意人一样"做交易"、"谈价码"，认为"有权不用、过期作废"。

根据某省纪委调查发现，现实中，资本与权力的"交易"主要通过以下几种方式运作。

一是直接运用权力进行利益输送。这种方式是指公权力介入项目引进、土地出让、招投标等领域，在给予投资方好处的同时谋取自身利益。比如，政府部门在招商中以让利为条件为自己预先设定利益期权，或在与民营资本的合作中暗许其过度使用公共资源，或在企业重组中以合法方式使优质资源流向特定关系人，等等。

二是通过体制外交易和市场化运作进行利益输送。这种方式是指政府或者其部门让手中的公权力在体制外进行市场化运作，以逃避体制内监管的利益输送方式。比如，掌握项目审批的部门或者人员在暗地里与请托人达成帮其拿下项目的交易，然后运用提高审批门槛打压其他竞争者的市场运作方式使非法利益"合法化"。

三是利用政策空隙和制度漏洞进行利益输送。现实中，一些政策空隙和制度漏洞往往成为资本携手权力谋取私利的"沃土"。比如，一些商人打起惠民政策的主意，通过腐蚀官员、利诱群众，建立起由官员、农户、生产商、供销商等组成的利益输送链条，"一条龙"作假骗取政策补贴，使政府的惠民资金流入参与者的腰包。这个链条往往披着合法的外衣，有的高举改革创新的旗号，有的打着为农民办好事的名义，各连接点按"贡献"大小参与利益分配，可以在短时间内快速扩展，形成腐败"小产业"。

四是利用政府特许权力进行利益输送。在资本的收买下，一些基层站所和公共事业部门利用掌握的生猪宰杀、有线电视运营等特许权力，通过抬高物价、虚拟交易、设立霸王条款等形式获取利益，再以发放补贴等各种合法化手段完成利益输送。①

　　"寻租"造成了政商关系的扭曲。一是破坏了市场秩序。市场经济优胜劣汰的功能与生俱来，通过公平的竞争保护先进、淘汰落后。在畸形政商关系中，由于权力的不正当介入，使得市场经济这一功能失效。权力成了企业成功的关键，而不是先进的技术与管理。因此企业把成功的重点放在维系与官员的关系上，而不再是创新技术和提高企业核心竞争力上。二是侵蚀了公共权力。在畸形政商关系中，商人既是受害者，也是始作俑者。一些商人通过钱色等手段围猎领导干部，为自己带来丰厚的回报。一些领导干部抵挡不住诱惑，大搞权钱色交易。从这些年查处的腐败案例来看，权力的不正当运用带来了畸形的政商关系，畸形的政商关系又进一步侵蚀权力为公的本质。三是损害了公共利益。随着中国的大规模城市化展开，围绕土地开发的"工程腐败"成为腐败大案的"重灾区"，缺少约束的公权力在资本的利益诱惑下，容易产生越界冲动，出入市场交易场所，干预微观经济活动。在"权钱交易"过程中，不仅扭曲着市场运行机制，还使权力背离了为人民服务的宗旨，为某些个人和利益团体服务，即公权私用的扭曲。在畸形政商关系中获利的是官员和商人，受损的是人民群众。官商勾结的最终买单者是人民，必将引起他们的不满。对于守法经营的非公经济人士和非公经济企业来说，畸形政商关系破坏了公平有序的市场秩序，他们是直接受害者，会令他们对既有体制和制度失望。

（三）民营资本的利润最大化价值取向

　　虽然中国是在社会主义制度的前提下推行市场化改革，但是非公有制经济与资源配置市场化的结合，使得资本逻辑的负面效应在一定程度和范围内也有所体现。为了追求利润最大化，资本总是要千方百

---

　　①　广东省纪委何国平：《资本腐蚀为权力腐败埋下隐患》，《中国纪检监察报》2013年。

计地压低劳动成本，在劳资关系中处于弱势的劳动者利益经常受到损害。富士康作为国际品牌最认可的代工企业，为中国制造、税收和就业做出了重要贡献。但是，一系列员工跳楼事件也让这个"巨无霸"代工厂受到了"血汗工厂"的指责，曾经引发关于中国民营企业劳动关系合法性的广泛讨论。

1936 年，喜剧大师查理·卓别林拍摄了一部无声影片《摩登时代》，这部影片讲述的是 20 世纪 20 年代的美国，操作工人夏尔洛在传送带式的流水线上，重复无休止的从事拧螺丝帽的工作，日复一日，以至于一看到和螺帽一样的东西，比如人的鼻子、衣服上的纽扣，就控制不住自己，用扳手扳紧，最终精神崩溃，被送进了精神病院。在这部影片中，流水线上的工人就是一颗无法自主的螺丝钉。工厂老板为了能够提高工人工作的效率，甚至引进了一台"自动喂食机"，试验者被固定在自动喂食机上，一系列动作都严格按照机器的程序实行：喝汤，吃饭，擦嘴。最后由于"吃饭机器"出了故障，老板才不得不放弃使用这台能节约吃饭时间的机器。卓别林用夸张的喜剧形式，展示了一个人工作的全部意义被简化被扭曲直至疯狂，揭露大工业时代工人被资本家无情压榨的悲惨现实，回应了马克思对资本主义工厂劳动异化的批判。

2010 年，在中国改革开放的标杆城市——深圳，一个有着全球制造业"代工之王"称号的企业——富士康，在其深圳工业园区内连续发生了十几起员工"跳楼自杀"事件。这家挂着高科技旗号、顶着"世界 500 强"炫目光环的企业"巨无霸"，一时间激起民愤，被指"血汗工厂"。

自从 20 世纪 80 年代从台湾进入内地发展，到 2010 年富士康在中国内地已经拥有 20 余个生产基地，雇员 80 万人。仅在深圳的龙华基地，就有工人 30 万人，其中，高中及以下学历人员占比高达78%，这是典型的劳动密集型工厂。在富士康创始人郭台铭的经营下，高效率、低成本的代工模式被发挥到了极致。为了打败代工领域的其他竞争对手，在 20 世纪 90 年代中后期，富士康通过将毛利率从 26.8% 降到 6.7% 使其国际市场份额从 3% 迅速提高到 18%。2000 年后，富士康继续以低毛利策略与竞争对手血拼，终于在 2007 年成为全球最大的代工制造企业，一直保持至今。富士康利用成本优势和严格的质量控制举措，不断巩固和扩大与品牌合作商的合作。20 世纪 90 年代，富士康为康柏、戴尔、IBM、苹果 iMac、惠普代工个人 PC 电脑和笔记本的零部件。21 世纪初，富士康的品牌合作商范围，进一步扩大到英特尔、诺基亚、摩托罗拉、索尼爱立信和任天堂。2006 年之后，富士康正式进入苹果手机产业链。从机壳、精密零部件到笔记本和手机，富士康成为国际品牌最认可的代工企业。

这种模式造就了中国制造的辉煌，成就了中国"世界工厂"的美誉。但一系列员工跳楼事件也让这个"巨无霸"代工厂受到了"血汗工厂"的指责。

与西方资本主义上升时期英国工人阶级的处境相比，富士康显然不是"血汗工厂"。据记者调查，富士康按时发放工资，与每一位员工签订劳动合同；提供食堂和宿舍，工厂干净明亮，劳动防护也比较严密，工资虽然不高，但是加班费可观，工人都乐意加班。因此，如果仅局限于外在特征的话，很难把它说成是"血汗工厂"。但是，从大部分离职员工的感受来说，他们表示，在富士康工作感觉就像一个机器，就是流水线上，单调枯燥的动作要不停地重复着，有时候下班以后睡觉了，做梦时都感觉自己的手还在拧着螺丝。完成工作量的 8 小时外算加班，待遇不差但压力巨大。郭台铭称，富士康内部没有一个员工是被逼加班的，员工有拒绝加班的权利。但是如果不加班，工资就与小工厂待遇没有区别，因此大家都选择加班。工厂实行严格的纪律管理，工作不能说话，焊点须读秒，如有差错，扣绩效、写检查、被处罚。尽管富士康提供集体宿舍，但疲惫的工人，下班之后，即使跟同宿舍的人，也没有任何交流和沟通。只有在老乡之间，才可能有些许的来往。

流水线上的普通工人大部分是农村进城的青年劳动力，从事高强度、长时间、重复性的劳动，富士康用竞争对手难以企及的高效率和低成本获得竞争优势，但是这在很大程度上使得生产工人"机器化"。他们成了流水线上的附属零件，每天重复一种动作，生活单调。许多富士康人都有要"逃离富士康"的想法。这些员工是生活在网络时代的"80后"和"90后"年轻人，他们有作为普通人的交往需求，有烦心事需要排遣，有愤怒需要宣泄，有情绪需要纾解。深圳当代社会观察研究所所长刘开明指出："我们很难说到底谁是压死他们的最后一根稻草，有很复杂的原因，各方面的原因可能都有，但是我觉得我们不能把原因归咎于他们自己，因为他们很多在 16—19 岁，他们心智还没有成熟，就过早地踏入这个社会，承担起为我们国家、为企业、为富士康这种大企业创造财富的重任。"[①]

"富士康事件"反映了中国改革开放过程中追求经济增长与企业文化建设滞后的矛盾。造成这种矛盾既有客观原因也有主观原因。

首先，暴露了长期以来支撑中国制造、世界工厂背后的低劳动力成本。富士康作为一家典型的代工企业，处于全球制造产业价值链最低端，没有定价权。由于缺乏原创技术和知识产权，富士康只不过是跨国巨人的打工仔。富士康能够采取这种模式迅速的发展壮大，一个重要的因素就是对于廉价劳动力的利用，没有廉价劳动力，就没有富士康。中国在城市化过程中，有大量的农村转移剩余劳动力，为制造业提供了劳动力后备大军，这是包括富士康在内的中国制造业劳动力价格低的重要因素。在就业的巨大压力下，富士康能够招募到足够多的员工，因为中国的隐性失业巨大，只要是岗位总会有人去做的。在中国经济发展没有彻底转型之前，富士康这样的流水线工厂还是吸纳未来劳动力的重要场所。随着广东等沿海地区人工成本的提高，加上制度的完善和政府对企业的监督力度的加大，作为应对，富士康开始将工厂向内地中西部等人工成本较低地区迁移。对于劳动力资源丰厚、经济欠发达的中西部地区，像富士康这种具有纳税和吸纳就业能

---

① 富士康"十连跳"之谜，http://www.sina.com.cn，大洋网《广州日报》2010 年 5 月 24 日。

力的企业仍然是地方政府争夺的对象。这种几近极限的运营方式，正是成就今日富士康的秘密所在，也是在全球化竞争中代工企业的处境和资本逻辑带来的结果。

在中国没有跨越中等收入陷阱之前，GDP仍然在一定程度上是硬道理，既事关官员政绩，又事关民生第一要务——就业。虽然产业结构调整和整体升级是中国制造未来的发展方向，但结合中国现阶段在全球产业链的环境以及产业结构转型远远没有到位，地方政府为了实现就业与稳定的目标，富士康仍然属于相对优质的代工企业。富士康员工的困境，其实是整个中国产业工人的困境，从某些方面的标准而言，富士康显然不是做得最差的。

其次，企业建设文化缺失。如果没有外力介入，以追求最大利润为目的的资本代理人是没有动力去提高工人福利待遇和关注工人精神需要的。凤凰卫视《锵锵三人行》做了一期关于"富士康现象"的节目，其中有一位日本嘉宾，他谈到富士康的管理模式来自丰田模式：流水线，单一的重复性动作，效率和纪律，严格的质量管理，大量的加班，等等。他认为，这种模式在日本可以行得通，因为日本人普遍有一种心理就是拼命加班工作，严格律己，成为一个最模范的员工，以报答企业的知遇之恩。但实际上，丰田模式与富士康模式的一个重大区别是，日本的丰田模式产生于日本"家族式"企业文化，雇员都是终生雇佣制的，企业与员工是一个"命运共同体"。每个员工都不会随意被抛弃，员工为丰田做贡献，就是为自己的家庭做贡献。而台湾背景的富士康完全不同，员工绝不是企业的主人，更不是企业"大家庭"的成员，员工与企业之间只存在一定期限内的劳动力买卖关系，企业绝不会为你的将来考虑，更不用说将员工的命运与企业的命运联系在一起。富士康流水线上的普通工人的高度流动性就说明员工在企业中完全找不到归属感。2010年6月8日，在台湾召开的鸿海股东大会会场，场外聚集着手举"工人监督富士康""不要刽子手总裁""不赚血腥钱"标语的劳工团体代表；而场内郭台铭却在向股东喊话，"我们需要你们投资者，需要你们小股东们支持，只要你对我们有信心，我们一定尽全力把股东最大的利益将来交到你们的手上。给我们一点时间，我会证明给你们看。"①

最后，代工企业与世界品牌的合作关系实际上是一种不平等的控制与被控制的关系。从改革开放以来中国制造业在全球的处境和地位来看，中国制造在全球占有统治地位，但同时，由于缺乏原创技术和知识产权、渠道控制能力和品牌支撑，我们还是跨国巨人的打工仔。作为代工企业处于产业价值链最低端，没有定价权。富士康只是产业链上最不赚钱的一环，我们应该看到的是在全球化的市场竞争中，中国的代工企业与世界品牌的合作关系实际上是一种不平等的控制与被控制的关系。苹果是富士康最大的客户，也是最强势的客户。苹果的高利润，既与其产品本身的高品质有关，也与向代工企业付出极低的代工费不无关系。公开财务数据显示，2009年，富士康母公司鸿海精密的毛利润为4.3%，纯利润低至1.9%；相比之下，苹果利润率达到27%。代工企业与世界品牌的合作关系并非外界想象的那般生死与共、同舟共济。实际上，此后数年，在中国劳动力成本上涨的情况下，越来越多的代工订单飞向了东南亚，苹果的订单从100%降为80%由富士康生产。

中国的改革策略是坚持把改革的力度、发展的速度和社会可承受的程度相统一，中国民营企业的发展，也存在一个资本追求利润最大化逻辑、法律底线和政府规制的统一。在过去的30年里，遍布珠三角的夜夜灯火通明的工厂宛如象征着中国制造的丰碑，成为"世界工厂"的最佳诠释。每年为地方政府贡献了超过百亿元人民币税收、雇佣着近50万中国大陆工人。对此，政府予以充分肯定。但与此同时，民营企业劳动争议案件增多，劳动者权益受到侵害现象时有发生，为了保障市场经济条件下劳动者权益，促进民营企业劳动关系和谐，更

---

① 《富士康代工帝国沉重转型　自主研发仍难下决断》，《时代周报》2010年6月24日。

好地规范民营企业的用工秩序，中央于 2008 年出台了《劳动合同法》，用于规范企业的劳动关系。

"富士康事件"发生后，深圳地方党委政府和国家有关部门积极督促企业整改。2010 年 6 月，富士康宣布调薪计划，增加深圳地区生产线员工的薪酬及工资。同时，富士康方面采取了一系列预防"自杀"的措施和人文关怀举措。宿舍的楼顶开始安装和加高防护栏，部分一线车间播放员工喜爱的背景音乐，以舒缓员工的紧张情绪。在此后的招聘中，首度拿出多个岗位吸纳"员工关爱"及文体活动类的人才，如：心理咨询师、舞蹈编导、歌手、曲艺演员、健身教练等。

但是，劳动关系仅仅依靠法律和政府规制是不够的，真正能够促进劳动关系的和谐离不开企业的价值观和文化。时任广东省委书记汪洋在深圳强调，要在非公有制企业中完善工会组织，优化企业用工管理环境。① 在 2010 年 5 月召开的深圳市五届人大一次会议上，深圳市委书记王荣在工作报告中表示，要更加关心新生代劳务工，推动企业切实履行社会责任，引导企业树立以人为本的理念，不断改善管理方式。

改革开放以来，中央反复强调物质文明和精神文明、经济建设和法制建设"两手抓、两手都要硬"，但是由于中国经济起点低，在实践中把落实"发展是硬道理"逐渐演变成地方政府"唯 GDP 论"的政策思维，造成了政府在处理政商关系、经济效率与社会公平、经济发展与资源环境关系等方面出现了价值失衡现象，产生一系列人与人、人与社会、人与自然的矛盾。习近平总书记在中共中央政治局第二十次集体学习时强调："党的十八大之后，我们强调不能简单以国内生产总值增长率论英雄，提出加快转变经济发展方式、调整经济结构，提出化解产能过剩，提出全面深化改革、全面依法治国，提出加强生态文明建设，等等，都是针对一些牵动面广、耦合性强的深层次

---

① 《环球企业家》杂志，http：//www.sina.com.cn2010 年 6 月 18 日。

矛盾去的。"①

党的十八届五中全会进一步提出创新驱动发展和共享发展理念。在国家经济结构调整和供给侧改革的大背景下，传统劳动密集型的代工企业转型成为必然。"虽然我国经济总量跃居世界第二，但大而不强、臃肿虚胖体弱问题相当突出，主要体现在创新能力不强，这是我国这个经济大块头的'阿喀琉斯之踵'。通过创新引领和驱动发展已经成为我国发展的迫切要求。"②"落实共享发展理念，归结起来就是两个层面的事。一是充分调动人民群众的积极性、主动性、创造性，举全民之力推进中国特色社会主义事业，不断把"蛋糕"做大。二是把不断做大的"蛋糕"分好，让社会主义制度的优越性得到更充分体现，让人民群众有更多获得感。"③传统的以牺牲劳动者获得感、追求利润最大化的企业经营方式已经不适应新时代中国社会主义的发展要求。只有履行社会责任、贯彻新发展理念才是民营经济发展的未来选择。

二 经济学的理论检视

（一）改革开放后西方经济学一度成为主流

从传统上看，无论马克思主义学者还是西方主流学者，均把"公有制 + 计划经济"作为社会主义的属性、把"私有制 + 市场经济"作为资本主义属性来看待。社会主义"不是私人占有和经营企业，而是由国家当局控制生产资料、决定怎样生产、生产什么以及谁该得到什么的那种社会组织"④。20 世纪初，西方经济学界展开的资本主义

---

① 习近平：《坚持运用辩证唯物主义世界观和方法论 提高解决我国改革发展基本问题本领》，《人民日报》2015 年 1 月 25 日第一版。
② 《习近平在省部级主要领导干部学习贯彻党的十八届五中全会精神专题研讨班上的讲话》，《人民日报》2016 年 5 月 10 日第二版。
③ 同上。
④ ［美］约瑟夫·熊彼特：《资本主义、社会主义与民主》，吴良健译，商务印书馆2011 年版，第 25 页。

与社会主义论战也是基于此种认识。

西方经济学是建立在自由市场经济和生产资料私有制的制度前提下，对于中国从计划到市场、从全面公有制到两种所有制共同发展的经济改革具有辩护作用，因此，西方经济学理论在中国越来越受到重视。在学习和引进西方经济学的过程中，对中国学界和社会影响较大的是西方新自由主义经济学和新制度经济学。

首先，西方经济学的学习和引进。

所谓的西方经济学也称西方现代经济学，简单讲就是研究市场经济资源配置效率的经济学。按照中国的学科语境，西方经济学不是地理意义上的划分，而是以经济学为谁辩护、为谁服务来划分的。马克思是西方人，但马克思主义政治经济学是为无产阶级服务的，不属于"西方经济学"，"西方经济学"在中国特指"资产阶级经济学"。以1776年英国著作家亚当·斯密的经济学巨著《国富论》发表为标志，西方现代经济学自诞生以来，特别是19世纪70年代以后，一直被认为是能够说明当代西欧、北美资本主义发达国家的市场经济运行规律的经济学理论。

新中国成立后，我国实行的是社会主义计划经济体制，理论上以马克思主义经济理论为依据，西方经济学被归结为马克思所说的"庸俗经济学"，总体上持否定和批判的态度，吸收与借鉴较少。即使有研究，也主要是从研究马克思主义政治经济学的角度予以关注。以亚当·斯密的《国富论》为例，早年翻译《国富论》的初衷是为了更好地理解马克思主义著作。王亚南在1965年《国富论》的改订译本序言中说："我们当时有计划地翻译这部书以及其他资产阶级古典经济学论著，只是要作为翻译《资本论》的准备，为宣传马克思主义政治经济学作准备。我们知道《资本论》就是在批判资产阶级经济学，特别是在批判亚当·斯密、李嘉图等经济学著作的基础上建立起来的马克思主义经济学。对于亚当·斯密、李嘉图的经济学著作有一些熟悉和认识，是会大大增进我们对于《资本论》的理解的。事实上，我们在翻译《资本论》的过程中，也确实深切感到亚当·斯密、李嘉图著作对我们的帮助。《资本论》翻译出版以后,对于我们来说,翻译斯密的《国富论》的历史任务已算完成了。"① 这种情况在 1978 年底十一届三中全会作出改革开放决策后被打破。

改革开放后,传统的马克思主义政治经济学已经不足以应对中国市场经济改革需要,学习和引进西方经济学成为理论界的必然选择。为了介绍和研究西方经济学,1979 年 9 月中华外国经济学说研究会在北京成立。1980 年,北京大学开办了"国外经济学讲座",为各大专院校教师、研究机关人员和国家各部委高层干部讲授西方经济学知识。

对于能否把西方经济学作为我国经济发展的指导理论,陈岱孙在 1983 年《北京大学学报》(哲学社会科学版)第 3 期上发表的《现代西方经济学的研究和我国社会主义现代化》一文中,指出:"现代西方经济学作为一个整个体系,不能成为我们国民经济发展的指导理论。"但是"在若干具体经济问题的分析方面,它确有可供我们参考,借鉴之处"。《人民日报》1983 年 11 月 16 日加编者按转载,肯定了陈岱孙的基本观点。从此,西方经济学在中国有了一个合法的生存空间,大量的西方经济学著作被翻译成中文,中国进入了一个与西方经济学全面交流的新时代。20 世纪 80 年代,米尔顿·弗里德曼等诺贝尔经济学奖得主纷纷受邀来华演讲,世界银行与中国大学合作开办国民经济管理讲学班,培训政府官员。美国一些大学和机构也通过提供奖学金的形式安排赴美留学生学习西方经济理论。1987 年,世界银行向中国教委提出修改大学经济学课程的建议,后来被采纳,西方经济学成为财经类专业的必修课。中国大学经济学院里的经济学课程从主要教授马克思主义政治经济学转变为主要讲授西方经济学课程。

在评估亚当·斯密的著作在中国的影响时,有学者认为"最重要

---

① [英]亚当·斯密:《国民财富的性质与原因的研究》(上下册),郭大力、王亚南译,商务印书馆 2002 年版,序言第 8 页。

的贡献可能是商业活动道德上的合法化而不是对其进行的分析"。杨敬年在《国富论》的译著序言中提到："我们今天正在从僵硬的指令性计划经济中摆脱出来，实行社会主义的市场经济，这是一个前无古人的事业，不论在客观事物方面，还是在我们自己的头脑中，都充满了矛盾。"在这种情况下，学习西方经济理论经典，一定会对中国的"学问和事业有所启发"。①

现代西方主流经济学可以说是自由主义与功利主义结合的产物。每个人都是追求私利最大化的抽象个体，社会是由一种由原子式的理性"经济人"组成的集合体。于是，西方经济学的经济人假设就具有了如下两个特征：一是最大化自身利益，二是基于理性的计算。从"经济人"这一微观基础出发，经济学就演变成了追求个体的效用和福利最大化的学问。以个体的"自利性"人性假设为基础，将非经济的因素抽象掉，通过数学方法的运用，经济学被改造成为以稀缺和竞争为前提的个人最大化效用选择的一门学科，引发了经济学研究方法从古典到现代的范式革命，经济学最终被塑造成无伦理、无道德、无价值观的"科学"。效用最大化逐渐成为引导人们追求个人财富最大化、企业利润最大化、国家 GDP 最大化的内在价值支撑。美国经济学家 G. J. 施蒂格勒曾指出："经济学说史中最重要的哲学体系是功利主义（1982）。"

20 世纪 30 年代，凯恩斯的《通论》出版后，西方经济学逐渐演化成为一个以微观经济学和宏观经济学为分野和主要架构的当代经济学体系。建立在上述个人利益最大化范式基础上的经济学被称为微观经济学，而以《通论》的发表为标志，凯恩斯主张"在必要时刻政府可以进行干预，而不是完全放任市场"，即在经济周期处于萧条阶段，政府必须通过投资干预，用减少失业的方法来维持购买力，促使经济恢复平衡。宏观经济学由此诞生。微观经济学和宏观经济学共同

---

① ［英］亚当·斯密：《国富论：影响世界历史进程的书》（上下），杨敬年译，陕西人民出版社 2011 年版，序言第 14 页。

构成西方现代经济学的主流，被称为新古典综合派。美国经济学家萨缪尔逊的《经济学》教材作为新古典综合派的代表作，在我国广为流行，大多数大专院校将其作为经济学专业的指定参考书。在高校经济学院系的课堂上，新古典经济学成为占支配地位的话语和范式，很多学者尤其是中青年学者越来越倾向于采纳、运用西方新古典经济学理论框架和逻辑研究中国经济问题。一大批海外归国博士和硕士，其所学的经济学和管理学整个知识框架都是现代西方经济学的，回国后的教学与研究也是以西方现代主流经济学的话语和逻辑为依据。与此同时，我国在市场经济改革实践中，从国民经济统计到公司管理制度、金融体系以及外贸、汇率制度越来越与国际接轨。大学的经济学教师和学生、金融和实体行业工作的研究人员、财经媒体的记者等都在使用现代西方经济学术语讨论经济问题，如消费倾向、流动性、流动性偏好、乘数、预期收益、资本的边际效率等。

其次，新自由主义经济学的影响。

新自由主义思潮产生于 20 世纪三四十年代，主要代表人物是分别获得了经济学诺贝尔奖的哈耶克和弗里德曼。新自由主义经济学派反对凯恩斯的政府干预主张，主张自由放任的市场经济原则。包括支持私有化、放宽管制和不受约束的自由市场，不支持公共机构和政府的干预。新自由主义经济学对中国市场经济的理论认知产生了广泛影响：一方面，提供了为市场经济辩护的理由；另一方面，以个人主义为出发点的自由市场秩序，从经济领域被扩展为统辖一切社会关系的社会秩序，成为新自由主义的意识形态和政治信仰。其结果必然是资本"权力"的泛化。新自由主义成为宣扬资产阶级自由化的意识形态来源。

哈耶克强调："如果个人不面对市场的不确定性、不为自己的选择负起责任，他就学不到维持市场竞争所需的基本素质，就不会成为独立的市场主体，就不会成为创业者。"[①] 弗里德曼宣称："企业的一

---

① ［英］安德鲁·甘布尔：《自由的铁笼》，王晓冬、朱之江译，江苏人民出版社2002 年版，第 94 页。

项、也是唯一的社会责任是在比赛规则范围内增加利润。"① 西方新自由主义延续了自亚当·斯密以来的自由主义市场经济传统，强调市场的自由竞争会促使资源有效、合理的流动，实现国民财富的积累。强调利润动机和追求私人利益可以通过竞争性市场机制为整体利益服务，即"利己可以达到利他"。这一观点使市场机制被认为是既富有效率又符合道德传统，自然受到中国学者的推崇。市场这只"看不见的手"被神化。实践证明，市场机制确实能够通过交换和分工促进经济增长，这是市场相对于计划更能发挥资本功能的优势所在，马克思在阐述资本主义的进步性时强调的正是其在促进生产力发展方面的重大贡献。

但需要看到的是，资本的逐利性并不能始终使市场处于公平竞争和效率状态，一方面市场功能的有效发挥需要严格的假设条件，即完全竞争、信息对称和理性选择等，而在实践中完全竞争的市场是不存在的，由于人的理性局限和信息不对称等原因，会造成"劣币驱逐良币"、"公共地悲剧"等市场非效率；另一方面对市场放任的结果还会出现反市场竞争的结果，寻求包括垄断、寻租、串谋等一切非公平竞争手段以获取超额利润，同时对超出市场范畴的包括失业、贫富分化、生态恶化等公共社会领域的矛盾，自由市场竞争更是无能为力，无法达成社会、政治、生态等的综合社会发展目标，因为其本身就是对私有化和市场放任的结果。

与亚当·斯密的古典自由主义相比，新自由主义在为自由市场辩护的过程中，由于其不是简单地回到古典自由主义，而是从微观到宏观、从经济制度到意识形态的全面阐述，形成"资本权力"的泛化。也因此被称为"新自由主义"。

哈耶克强烈抨击"社会公正"概念，他认为"社会公正"概念是推动集体主义思想的主要手段之一，只要对"社会公正"信仰主宰着政治行为，社会就存在走向极权主义的倾向。尽管哈耶克的自由

---

① 中国企业联合会：《企业社会责任发展历程》，《WTO 经济导刊》2005 年第 11 期。

权力是以个人对财富与财产的控制程度为基础，而个人对财产的控制程度存在重大的不平等，但他认为在市场秩序下，自由意味着我们要把我们的命运交给甚至连我们自己都无法控制的力量。而"经济不平等并非罪恶，我们诉诸歧视性的压制或特权来加以矫正并不具有正当性"①。因为"如果我们不知道除此之外还能用其他什么安排提供这种改善，那么只要大家都服从同样的规则，并且无人作弊，则必须把他的结果视为公正"②。哈耶克为"资本"辩护不是因为它有高尚的道德，而是出于对其结果的赞赏，而这一结果就是资本主义社会能够比以往社会维持更多人口的生活，因此效率最大化的"自发市场秩序"就是最公正的社会体系。"事实上，根本不存在切实可行的可以作为市场秩序中分配物质利益之基础的品行标准、应得者标准或需求标准，而且也更不可能存在任何可供人们用来协调这些不尽相同的利益主张的原则。"③

总之，个人主义和自我负责是新自由主义市场理论的道德基础。这是哈耶克评判资本正当性的准则。在自由放任的市场秩序下，自由意味着我们要把命运交给甚至连我们自己都无法控制的力量。哈耶克的理论体系"事实上认可了那些比较不占优势的人被其在经济上的主人所收买"④。对于哈耶克所倡导的支持"自发的"的个人决策制定以对抗政府制定决策的主张，凯恩斯预言："那种不加干涉的自由放任主义会导致明显的不公正及周期性萧条。这些后果将会大大惹恼民主国家的选民，以至于他们会转投一个要专制得多的政权。这样一来，不仅民主会遭到彻底破坏，就是自由市场

---

① ［美］肯尼斯·R. 胡佛：《改变世界的三个经济学家》，启蒙编译所译，上海社会科学院出版社 2013 年版，第 310 页。

② ［英］弗里德里希·冯·哈耶克：《经济、科学与政治》，冯克利译，江苏人民出版社 2000 年版，第 305 页。

③ ［英］弗里德里希·冯·哈耶克：《法律、立法与自由》（第二、第三卷），邓正来、张守东、李静冰译，中国大百科全书出版社 2002 年版，第 157 页。

④ ［美］肯尼斯·R. 胡佛：《改变世界的三个经济学家》，启蒙编译所译，上海社会科学院出版社 2013 年版，第 377 页。

也无法幸免于难。"① 哈耶克的道德观"既没有用神学或伦理学来证明其正当性，也没有用他者的责任概念来证明"。恰恰相反，哈耶克的道德观宁愿接受"人口与财富的相对增长"的检验，而"从来没有勇敢面对过市场对传统（也包括道德）的伤害"②。

实际上，自由主义经济学的创始人斯密在反对政府干预市场时，并没有如后来新自由主义经济学家那样强调个人利益至上，而只是从财富创造的功能和手段上，强调个人的自利打算可以通过自由的市场交换达到利他，从而实现政治家增进国民财富的目的：第一，给人民提供充足的收入或生计；第二，给国家或社会提供充分的收入，使公务得以进行。③ 相反，政府用干预手段促进财富增长反倒不能如愿。斯密在道德上并不推崇这种不顾及他人的利己心，他在《国富论》中描述道："我国商人和制造者，对于高工资提高物价、从而减少国内外销路的恶果，大发牢骚；但对于高利润的恶果，他们却只字不谈。关于由自己得利而产生的恶果，他们保持沉默。他们只对由他人得利而产生的恶果，大喊大叫。"④ 可见，斯密对于商人的逐利本质还是警惕的，在其另一部著作《道德情操论》中，他强调了道德情感对社会伦理的调整功能。

在亚当·斯密那里，市场自发性具有其自己的智慧，这种智慧优于政府的干预，但也仅限于经济资源的配置。而在哈耶克那里以个人主义为出发点的自由市场秩序从经济领域被扩展为统辖一切社会关系的社会秩序，成为新自由主义的意识形态和政治信仰，其结果必然是资本"权力"的泛化。

新自由主义的另一个代表人物弗里德曼，在 1962 年出版了《资

---

① ［美］肯尼斯·R. 胡佛：《改变世界的三个经济学家》，启蒙编译所译，上海社会科学院出版社 2013 年版，第 391—392 页。

② 同上书，第 327 页。

③ ［英］亚当·斯密：《国民财富的性质和原因的研究》（下卷），郭大力、王亚南译，商务印书馆 2002 年版，第 1 页。

④ ［英］亚当·斯密：《国民财富的性质和原因的研究》（上卷），郭大力、王亚南译，商务印书馆 2002 年版，第 91 页。

本主义与自由》一书，成为其新自由主义主张的主要理论根据之一。他提倡将政府的角色最小化以让自由市场运作，反对政府的干预，以此维持政治和社会自由。弗里德曼相信，只要政府将手抽回来，市场之手自然就会通过价格体系发挥作用。弗里德曼主张依靠市场自动调节，反对最低工资的设定，认为"通胀在任何时候和任何情况下都是一个货币现象"，通过控制货币增长，并压低工资和福利水平，可以控制通货膨胀。"最低工资法也许是我们所能找到的其影响和善意支持该法规的人们的意图恰好相反的最明显事例……事实上，如果最低工资法有任何影响的话，那么，它们的影响显然是增加贫穷。国家能够通过立法制定一个最低工资率。但它很难要求雇主按照最低工资雇佣所有以前在最低工资率以下被雇佣的人。这样做显然是不符合雇主利益的。因此，最低工资的影响是使失业多于没有最低工资时的情况。就低工资确实是贫穷的象征而言，那些因之而失业的人们恰恰是那些最经受不起放弃他们一直在拿收入的人。"[1]

弗里德曼主张大规模私有化国有部门，以使更多要素流入市场。后来一般被称为"新自由主义实验"。以哈耶克、弗里德曼的为代表的"新自由主义实验"先后在智利、拉美等国家展开。新自由主义是英国撒切尔夫人执政和美国里根政府私有化改革的理论支撑。20世纪末，根据新自由主义主张包装的"华盛顿共识"药方又被用于苏联东欧社会主义国家的市场化、私有化改革。苏东国家在改革中由全盘西化带来的经济混乱和政治动荡，以及由金融自由化造成的2008年美国次贷危机及其蔓延，证明了新自由主义不过是西方意识形态的神话。

在资本主义经历了从繁荣到萧条时，新自由主义强调回到古典经济学的自由市场理论，但在继承中却对其做了"权力"泛化的解释，以至于完全放弃了公平正义的道德责任和努力。如果按照新自由主义理论指导中国改革，势必违背了社会主义市场化的改革初衷。当初做

---

① ［美］米尔顿·弗里德曼：《资本主义与自由》，张瑞玉译，商务印书馆2004年版。

出改革开放决策时，邓小平就提出警告："如果我们的政策导致两极分化，我们就失败了；如果产生了什么新的资产阶级，那我们就真是走了邪路了。"① 这种"社会达尔文主义"的自由观即使在今天的发达资本主义国家也受到抵制，更不能作为阐释中国"资本"合法性的依据。

在理论与实践相互渗透、共同演化的过程中，西方经济学曾在很长一段时期内占据我国经济学界主流，而马克思主义政治经济学在课程设置与政策咨询方面越来越成为"非主流"，甚至被边缘化了。许多高校经济学院系一度完全剔除了马克思主义经济学，也缺乏对新古典主义经济学的批判与审视。在凯恩斯理论诞生以来，尽管西方主流经济学也认识到市场存在失灵，需要矫正，但是在中国的西方经济学教育中，新自由主义经济学对中国学者仍然影响很大。改革开放后，部分学者在学习和传播西方现代经济理论时，只强调自由市场经济的效率优势，而忽视自由市场经济本身存在的缺陷，造成了社会上尤其是青年学生中对西方新自由主义思潮的崇拜。新自由主义在政策取向上，只强调效率不注重公平，主张"市场万能论"，其所带来的后果不可避免的偏离了社会主义方向。

最后，新制度经济学产权学派的影响。

西方经济学对中国学界产生较大影响的另一个分支是新制度经济学。以科斯为代表的新制度学的产权学派认为，产权的一个基本功能是影响和激励人的行为，产权实质上是一套激励与约束机制，产权安排直接影响资源配置效率，一个社会的经济绩效如何，最终取决于产权安排对个人行为所提供的激励。而产权私有化是产权学派的一个基本结论。香港大学经济系的张五常作为美国新制度经济学"产权派"代言人，曾在中国广受欢迎，国内一度出现"张五常热"，各大学纷纷请张五常做报告，一些媒体不断报道张五常的理论观点和政策主张。不论是高校师生还是社会大众，其关于国有企业改制的理论观点

---

① 《邓小平文选》第三卷，人民出版社1993年版，第111页。

对民众的认知产生了一定影响。

张五常把中国的改革理解为是在从以公有制为基础的社会主义经济制度变迁到以私有制为基础的资本主义经济制度。他大力宣扬用西方新制度经济学的产权理论和交易成本理论解释中国的制度变迁。对此，中国人民大学著名经济学家吴易风教授做了梳理。①

一是张五常用科斯的产权理论反对马克思主义，反对社会主义和共产主义。他说，科斯从"逻辑推理及实证两方面，都否定了以摧灭私有产权来提高生产力的可能性。中国亦绝不能例外"。张五常断言："马克思由头错到尾"，他说，在马克思的理论中，劳动价值论是"基础"，其他理论是"上盖"，"这基础若是清楚地错了，整个马克思理论的'上盖'就会塌下来"。"严格地说，马克思的理论不是过了时，而是从未对过。"张五常用来抨击马克思主义、社会主义和共产主义的武器就是"科斯定理"。"科斯定理"核心是"产权清晰论"，而"产权清晰实则私有产权"，即"市场经济是基于私有产权的——这是高斯（科斯）定律"。在《卖桔者言》中，张五常说："高斯定律的主旨，就是不管权利属谁，只要是清楚地界定是私有，市场的运作能力便会……使资源的使用达到最高的生产总净值。"张五常还说："北京的执政者一方面要保持公有制，另一方面要发展市场，怎会不互相矛盾，前言不对后语呢？"

二是张五常认为，只有产权理论还不够，还必须有交易成本理论，才能说明私有制优越于公有制。在《私有产权何惧之有?》一文中，张五常说：在交成本方面，"共产要比私产大得多"。在《从高斯定律看共产政制》中，张五常说：私有制经济的交易成本低，公有制经济的交易成本高，而交易成本"决定制度优劣"，因此，中国的经济改革必须走私有化道路。"中国会逐渐改变成为一个类似私有制的体制。……我反复审查推理的逻辑，找不到漏洞"。

张五常从"人性是生而自私""每个人的行为都……以自私为出

① 《"张五常热"解析——吴易风教授访谈》，《国外理论动态》2003 年第 4 期。

发点"，指责"共产主义错估了人类本性"，张五常说，"一日不实行私有财产制度，就没有可能用市场价值作为衡量标准""市场经济是基于私有产权的——这是高斯定律""惟有私有产权制度才可以……节省交易费用""私产制是经济发展的灵丹妙药""私产制度是惟一的选择"。针对国有企业改革，张五常曾说的"不管社会主义为何物，以大手笔出售'国产'的办法来推行私产制""取之于民为国有，还之予民为私有""将某些资产干脆地交给有较大特权的人作为私产，让他们先富起来"。① 他反对让穷人享受社会福利，说："历史上没有见过一个不令人反胃的社会福利制度。我们往往感到爱莫能助，不是不愿意出钱，而是拿出钱来不知会落在谁的手里。"他坚决主张在中国也搞"休克疗法"，说："激进的改革是中国经济转型所必需的""中国正在走印度之路，如果仍然采取渐进式改革，中国就可能陷入印度体制，伟大的改革就全部结束了"。

　　尽管张五常的言论明显不顾中国发展的历史阶段和国情，有悖公平，甚至荒谬。理论界也有人不断提出质疑和批评，但是，对西方经济学的盲目崇拜导致质疑的声音被贴上落后、保守、过时的标签，很难成为主流。一度出现的"张五常热""新制度经济学热"和"新自由主义热"反映出理论界对公有制经济和计划经济理论的矫枉过正。

　　如前所述，生产资料私有制是西方经济学市场理论的制度前提，这与它的个人主义方法论相匹配。西方经济学采用个人主义的方法论，从微观个体出发，在人性自利的基本行为假定基础上通过成本最小化的逻辑，推导得出效用最大化的"最优"选择路径，据此预测企业行为选择和宏观经济运行。新自由主义经济学为自由市场经济辩护，把人类追求自我利益与市场经济效率的内在关系揭示了出来，为"赚钱"正了名，激发了人们创造财富的动力。保持自由竞争、市场去管制化和私有化是西方自由主义经济学不断推动的政策主张。

---

　　① 张五常：《经济解释》，商务印书馆 2002 年版，第 504 页。转引自吴易风《国外理论动态》2003 年第 4 期。

　　从西方经济理论立场出发,"中国还处在社会主义初级阶段"的这一社会主义发展阶段的理论认知,曾一度被讽刺为是中国走资本主义道路的借口,认为"社会主义初级阶段是个筐,什么都可往里装",实际上就是在补资本主义的课。尤其是那些把西方新自由主义经济学奉为真理的学者们,认为社会主义初级阶段理论就是重走资本主义的市场经济之路,他们提出的经济政策主张也完全是建立在以"资"为本的立场上,主张全盘西化,产权全部私有化。在上述西方经济学的不断扩张过程中,一些西化派经济学家变得越来越"自负",认为当代西方经济学的发展已经能够认识和解释甚至掌控现实经济世界运行的基本法则了。他们把国有企业看成市场经济改革的阻碍,把"国进民退"还是"民进国退"、土地私有化程度看成衡量改革推进还是倒退的标准,把以个人主义为核心的西方新自由主义经济学作为评判中国经济改革是否彻底的理论依据。

　　20世纪80年代末90年代初,苏东国家的市场化改革纷纷抛弃了公有制、放弃共产党的领导权,走上了彻底拥抱"华盛顿"共识的全盘西化之路,国内也出现了"自由化"思潮。在国内外政治经济愈加复杂的环境下,原本支持改革的一些马克思主义学者也开始担心政府会被"资本"所俘获、成为"权贵资本"代言人,进而出现否定改革的声音。90年代下半期,中国经济学界展开了一场关于西方经济学的大论争。针对不少中青年经济学者对西方经济学"全盘肯定""全盘照搬"的态度和"西方化"情结;一些中老年经济学者,尤其是一些对西方经济学有着清醒认识的马克思主义经济学家,从捍卫马克思主义经济学的观点和立场出发,运用阶级分析的工具,批判了西方经济学的阶级辩护性以及一些假设、范畴、理论上的缺陷,指出照搬西方经济学不能解决中国经济问题,中国经济学的发展也不能走西方经济学化的道路,还是应当坚持马克思主义立场和原则,发展社会主义政治经济学。

　　实际上,西方经济学家也不都是讳言自己的阶级立场。凯恩斯就曾公开地说:"如果当真要追求阶级利益,那我就得追求属于我自己那个阶级的利益。……在阶级斗争中会发现，我是站在有教养的资产阶级一边的。"① 现在，相当多的西方经济学家公开承认他们的经济学充满了意识形态。不仅宏观经济学"难于"同政治分开，而且"在微观经济学中也充满了意识形态的东西"。②

对西方经济学的态度是中西文化交流碰撞所产生的一个问题，其主要症结之一是社会科学领域的"欧洲中心论"观念。由于近代以来欧洲对全世界的征服，在思想、文化、意识形态方面遂形成了欧洲中心观念，这种观念在经济学中尤甚。马克思主义经济学与西方经济学从不同的价值判断乃至意识形态、社会制度偏好出发，使用不同的理论框架和话语系统。对初学者来说，全面地、正确地识别和区分西方经济学的科学性、实用性与庸俗性、辩护性，是不容易的。既然西方经济学有科学价值，有用的东西与庸俗的、辩护性的东西共生，并紧紧地交织在一起，我们就不能像器官移植那样把西方经济学的这个或那个部分直接移植到马克思主义政治经济学中来。即使是器官移植，也还会出现排异问题，何况摆在我们面前的马克思主义政治经济学和西方经济学是两个异质的机体。只有通过认真的艰苦的研究，仔细地把西方经济学中可资借鉴的东西与错误的东西严格区分开来，去其糟粕，取其精华，并经过改造，才能为我所用。③

（二）社会主义政治经济学的理论供给不足

论证民营资本和市场化改革的社会主义合法性，是中国特色社会主义政治经济学理论的主要任务。从计划经济到市场经济，从"一大二公"到多种所有制并存，从"平均主义"到按劳分配为主体、多种分配方式并存，从鼓励、发展非公有制经济到探索公有制的多种实

---

① ［英］凯恩斯：《劝说集》，蔡受百译，商务印书馆1962年版，第244—245页。

② ［英］布赖恩·斯诺登等：《现代宏观经济学指南》，苏剑等译，商务印书馆1998年版，第491页。

③ 吴易风：《为什么我们不能用西方经济学取代马克思主义政治经济学？》，《思想理论教育导刊》2003年第3期。

现形式，从全能型政府到政府放权，围绕市场改革所带来的一系列经济制度的变革，无不挑战着传统社会主义的理论认知。如果说，改革开放之初，我们按照马克思的生产力与生产关系矛盾运动原理，提出市场经济手段论、三个有利于标准和社会主义本质论，为在落后国家运用资本发展社会主义生产力提供了理论依据，使我们很好地解决了非公"资本"引入的合法性的理论问题。同时，改革开放所取得的经济成就，也为"资本"的合法性提供了实践支撑。那么，随着市场化改革的不断深入，社会财富的不断积累和社会利益主体的分化，在一定程度和范围内出现了与"资本"相关的经济、政治、社会以及生态领域的矛盾，使"资本"的合法性再次受到质疑。在这种情况下，总结中国道路经验，坚持把社会主义优势与市场经济优势相结合，创新马克思主义政治经济学，为保持民营资本实践合法性提供理论指导和政策依据是坚持中国道路的必然要求。

一直以来，对非公"资本"合法性的认识始终存在照搬理论教条的现象，在理论上表现为两种经济学范式之争，在态度上表现为两种情绪的对立。一种是把马克思对"资本主义"的批判原封不动地应用到对中国市场实践中的"资本"批判，产生了对市场竞争和民营资本的悲观论调。认为，"资本"的逐利性决定了其在市场经济中会破坏社会主义目标，"资本"必将由经济上的优势扩展到对社会资源占有的优势、对公共权力领域的侵入，也会引发资源环境危机，对市场不抱希望，形成"市场经济宿命"。甚至提出民营经济"离场论"。另一种与之形成对比的是，一些西化派学者把西方新自由主义的自由市场信念及其维护作为评判中国"资本"合法性的依据，否定政府的"看得见的手"的功能。认为资本家的血管里不需要"流淌道德的血"，市场在自由竞争中会自动完成合作、协调和共享，之所以出现种种社会问题恰恰在于市场制度不完善，形成对市场的盲目乐观。两种理论的对立造成了对非公"资本"理论认识上的混淆。

创新马克思主义政治经济学，既需要突破照搬马克思主义政治经济学"教条"，也需要在引进吸收西方经济学的同时加以鉴别和批判，更需要不断总结中国改革开放以来社会主义市场经济实践的新鲜经验，丰富和发展马克思主义经济学。相比中国改革开放以来的社会主义市场经济实践，马克思主义政治经济学的理论供给相对不足。这既是造成对非公"资本"理论认识混淆的一个重要原因，也是造成西方经济学相对"自负"、马克思主义政治经济学在学界影响较弱的一个重要原因，创新马克思主义政治经济学是不可推卸的学界责任。归纳起来，阻碍马克思主义政治经济学理论创新的原因，主要有以下几个方面：

第一，照搬马克思"资本"批判的教条阻碍了对民营资本的合法性认知。

马克思"资本"批判的实质是意识形态与制度批判，不是手段批判。在中国进行改革开放、重新认识社会主义本质之前，对社会主义的认识普遍存在将原则目标与手段合而为一的理论局限。这种理论认识的局限性，与僵化地理解马克思的"资本"理论，缺少从理论逻辑与历史逻辑、实践逻辑相结合视角看待马克思的"资本"批判有关。

一方面，马克思没有区分资本主义社会的不合理现象，哪些是由"资本"的增殖属性造成的，哪些是由于资本主义制度造成的，这与当时原始积累阶段资本主义的经济基础与上层建筑的现实是分不开的。"资本"作为经济范畴，表面看似乎与政治并无天然联系，但工业革命后资本的扩张及其所带来的广泛而深刻的社会影响，使"资本"这一经济要素被纳入了思想家的理论视野。在欧洲资本主义上升时期，"资本"明显表现出了对劳动的控制特征，产生了新的不同于人身依附关系的不平等。而资本的强势不是独立存在的，它与私有制、市场交换的生产组织形式和分配形式以及维护这种组织分配形式的意识形态、法律制度共同起作用。因此，在马克思眼中，资本不是"物"，而是代表了一种经济关系和社会关系，尽管资本主义社会生产力获得了巨大发展，但无产阶级即劳动者阶层却疏离于这一发展之外，处于贫困状态，经济领域的不平等必然扩展到社会和政治法律等领域的不平等。因此，资本具有了政治属性和社会属性，"以一定的方式进行生产活动的一定的个人，发生一定的社会关系和政治关系"①。在《资本论》第一卷第一版序言中，马克思为此也做了说明："为了避免可能产生的误解，要说明一下。我决不用玫瑰色描写资本家和地主的面貌。不过这里涉及到的人，只是经济范畴的人格化，是一定的阶级关系和利益的承担者。……不管个人在主观上怎样超脱各种关系，他在社会意义上总是这些关系的产物。同其他任何观点比起来，我的观点是更不能要个人对这些关系负责的。"②

马克思在《共产党宣言》里明确指出，共产主义并不剥夺任何人占有社会产品的权力，它只剥夺利用这种占有去奴役他人劳动的权力。可见，马克思的"资本"批判是嵌于资本主义体系下的批判，资本主义作为一种意识形态和制度体系造成了劳动者的被剥削、被压迫。尽管资本主义这一词汇不是马克思的发明，但正是马克思对资本主义批判所产生的广泛影响，使得"资本主义"这一概念得以固定下来。马克思"资本"批判的实质是资本主义的意识形态和制度体系批判。

另一方面，作为实践论者，马克思不可能对未来的社会主义提出具体规划，学者们对社会主义的认识往往是从其对资本主义的批判中推导出来的。鉴于马克思对资本主义私有制与市场机制造成的不公平的批判，后来学者们在对社会主义的认识上逐渐把计划手段看成社会主义的固有属性，认为社会主义就是由政府集中控制经济。形成了"资本＝资本主义＝市场经济""反资本＝社会主义＝计划经济"的认知逻辑。这种标签化的理解避开了马克思对资本主义批判的价值立场和意识形态视野，歪曲了马克思对资本主义批判的实质。

马克思没有将资本批判与资本主义制度批判相区别，是由当时欧洲资本主义上升时期的历史条件和制度环境所决定的，即欧洲资产阶

---

① 《马克思恩格斯全集》第三卷，人民出版社 1960 年版，第 29 页。
② 《马克思恩格斯全集》第二十三卷，人民出版社 1972 年版，第 12 页。

级取得政权后从意识形态到法律制度对资产阶级利益的维护。中国的社会主义实践并不是马克思所论证的资本主义生产力充分释放后的社会主义，不能原封不动照搬马克思对资本主义的批判。

任何理论和决策都存在历史条件和认识条件的限制，都有一个理论政策—实践检验—矫正纠偏的过程。西方资本主义发展过程中对市场的矫正也证明了这一点。正因如此，才产生了主张政府干预的凯恩斯主义宏观经济学和福利经济学，西方主流经济学才从主张自由放任的新自由主义走向新古典综合。关于如何建设社会主义，中国经历一个从计划到市场的探索过程。在新中国成立初期，由于理论上存在资本主义等同于市场的认识误区，认为计划经济体制可以控制公平分配而选择了计划体制；同时，中国国内百废待兴，外部受到西方国家封锁，面对一系列国内外困局，由国家集中控制资源的计划体制存在政治经济的现实合理性。随着新中国政权的稳固、国外敌对和封锁的解除以及"左"的错误路线得到纠正，中国共产党的工作重心逐渐转移到了以不断满足人民日益增长的物质文化需要的经济目标上来。计划经济体制已经暴露出了低效率的弊端，随之出现了对社会主义本质的理论再认识和社会主义市场经济的改革实践。

中国社会主义市场经济实践中的"资本"局限源于手段的局限，资本不等于资本主义，克服资本的局限需要从手段、方法上下功夫。中国社会主义的市场化改革与马克思所论证的资本主义经济基础、上层建筑不同，"资本"是作为手段为社会主义发展目标服务。对中国的"资本"实践合法性的审视不能原封不动照搬马克思对资本主义的批判。只有把对社会主义的本质认识与市场、资本等手段区别开来，从理论逻辑、历史逻辑和实践逻辑的结合上把握马克思"资本"批判的理论实质，才能将社会主义市场经济实践中由"资本"引发的矛盾与资本主义矛盾相区别，在坚持社会主义原则立场的前提下解决矛盾。

第二，"市场经济宿命论"的方法论误区阻碍了马克思主义政治经济学的理论创新。

　　市场悲观论者在探讨资本与社会主义的结合过程中，囿于经典作家关于市场与私有制相结合这一经济基础对上层建筑的决定作用，认为中国的市场经济最终会使政府被资本收买，陷入了"市场宿命论"。这是一元论前提下的线性逻辑思维。不可否认，"资本"与资本主义存在一定的相关性，正如马克思在论证经济基础与上层建筑关系时所表明的那样，在生产资料完全私有化和自由放任市场条件下，必将形成维护资本利益的意识形态和法律制度，形成资产阶级法权。而市场作为资源配置方式，无论被资本主义国家利用还是被社会主义国家利用，在运行规则上均带有市场经济的共性，包括一定程度和范围的产权私有、资本参与收入分配、市场竞争以及资本与劳动的雇佣关系等。"社会主义的市场经济方法基本上和资本主义相似"。而实践中出现的种种矛盾和官员腐败现象也说明了市场逻辑存在入侵社会公共领域的政治风险。

　　但是，马克思主义政治经济学的基本方法是两点论、辩证法，依据经济基础和上层建筑相互作用的社会历史观，主动调整生产关系以促进生产力的发展，并不是"生产力决定论"的机械唯物主义，并不必然需要放弃社会主义的政治立场与道德责任。事实上，在国际共产主义运动的历史上，就有一种观点：以还没有实行社会主义的经济前提来否定经济文化比较落后的国家可以走向社会主义。列宁批评这种观点是"庸俗生产力论"，他指出"既然建立社会主义需要有一定的文化水平（虽然谁也说不出这个一定的'文化水平'究竟是什么样的，因为这在各个西欧国家都是不同的），我们为什么不能用革命手段取得达到这个一定水平的前提，然后在工农政权和苏维埃制度的基础上赶上别国人民呢？"① 对于这个问题，毛泽东曾经用西方国家的历史发展说明："生产关系的革命，是生产力的一定发展所引起的。但是，生产力的大发展，总是生产关系改变以后。"②

---

① 《列宁选集》第四卷，人民出版社 2012 年版，第 777 页。
② 《毛泽东文集》第八卷，人民出版社 1999 年版，第 132 页。

邓小平后来也指出："当时中国有了先进的无产阶级的政党，有了初步的资本主义经济，加上国际条件，所以在一个很不发达的中国能搞社会主义。这和列宁讲的反对庸俗的生产力论一样。"① 无论是新中国成立初期采取的"一大二公"的所有制形式和计划经济体制，还是改革开放后鼓励非公有制经济发展和市场经济体制的确立，都是服务于社会主义共同富裕的发展目标，同时也表明了中国共产党作为执政党的政策抉择对经济社会发展的影响力。

正是认识到了人类社会的这一矛盾运动规律，中国共产党能够根据国情调整生产关系，发展社会主义生产力。新中国成立初期，在中国"一辆汽车、一架飞机、一辆坦克、一辆拖拉机都不能造"的情况下，在处于西方国家经济封锁的情况下，中国共产党选择计划分配体制，使国家能够集中有限资源发展当时急需的基础工业和国防工业，为巩固新中国的政权奠定了基础。当计划经济体制出现僵化、人们生产积极性下降和生活水平改善缓慢的情况下，中国共产党做出改革开放决策，从计划经济转向市场经济。

中国的市场化改革是自上而下的生产关系自我调整、自我革命，调整的目的是为发展社会主义服务，坚持社会主义的政治立场与道德责任是改革的前提。一方面，"市场"和"资本"是作为手段来为社会主义服务的，资本运作是通过市场经济、公有制与非公有制并存模式展开的；另一方面，与维护资产阶级利益的意识形态和法律制度不同，中国共产党是以社会主义为价值取向、代表最广大人民根本利益的执政党。从"三个有利于"和社会主义本质论到"三个代表"思想，从"以人为本"的科学发展观到践行社会主义核心价值观，从满足人民需求变化的"供给侧改革"到"小康路上一人不落"的共享发展决策，我们可以确证：中国走的是一条不同于西方的市场经济之路，是坚持社会主义原则和市场优势相结合的现代化道路。

---

① 《邓小平年谱（1975—1997）》（上卷），中央文献出版社2004年版，第223页。

　　与西方经济学的个人主义方法论范式相比，马克思主义经济学采用的是整体主义方法论。"经济结构和经济活动对文化、政治和权力分配的作用以及反作用的假设，是马克思主义经济学整体主义方法论的一个核心方面或潜话语。使用辩证法的思想，马克思主义者历来都分析社会如何再生产包括经济制度在内的制度和信仰。（吴易风）"而从中国的改革实践来看，中国经济改革之所以成功，恰恰是没有完全按照西方新自由主义经济学的去政府化和新制度产权学派的私有化建议，而是坚持以人民为中心的发展立场和共同富裕目标指向。坚持顶层设计与群众实践相结合，在市场化改革中，如何处理政府与市场的关系，如何在保持社会主义原则基础上推动非公有制经济发展和国有企业改革，中央始终在不断的探索、权衡和综合推进。

　　20世纪80年代末90年代初，苏东国家的市场化改革纷纷抛弃了公有制，放弃共产党的领导权，走上了彻底拥抱西方新自由主义的全盘西化之路，而中国坚持把社会主义集中力量办大事的优势、国有企业的优势与市场自由资源配置效率优势、非公经济优势相结合，在"摸着石头过河"的过程中，坚持"三个有利于"标准和社会主义"共同富裕"目标，坚持效率和公平兼顾的分配原则，坚持公有制经济主体地位和发展非公有制经济毫不动摇的"两点论"的政策思维，走出了一条有中国特色社会主义市场经济改革之路，既保持经济持续增长，又维护了社会稳定。

　　总结中国改革实践经验，需要突破对马克思主义的僵化理解，照搬马克思的理论教条现象阻碍了中国马克思主义政治经济学的理论创新，也无法对正在崛起的中国企业家群体给予合理的政治解释。社会主义与资本主义的传统理论认识和模糊观念使固有的话语体系和范式难以突破。只有厘清这些认识，才能在中国特色社会主义的理论与实践基础上实现马克思主义政治经济学理论创新，为保持中国"资本"实践的合法性提供理论依据。

　　第三，对改革开放以来中国社会主义市场经济实践的理论总结不足。

现代市场经济与欧洲资本主义相伴而生，从 1776 年亚当·斯密发表的《国富论》算起，迄今为止关于市场的看法和信念主要源于西方，其现代市场经济的实践经验与理论研究超过二百年，这是中国在改革开放过程中需要向欧洲现代文明学习的地方。但是，西方主流经济学宣称市场是价值中立的，市场"不相信眼泪"，它解决的仅仅是资源配置的"效率"问题。同时，其主流理论是建立在以个人主义、功利主义为前提的资本主义自由价值立场上，与中国传统的社会主义理想和集体主义信念相冲突。学习资本主义国家发展经济的有益做法和经验，并不等于学习资本主义的价值观，更不是全盘西化。中国传统的小康社会、大同理想与实现"每个人自由而全面发展"的共产主义理想，决定了中国经济改革的目标是实现"共同富裕"，而不允许出现两极分化，更不允许出现什么资产阶级。

与西方经济学的个人主义立场不同，马克思主义把经济学置于经济基础对上层建筑的作用以及反作用的社会历史发展运动规律之中，形成了马克思主义的经济学整体主义方法论，并运用辩证法思维分析经济活动与道路选择、文化观念、信仰之间的关系。中国共产党人选择马克思主义为理论指导的"初心"，就在于社会主义不同于资本主义的价值立场和原则。邓小平曾经深刻指出："我们的现代化建设，必须从中国的实际出发。无论是革命还是建设，都要注意学习和借鉴外国经验。但是，照抄照搬别国经验、别国模式，从来不能得到成功。这方面我们有过不少教训。"[①] 2013 年 1 月，习近平在中共中央党校的讲话中进一步强调："过去不能搞全盘苏化，现在也不能搞全盘西化或者其他什么化。"[②]

改革开放前，马克思主义经济学的中国化探索取得了一系列成果。在社会主义改造任务完成后，党的八大分析了我国社会主要矛盾

---

① 《邓小平文选》第五卷，人民出版社 1993 年版，第 2—3 页。
② 《十八大以来重要文献选编》（上），中央文献出版社 2014 年版，第 110 页。

的变化，指出社会主义制度在我国已经基本上建立起来了。"我们国内的主要矛盾，已经是人民对于建立先进的工业国的要求同落后的农业国的现实之间的矛盾，已经是人民对于经济文化迅速发展的需要同当前经济文化不能满足人民需要的状况之间的矛盾。"① 毛泽东多次阐述了经济建设要统筹兼顾的方针，强调正确处理国家、集体与个人的关系，生产两大部类的关系，中央与地方的关系，积累与消费的关系，长远利益与当前利益的关系；既要顾全大局，突出重点，也要统筹兼顾，全面安排，综合平衡。

但是，由于实践的限制，改革开放前我国经济学界始终没有编写出中国人自己的社会主义政治经济学教科书，始终把苏联《政治经济学教科书》作为我国政治经济学教科书的标准范本。

党的十一届三中全会后，中国共产党带领人民开始了改革开放的实践探索，为创立中国特色社会主义政治经济理论提供了新的实践基础。早在 1984 年 10 月中共中央通过了《关于经济体制改革的决定》，邓小平对此评价说："我的印象是写出了一个政治经济学的初稿，是马克思主义基本原理和中国社会主义实践相结合的政治经济学。"②

理论源于实践。中国在没有现成理论和经验可借鉴的前提下，把改革的力度、发展的速度和人们所能承受的程度结合起来，在坚持社会主义基本立场和原则下稳步推进改革。选择"摸着石头过河"的发展策略，即通过先试验、再及时总结经验、最后推广的办法，一步步推进改革。一方面，从农村联产承包责任制到经济特区的"杀出一条血路"，改革从农村到城市，从沿海到内地，逐步完成全国布局；另一方面，加强顶层设计，量力而行、循序渐进，把改革的力度、发展的速度和社会可以承受的程度统一起来。既避免

① 《中国共产党第八次全国代表大会关于政治报告的决议》，中央政府门户网站 www.gov.cn。

② 《邓小平文选》第三卷，人民出版社 1993 年版，第 83 页。

害怕市场无法驾驭、步子放不开而失去发展机遇，也避免走得过急失去社会主义方向把控而滑向资本主义。事实证明，按照西方新自由主义的药方——全面私有化的"华盛顿共识"推进市场化改革，最终不可避免地滑向资本主义。冷战结束后，不少发展中国家被迫采纳了西方模式，结果党争纷起、社会动荡、人民流离失所，至今都难以稳定下来。

上述改革方针，恰恰反映了我们党坚持把马克思主义基本原理同中国现实国情相结合的辩证唯物主义的哲学立场。既坚持马克思主义为指导的基本立场，又坚持从实际出发、敢于突破"框框"。实际上，改革开放 40 年，中国共产党从治国理政的理论政策层面不断总结改革开放的新鲜经验、"突破教条"，形成了当代中国马克思主义政治经济学的许多重要理论成果。包括社会主义本质理论，社会主义初级阶段理论，创新、协调、绿色、开放、共享的发展理念，发展社会主义市场经济理论，使市场在资源配置中起决定性作用和更好发挥政府作用的理论，我国经济发展进入新常态的理论，推动新型工业化、信息化、城镇化、农业现代化相互协调的理论，用好国际国内两个市场、两种资源的理论，促进社会公平正义、逐步实现全体人民共同富裕的理论，等等。

这些在改革开放实践中形成的理论认知，都需要经济学家进行学理性的归纳和总结，形成既吸收西方经济学的市场资源配置效率理论、又坚持社会主义立场的政治经济学理论体系。习近平指出，实践是理论的源泉。我国经济发展进程波澜壮阔，成就举世瞩目，蕴藏着理论创造的巨大动力、活力、潜力，要深入研究世界经济和我国经济面临的新情况新问题，为马克思主义政治经济学创新发展贡献中国智慧。近年来，随着我国综合国力和国际地位不断上升，国际上关于"北京共识""中国模式""中国道路"等议论和研究也多了起来，其中不乏赞扬者。在2016 年 7 月召开的经济形势专家座谈会上，习近平总书记强调："坚持和发展中国特色社会主义政治经济学，要推进充分体现中国特色、中国风格、中国气派的经济学科建设。"中国特色社会主义政治经济学就是

"中国版"的马克思主义政治经济学。① 中国的快速发展已经促使西方学者不断反思，一些外国学者认为，一些西方理论正在被质疑，一种新版的马克思主义理论正在颠覆西方的传统理论。②

两种经济学理论范式的冲突反映了两种思维方式和文化价值观念的差异。真理既具有绝对性又具有相对性，需要接受时空检验。把马克思主义基本原理与中国历史实践相结合，与时代发展、时代诉求相结合，是真正坚持马克思主义历史唯物主义和辩证唯物主义的认识论、方法论。创新马克思主义政治经济学，辩证地认识民营资本的功能和局限，澄清对民营"资本"合法性的模糊认识，是坚持中国道路、提高中国特色社会主义理论自信的必然要求。

---

① 习近平：《经济形势专家座谈会上讲话》，新华网，2016 年 7 月 8 日，http：//www. xinhuanet. com//politics/2016 - 07/08/c_ 1119189505. htm。

② 习近平：《关于坚持和发展中国特色社会主义的几个问题》，《求是》2019 年第 7 期。

第四章　社会主义核心价值观的引领依据

　　建立在个人本位和功利原则基础上的西方自由市场经济理论，一方面把人类追求自我利益与市场经济效率的内在关系揭示了出来，对中国推动市场化改革起到了重要作用；但另一方面，在市场经济条件下，企业"利润最大化""个人利益最大化"观念取代了社会责任和传统的伦理义务，一些极端利己主义、功利主义思潮成为很多人的行为准则。改革开放以来，中国的民营企业对经济增长做出了重大贡献，涌现出了许多具有社会责任感的优秀企业；但与此同时，部分民营企业为追求短期利益不择手段，损害了市场的公平竞争和人民群众利益。"毒奶粉""假疫苗"事件层出不穷，"寻租""围猎"政府官员以获取不正当利润的现象屡禁不止，很多家族企业缺少对员工、对环保、对社会的责任。在关于市场经济的伦理认知上，国内部分学者宣扬西方的个人本位思想，极力反对集体主义价值观，向"西方标准""美国标准"看齐，甚至主张从经济学理论到宪法制度和文化观念全盘西化，造成市场经济的价值缺失。

　　"人民有信仰，民族有希望，国家有力量"。中国的改革开放是发展社会主义市场经济，发展社会主义市场经济最终是为了实现共同富裕。马克思主义政治经济学与西方新古典经济学理论范式的最大分歧就在于意识形态分歧，即经济学为谁服务的问题。建立在"个人本位"基础上的西方文化及其价值观念不能解决"市场失灵"问题，更不能成为引领中国市场经济发展和实现中华民族伟大复兴"中国梦"的伦理文化支撑。用社会主义核心价值引领民营经济发展，是坚持中国道路、把市场经济优势与社会主义优势相结合的必然选择；是坚守社会主义者 500 年来追求公平正义理想的"初心"；是坚持以人民为中心，带领人民实现人类对富裕、自由、解放的美好生活向往的必然选择。

一　两个文明都搞好才是社会主义

（一）物质文明、精神文明"两手抓"

中国共产党是以马克思主义为理论武装的政党。马克思主义经典作家认为，人类社会发展运动规律是由经济基础和上层建筑相互作用决定的。没有脱离经济基础的上层建筑，也没有脱离上层建筑的经济基础。社会主义核心价值观作为意识形态，既源于人民大众的生产生活实践，又高于人民大众的生产生活实践，形成对实践的引导。中国共产党在带领人民进行改革开放的实践中，始终认为物质文明和精神文明都搞好才是社会主义的发展要求，把物质文明和精神文明"两手抓，两手都要硬"作为党治国理政的重要战略。"在社会主义国家，一个真正的马克思主义政党在执政以后，一定要致力于发展生产力，并在这个基础上逐步提高人民的生活水平。这就是建设物质文明。过去很长一段时间，我们忽视了发展生产力，所以现在我们要特别注意建设物质文明。与此同时，还要建设社会主义的精神文明，最根本的是要使广大人民有共产主义的理想，有道德，有文化，守纪律。国际主义、爱国主义都属于精神文明的范畴。"[1]

对外开放大门打开不久，就出现对于西方各种哲学、经济学、社会政治和文学艺术思潮不分析、不鉴别、不批判的盲目推崇现象，以至于在西方都被认为是低级庸俗和有害的文化产品却被理论界或文艺界介绍和宣传，造成了精神污染。"在人民中混淆是非界限，造成消

---

① 《邓小平文选》第三卷，人民出版社 1993 年版，第 28 页。

极涣散、离心离德的情绪，腐蚀人们的灵魂和意志，助长形形色色的
个人主义思想泛滥，助长一部分人当中怀疑以至否定社会主义和党的
领导的思潮。"① 对此，邓小平提出警示：虽然只是少数人，但是精
神污染的危害很大，足以祸国误民。要对其错误言行进行有力的批评
和必要的制止。"我们要向资本主义发达国家学习先进的科学、技术、
经营管理方法以及其他一切对我们有益的知识和文化，闭关自守、故
步自封是愚蠢的。但是，属于文化领域的东西，一定要用马克思主义
对它们的思想内容和表现方法进行分析、鉴别和批判。"② 邓小平强
调四项基本原则的核心是"社会主义制度和党的领导"，这是立国和
团结全国人民奋斗的根本。

实现现代化需要用中国特色社会主义共同理想凝聚人心、汇聚力
量，而不是依靠建立在个人主义基础上的资产阶级自由化。依靠个人
主义和自由化中国只能是一盘散沙。邓小平在 1985 年 3 月的全国科
技工作会议上的讲话中指出，我们这么大一个国家，怎样才能团结起
来、组织起来呢？一靠理想，二靠纪律。要教育全国人民做到有理
想、有道德、有文化、有纪律，尤其是青年更要有理想。中国搞的现
代化是社会主义的四个现代化，而不是别的现代化。"一个公有制占
主体，一个共同富裕，这是我们所必须坚持的社会主义的根本原则。
我们就是要坚决执行和实现这些社会主义的原则。从长远说，最终是
过渡到共产主义。"③ 共产主义的远大理想是中国共产党带领人民实
现现代化的崇高追求。

有了理想，还要有纪律作保障。改革开放以来，面对西方资产阶
级自由化思潮的冲击，中国出现了崇拜西方资本主义国家的"民主"
"自由"和否定社会主义的思潮。邓小平强调，中国要搞现代化，绝
不能搞自由化，绝不能走西方资本主义道路。中国经过十年"文化大

---

① 《邓小平文选》第三卷，人民出版社 1993 年版，第 44 页。
② 同上。
③ 同上书，第 111 页。

革命"的沉痛教训，再不能那样干了。中国要坚持社会主义制度，要发展社会主义经济，要实现四个现代化，没有理想是不行的，没有纪律也是不行的。自由化思潮一发展，我们的事业就会被冲乱。"纪律和自由是对立统一的关系，两者是不可分的，缺一不可。有理想、有纪律，组织起来就有力量。"① 没有理想、没有纪律就会像旧中国那样一盘散沙，那中国的革命就不可能成功，社会主义建设也不能够成功。如果搞资产阶级自由化，就会脱离党的领导，十几亿人民就没有一个凝聚力，就丧失了团结在一起共同奋斗的战斗力。那样的党连个群众团体也不如，更不可能领导人民搞建设。过去我们党无论怎样弱小，无论遇到什么困难，一直有强大的战斗力，因为我们有马克思主义和共产主义的信念。有了共同的理想，也就有了铁的纪律。无论过去、现在和将来，这都是我们的真正优势。

"中国没有共产党的领导、不搞社会主义是没有前途的。这个道理已经得到证明，将来还要得到证明。如果我们搞到人均国民生产总值四千美元，而且是共同富裕的，到那时就能够更好地显示社会主义制度优于资本主义制度，就为人类四分之三的人口指出了奋斗方向，更加证明了马克思主义的正确性。所以，我们要理直气壮地坚持社会主义道路，坚持四项基本原则。"②

"社会主义与资本主义不同的特点就是共同富裕，不搞两极分化。创造的财富，第一归国家，第二归人民，不会产生新的资产阶级。国家拿的这一部分，也是为了人民，搞点国防，更大部分是用来发展经济，发展教育和科学，改善人民生活，提高人民文化水平。"③ 这是社会主义优越性的体现。但是，不加强精神文明的建设，物质文明的建设也要受破坏，走弯路。光靠物质条件，中国革命和建设都不可能胜利。社会主义建设需要有一个安定的政治环境。不安定，政治动

① 《邓小平文选》第三卷，人民出版社 1993 年版，第 111 页。
② 同上书，第 195—196 页。
③ 同上书，第 123 页。

乱，就不可能从事社会主义建设。"治理国家，这是一个大道理，要
管许多小道理。那些小道理或许有道理，但是没有这个大道理就不
行。"① 在我们的国家，搞资产阶级自由化，就是走资本主义道路。
搞资产阶级自由化，中国内部就会乱，就不是一个安定的社会，什么
建设都搞不成了。"这是一个非常关键的原则的问题"。

　　随着改革开放和市场经济的发展，经济社会领域出现了崇尚拜金
主义、享乐主义、个人主义为特征的道德失范现象，与此同时，假冒
伪劣、商业欺诈和官员腐败现象在一些地方蔓延。在谈到法制建设
时，邓小平强调，"要坚持两手抓，一手抓改革开放，一手抓打击各
种犯罪活动。这两只手都要硬。打击各种犯罪活动，扫除各种丑恶现
象，手软不得。"② 不仅经济要上去，社会秩序、社会风气、法制建
设也要搞好。两个文明建设都搞好才是有中国特色的社会主义。

　　"社会主义的优越性不仅表现在经济政治方面，表现在能够创造
出高度的物质文明上，而且表现在思想文化方面，表现在能够创造出
高度的精神文明上。贫穷不是社会主义；精神生活空虚，社会风气败
坏，也不是社会主义。现代化建设的实践告诉我们，越是集中力量发
展经济，越是加快改革开放的步伐，就越是需要社会主义精神文明提
供强大的精神动力和智力支持，以保证物质文明建设的顺利进行。必
须充分认识到，两个文明建设缺少任何一个方面的发展，都不成其为
有中国特色的社会主义。"③

　　江泽民在庆祝中国共产党成立 80 周年大会上的讲话中提出："必
须认识到，如果只讲物质利益，只讲金钱，不讲理想，不讲道德，人们
就会失去共同的奋斗目标，失去行为的正确规范。要把依法治国同以德
治国结合起来，为社会保持良好的秩序和风尚营造高尚的思想道德基
础。要在全社会倡导爱国主义、集体主义、社会主义思想，反对和抵制

---

① 《邓小平文选》第三卷，人民出版社 1993 年版，第 124 页。
② 同上书，第 378 页。
③ 同上书，第 144 页。

拜金主义、享乐主义、极端个人主义等腐朽思想，增强全国人民的民族自尊心、自信心、自豪感，激励他们为振兴中华而不懈奋斗。"①

20世纪80年代习近平同志在福建宁德工作期间就提出："真正的社会主义不能仅仅理解为生产力的高度发展，还必须有高度发展的精神文明——一方面要让人民过上比较富足的生活，另一方面要提高人民的思想道德水平和科学文化水平，这才是真正意义上的脱贫致富。"② 在《摆脱贫困》一书中，记录了习近平有关"正确认识脱贫致富和建设精神文明的关系"的思考。2014年3月，习近平访问欧洲期间，又将精神文明这一概念带向世界："实现中国梦，是物质文明和精神文明均衡发展、相互促进的结果。""实现中国梦，是物质文明和精神文明比翼双飞的发展过程。"

党的十八届五中全会通过了《中共中央关于制定国民经济和社会发展第十三个五年规划的建议》，提出推动物质文明和精神文明协调发展。坚持"两手抓、两手都要硬"，坚持以人民为中心的工作导向，坚持把社会效益放在首位，坚持社会效益和经济效益相统一。坚持用邓小平理论、"三个代表"重要思想、科学发展观和习近平总书记系列重要讲话精神武装全党、教育人民，用中国梦和社会主义核心价值观凝聚共识、汇聚力量。深化马克思主义理论研究和建设工程，加强思想道德建设和社会诚信建设，增强国家意识、法治意识、社会责任意识，倡导科学精神，弘扬中华传统美德，注重通过法律和政策向社会传导正确的价值取向。

改革开放以来，我们党秉承"两手抓、两手都要硬"的战略方针推进社会主义建设事业。40年来，我国亿万人民不仅创造了物质文明发展的世界奇迹，也创造了精神文明发展的丰硕成果。习近平指出，"要坚持'两手抓，两手都要硬'，以辩证的、全面的、平衡的观点正确处理物质文明和精神文明的关系，把精神文明建设贯穿改革开放和现

---

① 《江泽民在庆祝建党八十周年大会上的讲话》，《人民日报》2001年7月2日第一版。
② 习近平：《摆脱贫困》，福建人民出版社2014年版。

代化全过程、渗透社会生活各方面，紧密结合培育和践行社会主义核心价值观，大力倡导共产党人的世界观、人生观、价值观，坚守共产党人的精神家园；大力加强社会公德、职业道德、家庭美德、个人品德建设，营造全社会崇德向善的浓厚氛围；大力弘扬中华民族优秀传统文化，大力加强党风政风、社会家风建设，特别是要让中华民族文化基因在广大青少年心中生根发芽。要充分发挥榜样的作用，领导干部、公众人物、先进模范都要为全社会做好表率、起好示范作用，引导和推动全体人民树立文明观念、争当文明公民、展示文明形象。"①

（二）社会主义核心价值观的基本要求

对一个民族、一个国家来说，最持久、最深层的力量是全社会共同认可的核心价值观。核心价值观承载着一个民族、一个国家的精神追求，体现着一个社会评判是非曲直的价值标准。核心价值观既是个人的德，也是国家的德、社会的德。国无德不兴，人无德不立。如果一个民族、一个国家没有共同的核心价值观，莫衷一是，行无依归，那这个民族、这个国家就无法前进。一个国家的文化软实力，从根本上说，取决于其核心价值观的生命力、凝聚力、感召力。核心价值观是文化软实力的灵魂、文化软实力建设的重点。培育和弘扬核心价值观，有效整合社会意识，是社会系统得以正常运转、社会秩序得以有效维护的重要途径，也是国家治理体系和治理能力的重要方面。历史和现实都表明，构建具有强大感召力的核心价值观，关系社会和谐稳定，关系国家长治久安。

1996 年 10 月，党的十四届六中全会讨论并通过了《中共中央关于加强社会主义精神文明建设若干重要问题的决议》，提出以马克思主义为指导，以培养"有理想、有道德、有文化、有纪律"的"四

---

① 习近平：《人民有信仰民族有希望国家有力量——在会见第四届全国文明城市、文明村镇、文明单位和未成年人思想道德建设工作先进代表时的讲话》，《人民日报》2015 年 3 月 1 日第一版。

有新人"为根本任务，旨在牢固树立建设中国特色社会主义的共同理想，提高全民族的思想道德素质和科学文化素质，从而为物质文明的发展提供精神动力、智力支持和思想保证。

2006 年 10 月，党的十六届六中全会提出了社会主义核心价值体系的概念，包括马克思主义指导思想、中国特色社会主义共同理想、以爱国主义为核心的民族精神和以改革创新为核心的时代精神、社会主义荣辱观四个方面。提出坚持以社会主义核心价值体系引领社会思潮，尊重差异，包容多样，最大限度地形成社会思想共识，形成全民族奋发向上的精神力量和团结和睦的精神纽带。①

2012 年 11 月，中国共产党在十八大上正式提出了社会主义核心价值观。胡锦涛在十八大报告中指出，要加强社会主义核心价值体系建设，深入开展社会主义核心价值体系学习教育，用社会主义核心价值体系引领社会思潮、凝聚社会共识。"倡导富强、民主、文明、和谐，倡导自由、平等、公正、法治，倡导爱国、敬业、诚信、友善，积极培育社会主义核心价值观"。②"三个倡导"分别从国家层面、社会层面和个人层面高度凝练和概括了社会主义核心价值观的基本内容。2013 年 12 月，中共中央办公厅印发《关于培育和践行社会主义核心价值观的意见》，明确提出，以"三个倡导"为基本内容的社会主义核心价值观，与中国特色社会主义发展要求相契合，与中华优秀传统文化和人类文明优秀成果相承接，是我们党凝聚全党全社会价值共识作出的重要论断。

2014 年习近平总书记在中共中央政治局就培育和弘扬社会主义核心价值观、弘扬中华传统美德进行第十三次集体学习时强调，把培育和弘扬社会主义核心价值观作为凝魂聚气、强基固本的基础工程，继承和发扬中华优秀传统文化和传统美德，广泛开展社会主义核心价

---

① 《十六大以来重要文献选编》（下），中央文献出版社 2008 年版，第 661 页。

② 胡锦涛：《坚定不移沿着中国特色社会主义道路前进　为全面建成小康社会而奋斗——在中国共产党第十八次全国代表大会上的报告》，人民出版社 2012 年版，第 31—32 页。

值观宣传教育，积极引导人民讲道德、尊道德、守道德，追求高尚的道德理想，不断夯实中国特色社会主义的思想道德基础。①

2017 年 10 月 18 日，习近平同志在十九大报告中指出，要培育和践行社会主义核心价值观。深入挖掘中华优秀传统文化蕴含的思想观念、人文精神、道德规范，结合时代要求继承创新，让中华文化展现出永久魅力和时代风采。2018 年 3 月 11 日，第十三届全国人民代表大会第一次会议通过《中华人民共和国宪法修正案》，把"国家倡导社会主义核心价值观"写进宪法。

实现中华民族伟大复兴的中国梦，物质财富要极大丰富，精神财富也要极大丰富。党的十八大以来，中共中央多次强调企业家和企业家精神对市场经济改革的重要作用，提出"引导非公有制经济人士特别是年轻一代致富思源、富而思进，做到爱国、敬业、创新、守法、诚信、贡献。"②党的十九大后，习近平总书记再次提出，希望民营企业家要践行社会主义核心价值观，弘扬企业家精神，做爱国敬业、守法经营、创业创新、回报社会的典范。③

二　中国特色社会主义政治经济学的价值立场

（一）以人民为中心的社会主义发展立场

以人民为中心的发展立场，要求我们必须坚持走中国特色的社会主义市场经济发展之路，坚持把马克思主义基本原理与中国改革实践相结合，用中国化的马克思主义政治经济学指导中国市场经济实践，这是用社会主义核心价值观引领民营企业发展的根本依据。

首先，社会主义道路是历史和人民的选择。

---

① 习近平：《培育和弘扬社会主义核心价值观作为凝魂聚气、强基固本的基础工程》，《人民日报》2014 年 2 月 26 日第一版。
② 习近平：《巩固发展最广泛的爱国统一战线　为实现中国梦提供广泛力量支持》，《人民日报》2015 年 5 月 21 日第一版。
③ 习近平：《在民营企业座谈会上的讲话》，《人民日报》2018 年 11 月 2 日第二版。

"一个国家实行什么样的主义，关键要看这个主义能否解决这个国家面临的历史性课题。"① 小康社会、大同理想是千百年来中国先进知识分子憧憬和追求的社会理想。"天下为公"的政治情怀始终是刻在中国仁人志士身上不变的文化印记。近代中国遭受西方不断入侵、内部分裂、秩序混乱，"数千年未有之大变局"催中国人觉醒。在寻求救国救民的道路上，无数仁人志士前仆后继，进行了各种探索和抗争。从洪秀全领导的太平天国运动、康有为和梁启超领导的戊戌变法，到孙中山领导的辛亥革命，一次次运动和革命的失败表明，不仅旧式的农民起义和不敢触碰封建根基的改良运动在中国行不通，依照西方资本主义制度来改造中国、把中国的希望寄托于走资本主义道路，也是没有出路的。五四运动之后，中国开启了反思和批判传统价值观念的新文化运动，揭示观念和文化变革对政治变革、社会变革的重要作用，提倡"科学和民主"等西方现代价值观念。在这场学习吸收西方现代文化的运动中，在各种外来社会思潮的碰撞中，中国的先进分子选择了社会主义救中国。党的创始人李大钊、陈独秀在新文化的宣传过程中，认识到只有马克思恩格斯创立的科学社会主义才是中国劳苦大众获得解放、摆脱压迫的真理。

以往资产阶级政治民主只能成为少数人的民主，资产阶级国家、政治、法律不可能扫除社会罪恶。只有俄国革命建立起来的苏维埃社会主义制度才使多数人获得了平等自由。中国远远落后于发达国家，"非取兼程并力社会共营的组织"无法在世界立足。② 社会主义国家注重合作，可以解除剥削劳动带来的痛苦，使劳动人民获得真正自由。据此，李大钊和陈独秀立下政治约定——组建中国共产党。毛泽东曾回忆："到了 1920 年夏天，我已经在理论上和在某种程度的行动上，成为一个马克思主义者，而且从此我也自认为是一个马克思主义

---

① 习近平：《毫不动摇坚持和发展中国特色社会主义　在实践中不断有所发现有所创造有所前进》，《人民日报》2013 年 1 月 6 日第一版。

② 李大钊：《中国的社会主义与世界的资本主义》，《评论之评论》（1 卷 2 号）1921年 3 月 20 日。

者了。"① 建成社会主义、最终实现共产主义的理想信念从此便在中国共产党人的心中扎下了根。

道路决定命运，中华民族能够从近代的历史磨难中站起来、富起来、强起来，是与中国共产党选择社会主义救中国、选择社会主义发展中国密不可分的。邓小平同志在 20 世纪 80 年代会见一位外国领导人时曾说过："我们多年奋斗就是为了共产主义，我们的信念理想就是要搞共产主义。在我们最困难的时期，共产主义的理想是我们的精神支柱，多少人牺牲就是为了实现这个理想"。② 正是这种坚定的共产主义信念使中国共产党紧紧依靠人民，战胜一个又一个困难，取得一个又一个胜利。

改革开放之初，邓小平就指出，中国的市场化改革只能走社会主义道路，"如果走资本主义道路，可能在某些局部地区少数人更快的富起来，形成一个新的资产阶级，产生一批百万富翁，但顶多也不会达到人口的百分之一，而大量的人仍然摆脱不了贫穷。"③ "以人民为中心"的政治立场决定了中国发展生产力是为了满足人民群众的需要。邓小平强调，市场只是手段，"是否有利于发展社会主义社会的生产力，是否有利于增强社会主义国家的综合国力，是否有利于提高人民的生活水平"才是检验政策的标准和依据。④

回望 40 年来中国的市场经济改革，其间伴随着一系列改革措施"姓资姓社"的理论争论，受到了来自西方自由主义、功利主义、历史虚无主义等个人本位的资产阶级价值观冲击，也面临过"苏东剧变"的国际政治风云变幻和世界经济危机的外部考验。但是，40 年来中国共产党始终不忘初心、坚守使命，从社会主义本质论和市场经济手段论到"三个代表"、科学发展观和习近平新时代中国特色社会主义思想，中国共产党始终坚持以人民为中心的发展立场，带领人民走出了一条不

---

① 《缅怀毛泽东》（上册），中央文献出版社 1993 年版，第 400 页。
② 《邓小平文选》第三卷，人民出版社 1993 年版，第 137 页。
③ 同上书，第 208 页。
④ 同上书，第 372 页。

同于资本主义市场经济的中国特色社会主义市场经济之路，取得了举世瞩目的经济成就，中国实现了从站起来到富起来的巨大飞跃。

人民认同、人民选择是改革开放以来中国共产党坚持以社会主义原则和目标对经济社会发展进行掌控的根本依据。坚持把"人民拥护不拥护、人民赞成不赞成、人民高兴不高兴、人民答应不答应"作为制定方针政策的出发点和归宿。使中国经济政策的选择远远超越了西方新自由主义经济学的需求刺激和供给刺激的狭隘视域，使改革没有被"资本"所收买、被"资本"所左右。2008 年"金融危机"之后，传统的经济增长模式遇到了瓶颈。与此同时，随着人民生活水平的提高，国内需求也呈现个性化、多层次化的结构特点，中央做出了供给侧改革的决策，供给侧改革并不像一些经济学者所认为的那样，是西方供给学派和"里根经济学"的翻版。与单纯通过减税刺激供给总量增加和过分倚重资本、袒护资本的政策主张不同，"我们讲的供给侧结构性改革，既强调供给又关注需求，既突出发展社会生产力又注重完善生产关系，既发挥市场在资源配置中的决定性作用又更好发挥政府作用，既着眼当前又立足长远。"① 而不是只注重 GDP 的权宜之计。"以人民为中心"的发展立场是坚持中国道路的根本所在。

在建设中国特色社会主义新时代，"以人民为中心"的发展立场，要求我们党坚持把增进人民福祉、促进人的全面发展、朝着共同富裕方向稳步前进作为经济发展的出发点和落脚点，部署经济工作、制定经济政策和推动经济发展，都要牢牢坚持这个根本立场。党的十八大以来，中共中央把脱贫攻坚摆到治国理政的重要位置，把全国人民一起进入小康作为历史使命和责任担当，庄严承诺：确保小康社会建设道路上一户不少、一人不落。针对条件较差、基础较弱、贫困程度较深的地区和群众，提出"精准扶贫、精准脱贫"的方针，对该地区党委和政府实行最严格的考核评估制度。彰显中央啃下"深度贫困硬

① 习近平：《在省部级主要领导干部学习贯彻党的十八届五中全会精神专题研讨班上的讲话》，《人民日报》2016 年 5 月 10 日第二版。

骨头”的意志和决心。

党的十九大报告根据人民群众需求变化，提出新时代党要解决“人民日益增长的美好生活需要和不平衡不充分的发展之间的矛盾”，把“人民对美好生活的向往”作为支撑进一步深化经济改革的立足点。从满足“人民日益增长的物质文化需要”、千方百计增加人民群众收入，到满足“人民日益增长的美好生活需要”、“小康路上一人不落”的共享发展决策，从努力推动居民收入增长和经济增长同步、劳动报酬提高和劳动生产率提高同步，到坚持创新、协调、绿色、开放、共享的新发展理念，不断破解经济发展难题。在一系列改革措施的推进中，中国共产党始终坚持把“人民赞成不赞成，人民高兴不高兴，人民满意不满意，人民答应不答应”作为政策的出发点与归宿。

其次，马克思主义政治经济学是人民的经济学。

与西方经济学不同，马克思主义政治经济学不是简单地从资源配置效率出发研究财富创造和积累的经济学，而是在坚持劳动价值论的基础上，建立一个包括生产力与生产关系、经济基础与上层建筑的矛盾运动在内的社会整体性认识。马克思主义政治经济学与西方经济学的研究范式存在根本的区别，其研究范式的区别又源于其研究目的的不同，即经济学为谁服务的阶级立场问题。坚持以广大劳动人民获得解放为旨归是马克思主义政治经济学的基本立场。坚持马克思主义政治经济学的基本立场和原则，是坚持走中国特色社会主义市场经济发展之路，坚持用社会主义核心价值引领民营企业发展的必然选择。

马克思主义政治经济学人民性的一个重要体现是坚持劳动价值原则。劳动价值原则对于社会主义者来说不仅仅是一个经济学范畴，从空想社会主义到科学社会主义，按劳分配体现了社会主义者对人的本质认识与社会的道德伦理认知。马克思认为，财富除了偶然从自然中得到之外，大部分是劳动产品，劳动是人的本质活动，而需要是人从事劳动的动因。社会财富不论其形式如何，都是人的创造性劳动的结果。物（财富的生产）是手段，人是目的，而在资本主义世界里，这个关系却本末倒置。

马克思在其早年的著作中就提出，经济学和伦理学是不可分割的。马克思的经济学研究就是从发现资本主义不合理的分配关系开始的：工人劳动创造的财富去了哪里？为什么创造财富的劳动者生活得如此贫困？带着这样的思考，马克思一步步深入研究了资本主义生产方式和交换关系。在《资本论》中，马克思从资本主义财富"表现为庞大的商品堆积"出发，研究产品分配的去向和原因，得出了结论：由于资本家掌握生产资料，而工人除了出卖劳动力一无所有，因此工人被迫受资本家控制，劳动者创造的财富除了维持其自身的最低生活水平之外，其余被资本家无偿占有，造成了无产阶级的贫困。资本剥削的秘密也因此被揭开。马克思以"异化"的概念表达了资本主义社会无产者被迫与自己的劳动产品相脱离的事实。以"资本"为本的产品分配关系使劳动者丧失了劳动的主动性和创造性，没有尊严和自由，更无法获得全面发展，违背了人类的本质和劳动的内在价值。

马克思在谈到英国古典经济学的局限性时指出，古典经济学家的资产阶级立场，使得他们不能从资本主义私有制与资本主义生产、分配方式之间的关系出发研究经济运动规律，"它不理解这些规律，就是说，它没有指明这些规律是怎样从私有财产的本质中产生出来的。"因此，马克思给自己提出的研究任务是"我们必须弄清楚私有制、贪欲和劳动、资本、地产三者的分离之间，交换和竞争之间，人的价值和人的贬值之间，垄断和竞争等等之间，这全部异化和货币制度之间的本质联系"①。

马克思主义政治经济学人民性的另一个体现是把政治经济学与实现劳动人民解放的政治责任、历史使命相联结。

1835 年，马克思在他的中学毕业论文《青年在选择职业时的考虑》中写道"如果我们选择了最能为人类福利而劳动的职业，那么，

---

① ［德］马克思：《1844 年经济学哲学手稿》，人民出版社 2000 年版，第 50 页。

重担就不能把我们压倒，因为这是为大家而献身；那时我们所感到的就不是可怜的、有限的、自私的乐趣，我们的幸福将属于千百万人，我们的事业将默默地，但是永恒发挥作用地存在下去，而面对我们的骨灰，高尚的人们将洒下热泪。"① 为了最广大的劳苦大众福利而工作是马克思一生的追求。

为了从理论上论证资本主义私有制是如何成为无产阶级贫困的根源，马克思将理论研究的重心也从早期的哲学转向了经济学。《资本论》倾注了马克思毕生心血，论证了资本对剩余价值的追求是如何在资本主义条件下造成"资本"对"劳动"的剥削，以及资本自身的内在限制使资本主义矛盾无法解决。从而唤醒无产阶级联合起来，为消灭资本主义私有制而斗争。恩格斯对《资本论》给予了高度评价："自地球上有资本家和工人以来，没有一本书像我们面前这本书那样，对工人具有如此重要的意义。"② 《资本论》因此被称作是"工人阶级的圣经"。

马克思主义的政治经济理论是与他的哲学、政治经济学批判与无产阶级政党的政治责任与历史使命紧密相连。"过去的一切运动都是少数人的或者为少数人谋利益的运动。无产阶级的运动是绝大多数人的、为绝大多数人谋利益的独立的运动。"③ 马克思主义政治经济学是为劳动者以及全人类获得自由解放提供理论指导而创作的。

无论是革命年代还是建设年代，中国共产党从未放弃"立党为公、执政为民"的立场和原则，这既是"民为邦本，本固邦宁""水则载舟、水则覆舟"的中国传统民本治国思想的传承，也是马克思主义政党"全心全意为人民服务"的宗旨要求。坚持"以人民为中心"，始终是中国探索社会主义经济发展道路的主线。党的十八大以后，习近平总书记多次强调，一切向前走，都不能忘记走过的路；走

---

① 《马克思恩格斯全集》第一卷，人民出版社 1995 年版，第 459—460 页。
② 《马克思恩格斯全集》第十六卷，人民出版社 1956 年版，第 263 页。
③ 《马克思恩格斯选集》第一卷，人民出版社 2012 年版，第 411 页。

得再远、走到再光辉的未来，也不能忘记过去，不能忘记为什么出发。在党的十九大上，习近平指出："中国共产党人的初心和使命，就是为中国人民谋幸福，为中华民族谋复兴。"用社会主义核心价值引领经济发展是中国共产党在新的历史时期实现中华民族伟大复兴和"两个一百年"奋斗目标的必然选择。

社会主义先驱者提出的理想还没有完全实现，发展问题并没有完全解决。在新时代又出现新的伦理问题、安全问题。理论源于现实承认现实，又需要面向未来、高于现实，用社会主义核心价值观引领人民朝着共同富裕目标推进改革，引领人民为实现中华民族伟大复兴的中国梦和担负"人类命运共同体"责任的方向去努力，是中国特色社会主义政治经济学的题中应有之义。

（二）市场经济与社会主义价值原则的辩证统一

党的十八大后，习近平总书记在主持中央政治局第二十八次集体学习时提出，既要坚持马克思主义政治经济学的基本原理和方法论，又要同我国经济发展实际相结合，不断形成新的理论成果。要立足我国国情和我国发展实践，揭示新特点新规律，提炼和总结我国经济发展实践的规律性成果，把实践经验上升为系统化的经济学说，不断开拓当代中国马克思主义政治经济学新境界。结合中国市场经济和民营企业实践，创新和发展马克思主义政治经济学，用中国特色社会主义政治经济学对民营经济的合法性做出合理解释，是用社会主义核心价值观引领民营企业发展的必然要求。

第一，要尊重市场经济规律。

市场作为一个有机体，是由自主经营、自负盈亏的企业主体和竞争性的市场分配机制的客体组成。而市场分配机制是通过价格信号、供求关系、竞争等机制综合作用来实现资源的有效配置。中国的市场化改革，一方面通过股份制改造等方式不断推动市场主体的改革，建立自主经营、自负盈亏、产权明晰的现代企业制度；另一方面推进价格的市场化改革，放开政府对生产资料和产品的价格控制，促进以市场供求关系引导的调节资源配置的市场机制不断完善。

无论是马克思主义政治经济学还是西方主流经济学，都承认市场经济在资源配置效率方面的强大功能。在西方经济学的教科书中，价格是微观经济学分析的核心，任何商品的价格都是由需求和供给这两方面的因素共同决定的。当供给大于需求时，商品的价格上升，反之价格下降。通过价格信号、供求调整和竞争机制使市场处于均衡状态。在马克思的政治经济学表述中，"价值表现为价格运动的规律"，供过于求或供不应求从而价格与价值的偏离虽然经常发生，但由于价值规律的作用，价格总是围绕价值上下波动。使价格在市场供求调整中趋于稳定。

关于市场竞争的利润，西方经济学认为，在短期内，市场竞争是不均衡的，有的投资可能会获得利润，有的可能亏损，有的可能利润为零。但在完全竞争状态下，长期均衡只有一种情况，即利润为零。在《资本论》中，马克思提出平均利润率概念，指出市场机制的作用都会使企业的利润趋向于平均。资本家为了获得更多的利润，会把资本从利润率低的部门转移到利润率高的部门。那些利润率高的部门，由于资本数量增加，生产规模扩大，产品供给增加，导致供过于求，产品价格下降，利润率也随之下降；利润率低的部门，则由于资本向外转移，产品供给减少，导致供不应求，产品价格上涨，利润率也随之上升。这种资本的转移以及由此引发的利润率变动，一直要持续到各部门的利润率大致相等时才会停止，形成平均利润率。可见，无论是马克思主义政治经济学还是西方经济学，都认为市场的竞争机制会使企业的利润趋向于平均。企业要想维持超额利润，就需要通过新的手段降低成本，进入新的利润更高的行业，开拓新的市场等，获得超额垄断利润。这种资本的转移具有自发性，进而提高了资源配置的效率。

与计划经济相比，市场像一只"看不见的手"通过价格信号引导和自由竞争机制，能够大大促进资源流动，提高资源使用效率，增加国民财富。

改革开放以来的社会主义市场经济建设经验表明，市场化改革是"解放和发展生产力"的必由之路。政府必须尊重市场规律，包括尊重价值规律和供求规律。一方面，要求政府减少对微观经济的干预，市场能够做的，就应交给市场。大幅度减少政府对资源的直接配置，包括取消和下放行政审批。释放市场活力，使政府从计划经济条件下的全能政府变成市场经济条件下的有限政府。另一方面，要求政府要从经济活动的参与者转变为市场秩序的维护者。不断完善与市场经济相匹配的公共治理体系和法律制度建设，打破地区封锁和行业垄断，促进形成全国统一的市场体系。完善产权保护法律，为市场参与者提供平等竞争的法治市场环境，促进市场经济的微观主体——民营经济、国有经济、外资经济在开放、公平、公正、法制化的市场竞争环境中有效发挥其潜能。

第二，市场化改革并不必然要放弃社会主义的政治立场与道德责任。

社会主义不是计划经济的代名词，也不是官僚扩大权力的借口——而是民本经济的路标、政府责任的律令。波普尔说过："假设管制经济真的有更高生产率，我照样不要它，因为它牺牲了大多数人的自由。"我们也可以说，如果"市场经济"只意味着生产效率，而对大多数人的幸福视而不见，我们也不要它。自由民主是相对的、历史的，需要以辩证唯物主义和历史唯物主义的立场去看待。

实践证明，市场机制确实能够通过交换和分工促进经济效率，通过自由竞争促使资源有效流动，实现国民财富的增长。这是市场相对于计划更能发挥"资本"功能的优势所在，马克思在阐述资本主义的进步性时强调的正是其在促进生产力发展方面的重大贡献。这也是中国选择建立社会主义市场经济体制的原因所在。但是，"资本"的本性是逐利的，其主体——资本家或企业主的身体里未必会流淌道德的血液。"资本"从来不是作为一个简单的生产要素独立存在的，它的逐利性总会使它越出其自身闯入社会、政治领域，甚至成为"拜金主义"信仰的存在源头。社会主义作为反对剥削、主张社会平等和劳动创造价值的意识形态，对"资本"的伦理批判从其产生那天起就没有停止过。

中国是一个有着 5000 年文化传承的文明古国，包括儒家思想在内的传统文化深深地影响民众的道德认知，而"资本"这一源于西方自由市场经济的生产要素不仅对经济产生巨大影响，也对大众的传统道德信仰和社会道德生态带来了前所未有的冲击。非公经济的表现是否令大众满意以及政府对待"资本"的态度，直接关系到政府与大众是否能够达成一致，是衡量"资本"合法性的重要依据。

马克思主义是一个开放的理论体系，马克思主义政治经济学创新需要与实践相结合。建设中国特色社会主义政治经济学，我们需要的不是对"资本"的简单批判，而是要继承经典作家超越市场范畴对"商品交易逻辑"泛化为"社会逻辑"这一资本主义本质的批判。破坏了以劳动创造价值为基础的人的自由原则和社会关系平等原则，是马克思对资本主义制度不合理性批判的理论实质。由劳动创造的使用价值才是满足人们需要的财富，把劳动创造与人和社会的发展相联系是马克思财富观的基本内核。市场实践中出现的资本对劳动的剥削、金融和房地产泡沫、投机资本脱离实体经济获利均是对马克思财富观的背离。这是我们在运用"资本"的同时要限制"资本"的根本理论依据。主动调整生产关系以促进生产力的发展，并不是"生产力决定论"的机械唯物主义。正如我们不能因为计划经济失效而否认社会主义的原则和立场一样，我们也不能因为"资本"带来的负面影响而否认其进步作用、因噎废食。

习近平强调：我们是在中国共产党的领导和社会主义制度的大前提下发展市场经济，什么时候都不能忘了"社会主义"这个定语。之所以说是社会主义市场经济，就是要坚持我们的制度优越性，有效防范资本主义市场经济的弊端。我们要坚持辩证法、两点论，继续在社会主义基本制度与市场经济的结合上下功夫，把两方面优势都发挥好，既要"有效的市场"，也要"有为的政府"，努力在实践中破解这道经济学上的世界性难题。①

马克思主义的唯物史观认为，人民群众是历史的创造者。人民群众的梦想追求和精神状态决定改革能否顺利进行。在改革中，中央积极支持、鼓励、引导非公有制经济的发展，按照市场化的要求调整所有制结构和分配方式，把按劳分配与按生产要素分配相结合，尊重人民群众的首创精神，从人民群众的实践创造和发展要求中完善政策主张，调动了亿万人民群众的积极性、主动性和创造性，满足了人民群众的自我发展要求。改革开放以来，民营经济蓬勃发展，符合人民期待，获得了广大劳动人民的支持。改革开放在认识和实践上的每一次突破和发展无不来自亿万人民的实践和智慧。中国非公经济实践的合法性在于，既发挥"资本"在解放生产力、促进经济增长方面的功能，又限制资本创造财富的手段，防止"资本"权力泛化，实现人与人、人与自然、人与社会的协调发展。

第三，坚持科学社会主义理论逻辑和中国社会发展历史逻辑、实践逻辑的辩证统一。

中国共产党在带领人民推进改革开放的实践中，始终坚持科学社会主义理论逻辑和中国社会发展历史逻辑、实践逻辑的辩证统一，在认识和处理理论与实践、政府与市场、效率与公平、中国与世界等一系列重大关系中体现出唯物辩证法的方法论特色。这是我们创立中国特色社会主义政治经济学需要坚持的马克思主义的方法论，是与西方经济学理论根本不同的研究范式、研究方法、研究视野。

西方新自由主义经济学排斥公有制，把私有制看作是与市场经济分配机制唯一匹配的生产资料所有制形式，究其根本，是把社会看成是从个体出发追求自我利益最大化的线性逻辑推演的结果。在市场的检验中筛选出获胜者予以财富奖励，而市场竞争的失败者受到贫穷的惩罚。无论市场筛选机制表面看起来多么一视同仁、多么富有效率，

---

① 《在十八届中央政治局第二十八次集体学习时的讲话》（2015 年 11 月 23 日）。

但社会却不是个体的简单加总，而是由一定的生产力发展水平和社会伦理认知、法律关系状况等综合因素来决定的，个体是在相互比较和联系中存在的，贫富差距以及由此带来的社会阶层固化会产生敌视和嫉妒，更何况现实中的市场竞争从来都不是真正的"公平"，包括初始状态的财产不公平，先天能力和后天教育等社会资源占有差别带来的不公平。包括苏联东欧在内，在计划经济向市场经济转型的过程中，还会由于法制建设的滞后而大量出现由寻租与权力资本引发的不公平。即使在纯粹的市场经济领域，也存在由恶性竞争和垄断带来的非效率，造成自然和社会资源的浪费。"华盛顿共识"实际上就是这种线性思维下的政策主张，看似理论上逻辑清楚、无懈可击，但是在转型国家的实践中却完全行不通。

建设中国特色社会主义政治经济学就是要总结中国"两个毫不动摇"的实践经验，推动各种所有制取长补短、相互促进、共同发展。"我们强调把公有制经济巩固好、发展好，同鼓励、支持、引导非公有制经济发展不是对立的，而是有机统一的。我们国家这么大、人口这么多，又处于并将长期处于社会主义初级阶段，要把经济社会发展搞上去，就要各方面齐心协力来干，众人拾柴火焰高。公有制经济、非公有制经济应该相辅相成、相得益彰，而不是相互排斥、相互抵消。"① 实践证明，坚持"两个毫不动摇"，强调民营企业可以在市场中游泳、国有企业也可以在市场中历练的"两点论"，是中国特色社会主义政治经济学的重要方法论特色。

价值观的不同决定了经济学的两种研究进路：一种是只关注个体利益最大化的线性逻辑推演；另一种是把经济学研究放到整个社会系统演进中，观照整体观照历史的研究进路。如马克思所说："人的本质不是单个人所固有的抽象物。在其现实性上，它是一切社会关系的总和。"西方经济学从自利的个体出发通过线性逻辑推演出的个体加

---

① 《毫不动摇坚持我国基本经济制度，推动各种所有制经济健康发展》，《人民日报》2016 年 3 月 9 日。

总的社会并不符合人类社会发展运动规律，更不符合中国的历史和国情。中国在推进市场化改革的理论政策指导上并没有采用西方经济学的市场单向度的线性思维，而是把对市场自发力量的维护与社会整体调控相结合，既坚持市场配置资源的经济领域主导作用，又保持一定范围公有制和政府对社会资源的掌控，实现了市场效率与社会公平的有机统一。

某种程度上说，"摸着石头过河"实际上就是为我们探索社会主义优势与市场优势的结合留出空间，通过把改革的力度、社会稳定的程度和人们所能承受的限度相结合，既避免害怕因市场无法驾驭、步子放不开而失去发展机遇，也避免走得过急失去社会主义方向把控而滑向资本主义。把科学社会主义理论逻辑和中国社会发展历史逻辑、实践逻辑的辩证统一，是指导中国特色社会主义建设的重要方法论。这种非线性的逻辑政策思维，一度使得接受西方经济理论训练的学者不能理解和接受，在西方主流经济学那里，不存在"两点论"和辩证法。

中国还处在社会主义初级阶段，这一论断是党对中国国情和发展阶段的客观认识，是各项决策的根本出发点。但初级阶段理论曾一度被讽刺是为中国走资本主义道路找借口，"社会主义初级阶段是个筐，什么都可往里装"。被认为实际上就是在补资本主义的课，对中国能否坚持社会主义道路持怀疑态度。尤其是那些把西方经济学理论奉为真理的学者们，认为社会主义初级阶段理论就是重走资本主义的市场经济之路，他们提出的经济政策主张也完全是建立在以"资"为本的立场上，主张全盘西化，产权全部私有化。回望中国的改革政策和实践，中国一方面以经济建设为中心，在努力追赶西方发达国家，把生产力从生产关系的束缚中解放出来。实现了 40 年的经济中高速增长。另一方面，中国并没有按照"华盛顿共识"药方实行全面私有化，始终坚持"两个毫不动摇"；坚持四项基本原则，坚持物质文明和精神文明"两手抓"。对于执政的中国共产党领导层来说，"两手都要抓，两手都要硬"从来都不是一句空话。正是坚持"两点论"

的辩证政策思维，中国的市场化改革才没有偏离社会主义方向，取得了成功。

三　民营企业和企业家的健康成长

民营企业是在中国共产党改革开放政策指引下发展起来的。民营经济经历了从不允许到允许，从被质疑到被肯定，从不被保护到被保护，从"客人"到"主人"的身份转换；同时，民营经济的政治身份和社会地位也是在实践中自己争取来的，民营企业通过不懈努力和奋斗积累了财富，回报社会，对中国经济增长和国家富强做出了重大贡献，证明了民营企业是"自己人"。

从 1980 年温州的章华妹领到了第一张个体工商户营业执照开始算起，中国的民营企业发展将近 40 年，经过大浪淘沙，一些优秀的民营企业脱颖而出，但更多的民营企业在竞争中销声匿迹。全国每年新生 15 万家民营企业，但同时又死亡 10 万多家；民营企业有 60% 在 5 年内破产，有 85% 在 10 年内死亡。造成民营企业短命的原因，既有市场竞争本身的风险和残酷性，也有民营企业自身的局限性。比如经营粗放、负债过高，在环保、社保、质量、安全、信用等方面存在不规范、不稳健甚至不合规合法的问题，在加强监管执法和企业转型升级的压力下，企业的生存很难维系。部分民营企业的经营者存在"小富即安"的心理，缺乏企业家精神和创新意识，没有做强做大企业的长远打算，造成企业没有持续发展的动力。有的民营企业热衷于赚快钱，缺乏社会责任感，投机心重，什么热做什么，今天炒房地产，明天炒股票外汇，企业包装上市的目的也是圈钱，而不是为了企业长远发展"融资"。这样的民营资本成为典型的"野蛮资本""原罪"典型，不仅成为大众"仇富"的对象，更拉低了民营企业的整体素质，损害了民营企业的社会形象。更有民营企业制假贩假，触碰法律底线，超出了社会道德法律底线和大众的容忍度。

用社会主义核心价值观引领民营企业发展，是"构建亲清新型政商关系，促进非公有制经济健康发展和非公有制经济人士健康成长"的根本要求。2013 年 3 月 17 日习近平总书记在第十二届全国人民代表大会第一次会议上提出，非公有制经济人士要发扬劳动创造精神和创业精神，回馈社会，造福人民，做合格的中国特色社会主义事业的建设者。党的十八大以来，中共中央多次强调要用社会主义核心价值凝聚民心，尤其强调企业家和企业家精神对市场经济改革的重要作用。提出"引导非公有制经济人士特别是年轻一代致富思源、富而思进，做到爱国、敬业、创新、守法、诚信、贡献。"① 2016 年 3 月习近平在看望全国政协民建、工商联界委员时强调"民营企业家要维护好自身形象"，做合格的中国特色社会主义事业建设者。"非公有制经济要健康发展，前提是非公有制经济人士要健康成长。广大非公有制经济人士也要认识到这一点，加强自我学习、自我教育、自我提升。"十九大后，习近平总书记再次提出，希望民营企业家要践行社会主义核心价值观，弘扬企业家精神，做爱国敬业、守法经营、创业创新、回报社会的典范。②

（一）诚信、守法是民营企业安身立命之本

首先，对消费者诚信是维护企业声誉和生存的基本要求。

在改革开放初期，由于商品短缺，法制不健全，许多民营企业目光短浅，为了赚快钱，偷工减料，导致假冒伪劣产品盛行。20 世纪 80 年代，鞋的市场需求大增，温州的制鞋企业迅速增加。无数温州人从遍布全国各个城市街头的补鞋匠变成了卖鞋大军。80 年代中期，与温州鞋销量一起增加的是质量投诉的增加，温州皮鞋被称为"星期鞋""三天鞋"。意思是温州鞋只能穿一星期或三天。温州商品也因此成了"假冒伪劣"的代名词。

---

① 习近平：《在中央统战工作会议上的讲话》，新华网，2015 年 5 月 18 日，http：// www. xinhuanet. com//politics/2015 – 05/20/c_ 127822785. htm。

② 习近平：《在民营企业座谈会上讲话》，《人民日报》2018 年 11 月 2 日第二版。

1987 年 4 月，根据消费者投诉情况，杭州市工商局、标准计量局等 4 个单位联合对杭州各商店销售的 5 大类鞋进行抽查，发现许多劣质皮鞋，有的用包装纸甚至马粪纸做主后跟内衬，用旧布料和桃花纸做包头内衬，有的女高跟鞋底内衬甚至用烂铁皮和旧竹片，管理部门对它们进行查封，禁止商家销售。同年 7 月，杭州市工商局等单位再次对杭州市区 8 个主要商业区的 37 户店家进行抽检，发现仍有 33 家在销售劣质纸板衬皮鞋，便当场没收 5000 多双皮鞋。后经调查，生产这批劣质鞋有名可查的企业共有 77 家，其中 90% 以上出自温州。8 月 8 日，杭州工商局把这批劣质皮鞋当众烧毁。此后，温州鞋几乎成了劣质产品的代名词，以至全国很多城市都抵制温州鞋。很多商场门口挂着 "本店没有温州货" "本店不卖温州鞋" 等标榜商誉的提示标语。

温州劣质鞋被焚烧后不久，为了扭转温州鞋假冒伪劣的形象，温州鞋业开始自救。温州市 370 多位鞋厂厂长联名向全市制鞋业发出倡议："凡我鞋业同仁，都要以鞋城声誉为重，讲究皮鞋质量，不赚昧心钱。"并改变家庭小作坊的制鞋方式，大规模引进生产流水线，大量引入国内大企业的鞋工艺师，严格进行质量管理，实现专业分工协作、配套的工业化生产，为温州鞋革业树立起全新形象。逐步甩掉了 "假冒伪劣" 帽子。1999 年 8 月 8 日，奥康集团带着 "中国真皮鞋王" 光环回到 1987 年 "耻辱之火" 的燃烧地——杭州武林广场，点燃 "雪耻之火"，把仿冒该公司的 2 万只鞋盒与 2000 多双鞋点燃，这次温州人打假是因温州鞋质优出名而被其他地方假冒了。

2002 年，温州市人大常委会通过决议，将武林广场点燃警醒温州第一把火的 8 月 8 日定为 "温州诚信日"。2007 年，为纪念 "温州诚信日" 实施五周年，温州人再一次在杭州武林广场点燃 "诚信之火"，宣示温商诚信经商的决心。焚烧鞋事件使温州制鞋业对皮鞋质量的重要性有了更新的认识，正如一位鞋业企业家所说："温州所有企业都应该感谢那把大火，它促进了温州鞋业的新生，也促进了整个温州经济的发展，使所有企业经营者都认识到质量是企业立身之本。"

作为老牌鞋都，温州鞋革制造业截至 2018 年有 7 个中国名牌产品、82 枚中国驰名商标、196 家中国真皮标志企业，占全国鞋革行业品牌榜半壁江山。2017 年，温州市鞋革行业实现工业总产值 1002 亿元人民币，跻身千亿产业集群行列。2018 年 1—9 月，全市鞋类出口 5.05 亿双，出口总值达 218.22 亿元人民币。①

民营企业既是公平竞争环境的遵从者，也是公平竞争的市场创造者、推动者。其健康成长既需要健康的制度环境、政策环境，也需要企业自身成为诚信守法的自律主体。在中国民营企业 30 多年的发展过程中，凡是经过大浪淘沙成功生存下来的企业，无不是敬畏法律、诚实守信的企业。一些关乎民众生命健康安全的造假事件，一旦受到法律制裁，信任崩塌，重新恢复信任要付出更多的努力，损失巨大。2008 年三鹿奶粉的三聚氰胺"污染"事件不仅损害企业自身的声誉和利益，也损害了整个中国的乳品行业，国产奶粉一度失去了民众的信任，其不良影响至今没有完全消除。随着越来越多的民营企业上市，一些民营企业又热衷于上市"圈钱"，通过编造虚假财务数据和经营业绩，获取不正当利益。诚信缺失不仅制约企业自身的健康发展，更破坏了公平竞争规则，损害民营企业的整体声誉。

其次，诚信守法的企业文化氛围是企业持续发展的核心价值要素。

诚信守法不仅体现在产品质量上，更体现在企业管理、企业文化和企业价值观上。如果企业只把赚钱定为目标，没有对法律和信用的敬畏，上行下效，势必形成一种不讲诚信、没有道德底线和缺乏社会责任感的企业氛围。企业对消费者没有责任，对环境资源没有责任，管理者对员工没有责任，企业就缺乏维系员工的核心价值观，没有朝着一个共同目标努力的凝聚力。那么员工势必对企业也缺乏忠诚。人

---

① 《温州老板杭州"雪耻"》，1999 年 12 月 27 日，《中国经济时报》，http：//www.sina.com.cn。

是企业的核心要素，人心抓不住，企业也不会长存。人的需求有多个层次，企业既要有物质激励满足员工生存需要，也要有精神激励满足员工的尊重、承认和自我价值实现的需要。只有形成诚信守法的企业文化氛围，才能够让员工产生信任感和忠诚感，才能把员工个人发展与企业命运连在一起。很多企业之所以垮掉，不是因为它有战略问题，而往往由于没有解决好人才的"道德风险"问题，缺乏诚信守法的企业文化氛围。

在众多的民营中小企业中，一方面招不到人才，另一方面担心受雇的职业经理人员会"背叛"企业。高科技人才和管理人才在不同的中小企业中跳来跳去，不能长久地为某一公司效力，公司内部人员流动率高成为企业短命的一个重要原因。很多家族企业也因此迟迟不能建立现代企业管理制度，只能"任人唯亲"。全国人大代表、万向集团董事局主席鲁冠球生前曾在提交人大的议案中，呼吁中国企业加强诚信观念，并建议通过相应的制度解决中国企业诚信问题。再完善的制度设计也不能够保证管理层和员工的忠诚行为，建立能够维系员工忠诚的企业文化才是解决人才道德风险的根本之道。诚信守法的企业文化会对企业发展形成正反馈，是民营企业健康发展所应具备的基本道德文化素养。

最后，坚守"不行贿"道德底线、专注自身竞争力是企业的长远发展之道。

中国在从计划经济向市场经济的过渡中，政府握有大量审批权力，一些民营企业走"捷径"，不是在市场上想办法，而是通过收买官员手中"权力"的不正当竞争非法获取暴利。这种方式看起来能够很快获得收益，但实际并不利于企业的长远发展。由于企业的获益不是源于其自身产品和服务的竞争力，而是依靠没有法律保障的"官商勾结"，使企业的未来发展面临着不确定性。往往是企业与腐败官员的"关系"越好越危险。在某一段时间或某个项目上，企业受了官员的特殊关照轻松获得特权垄断利润，但一旦该官员落马了，企业将付出沉重代价，甚至受到毁灭性打击。企业家个人也将会背负法律责任。钻营官场的民营企业是造成政商关系扭曲的助推者，是权力腐败的帮凶。他们本身通过破坏公平市场竞争来获益，遭到破坏的市场规则最终反过来会殃及自身。原国美集团董事局主席黄光裕，曾经三度问鼎中国大陆首富，2010 年因为贿赂罪等数罪并罚被判处有期徒刑 14 年，国美电器也因此一蹶不振。

随着党的十八大以来中央重拳反腐的高压态势持续进行，一系列官商勾结的腐败大案被查出，其背后的无良商人也浮出水面。在原铁道部部长刘志军案件中，商人丁书苗是重要的行贿人；在国家发展和改革委员会原副主任刘铁男腐败案件中，有"裙带商人"倪日涛的影子；"明星官员"、云南省委原副书记仇和，也是被地产商人"环绕"着；山西很多腐败案件背后都出现了煤老板，都涉及煤炭资源交易。

2018 年习近平总书记在与民营企业家座谈时，提出"民营企业家要讲正气、走正道，做到聚精会神办企业、遵纪守法搞经营，在合法合规中提高企业竞争能力。守法经营，这是任何企业都必须遵守的原则，也是长远发展之道。要练好企业内功，特别是要提高经营能力、管理水平，完善法人治理结构，鼓励有条件的民营企业建立现代企业制度。"① 政府要依法行政，商人则要依法经商。在市场经济条件下各归其位。只有面向市场、守法经营，靠勤奋努力和创新进取，才是民营企业在市场竞争中安身立命的根本。

实践证明，市场环境尽管不完善，但是坚守"不行贿"道德底线、专注自身竞争力的企业，不仅没有陷入错综复杂的不正当政商关系的利益纠纷中，反而在政商关系中掌握了主动权。许多民营企业在鱼龙混杂的市场竞争中能够长期屹立不倒，在产业结构升级、政府监管力度加大、劳动和资源成本提高的情况下能够脱颖而出，与其始终坚守诚信守法的道德底线和专注自身竞争力、磨炼内功密切相关。

---

① 习近平：《在民营企业座谈会上的讲话》，《人民日报》2018 年 11 月 2 日第二版。

（二）爱国、敬业是优秀企业和企业家的重要品格

许多优秀的企业家身上都兼具爱国和敬业精神。古人云："半部《论语》治天下"。中国传统儒家的"义利兼顾"思想被许多优秀企业家所继承。

被誉为中国近代实业救国第一人的张謇，在清政府闭关自守、经济落后的时局中感到做官不能改变中国落后现状，遂退出仕途，希望通过实业和教育救国。张謇创办企业的最大精神支撑源于其爱国情怀，为了实现"实业救国"梦想，他付出了艰辛的努力，创办了大生纱厂等企业，并将企业经营成功的资金用于教育、慈善、公益等事业，先后创办了通州师范学校、复旦公学、南通博物馆、南通图书馆、南通公园等。"他独力开辟了无数新路，做了30年的开路先锋，养活了几百万人，造福于一方，而影响及于全国。"（胡适）在半殖民地半封建社会，张謇的"实业救国"理想不可能实现。但是，他的精神至今影响了许多当代的企业家。

一个时代有一个时代所面临的历史任务，爱国体现在能否回应时代需要，解决时代问题。改革开放以来，人民生活水平得到了较大幅度的提升。社会的主要矛盾已经从"人民日益增长的物质文化需要同落后的社会生产之间的矛盾"转变为"人民日益增长的美好生活需要和不平衡不充分的发展"这一新矛盾。民营企业的健康发展离不开对这一时代矛盾的回应。

首先，将环保责任融入企业发展，既是新时代民营企业应当具备的爱国敬业素养，也是提升企业竞争力的必备素质。

中国作为人口大国，人均资源紧张，加上长期实行粗放型的经济增长方式，单位GDP的资源能耗较高，加剧了资源环境的压力。近年来，食品安全、环境污染导致的威胁健康的因素增多，影响了中国人民对健康生活的追求。百姓对清新空气、清澈水质、清洁环境、健康食品、安全药品等健康生活状态的需求越来越迫切。

党的十八大以来，中央提出，建设生态文明关系人民福祉，关乎民族未来；生态环境保护是功在当代、利在千秋的事业。强调"绝不能以牺牲生态环境为代价换取经济的一时发展"，多次提出"既要金山银山，又要绿水青山"。要以对人民群众、对子孙后代高度负责的态度和责任，真正下决心把环境污染治理好、把生态环境建设好，努力走向社会主义生态文明新时代，为人民创造良好生产生活环境。为此，党中央提出，坚持"高效、节能、环保"的经济发展原则。从"供给侧改革"到"去除落后产能、调整产业结构、转变经济增长方式"，要求各行各业必须关注生态环境问题、污染治理问题以及人民"宜居"问题。

企业是资源的消费者、使用者，也是资源的再生产者。民营企业作为经济发展的重要支柱，经济发展方式上更需要对资源环境产生"责任意识"。节能环保，民营企业责无旁贷。

改革开放以来，在中国的城镇化和工业化过程中，许多行业都面临着发展与资源能源消耗、排污的权衡问题。部分民营企业认为"企业经营和环境保护难以兼顾"，认为，企业只追求利润最大化，把环境保护和治理责任推给政府。这种立场是主动放弃了民营企业作为社会主体的责任，脱离了企业作为社会有机组成部分与人、自然、社会之间内在联系，是对子孙后代不负责任的短视行为。更有甚者在赚了钱后把子女移民到环境更好的国家，完全不想承担社会责任。而优秀的企业往往是将社会责任、家国情怀融入专注主业的敬业精神中，决不以牺牲环境为代价去换取一时的利润增长，做到企业经营和环境保护并重、自身利益和社会发展相统一，把企业命运同人民福祉相联系，以身作则做环保者。

建筑行业是个能源消耗较大的行业，在中国城镇化进程中能源消耗问题不可避免，是否有环保意识和责任决定企业如何制定发展战略，不同战略对环境的影响差异较大。过去一提到房地产，人们的印象是高价、赚钱的黑心开发商，但是，万科自2003年起，坚持走环保主义的房地产开发道路，通过自身努力来改变房地产业的不良形象。虽然很多企业也认识到环境问题，但普遍认为不需要过早考虑。认为西方排放了 200 年，我们才排放 20 年。我们可以先发展经济，之后我们再治理。在中国房地产需求旺盛的年代，即使是实力雄厚的地产公司老总都不愿意搞绿色建筑，不愿意搞绿色供应链。但是万科坚持不赚快钱，要做有影响力、负责任、走得长远的行业引领者。坚信只有走这条路才有未来，现在不开始这样去做，当前没问题，但是将来也一定会有问题。形成了万科特有的绿色环保企业文化。①

2007 年建设部公布了绿色的建筑标准，而万科始终走在政策前面，不仅自身获得了健康发展的"内功"，也为国家相关政策的制定提供了实践参考。2017 年万科集团与住建部及环保部分别签署了围绕绿色发展与技术评估为主题的合作框架协议，实现以高品质建筑认定标准、绿色建筑、装配式建筑、被动式超低能耗建筑以及生态环境改善等绿色主题的房地产概念，引领房地产企业的发展方向。近年来，万科在经历了股权之争、股东易主、管理者交接之后，仍能成为房地产企业的优秀引领者，与其始终"苦练内功"、坚持环保地产理念和文化分不开。

坚持房子是用来住的，不是用来炒的，加快建立多主体供给、多渠道保障、租购并举的住房制度，让住房实现回归居住属性。这是在后地产时代中央提出的发展要求。对于房地产企业而言，只有按照"宜居"属性，在打造民心工程上下功夫，才能更好地做"时代"中的"成功"企业。对此，万科董事会主席、首席执行官郁亮表示，未来万科将坚持城市配套服务商战略，在巩固住宅开发和物业服务两大核心业务竞争优势的基础上，积极发展长租公寓、商业、物流、度假、养老、教育等业务，满足居民日益增长的美好生活需要，成为无愧于这个伟大新时代的企业。

其次，用"工匠精神"打造民族品牌，既是提升企业自身竞争力

---

① 《王石谈万科环保之路：曾经股东老总都不愿做》，新浪财经，2016 年，http://finance. sina. com. cn/meeting/2016 - 12 - 18/doc-ifxytqavq744794. shtml。

的要求，也是中国从"制造大国"走向"制造强国"的要求。

中国经济的持续高速增长和人民物质需要的满足离不开制造业的贡献。制造业作为实体经济始终是工业的主体和支柱。中国已成为制造业大国，在全球一般消费类产品中，从小工艺品到冰箱、电视等家电产品，大量中国制造的商品出现在世界各地市场。沃尔玛、家乐福、麦德龙等世界著名跨国零售集团近年来在中国的采购数量和金额不断上升。销往世界各地的中国消费类产品制造主要由民营企业担当。民营制造企业为我国的经济发展乃至世界消费者做出了卓越的贡献。然而，不可否认的是，中国民营企业制造大部分处于低端制造层次，产品质量、技术含量和附加价值较低。不少企业出于快速盈利的动机，没有在产品制造、生产方式和管理模式方面下硬功夫。随着人民生活水平的提高，对质量安全和品质有更高要求的消费者，宁肯出更高的价格购买质量更好、做工更细的"日本制""德国造"。从代购海外"洋奶粉"到中国游客赴日本抢购马桶盖、电饭锅。中国制造在消费者眼里只是"价廉"但"品质不高"的象征。

2015年5月国务院公布了中国制造强国建设十年规划，提出推动中国从"制造大国"变为"制造强国"。此后中央多次提出，要大力弘扬工匠精神，厚植工匠文化，恪尽职业操守，崇尚精益求精，培育众多"中国工匠"，打造更多享誉世界的"中国品牌"，推动中国经济发展进入质量时代。

古语云："玉不琢，不成器。"传统的工匠，是指技艺高超的手艺人，这个群体所具备的严谨、专注、敬业等品质，被称为工匠精神。凡是制造业发达的国家，工匠精神都深深地扎根于企业文化中，具有鲜明的崇尚精益求精的制造价值观。德国作为一个拥有8000万人口的国家，却拥有2300多个世界级品牌，是名副其实的制造业强国。工匠精神的培育在德国教育中受到重视，德国70%的青少年中学毕业后接受双轨制的职业教育，其中制造业培训在所有行业的培训中占比最高，约占35%。在德国企业界，一个优秀的工匠被认为和科学家没什么两样。在奔驰、宝马、西门子等诸多德国企业里，很多高管都是从工匠学徒一步步实干出来的。在日本，如果一个人被称为工匠，这意味着受到了极大的尊重。创建了两家世界500强公司的日本"经营之圣"稻盛和夫，就是一个具有匠人精神的企业家。他曾说："企业家要像匠人那样，手拿放大镜仔细观察产品，用耳朵静听产品的'哭泣声'。"有人做过统计，全球具有超过200年历史的企业中，日本3146家，为全球之最。这些"长寿企业"均传承了以匠人之心做企业的敬业精神。

中国历史上的能工巧匠，曾创造了世界文明史上的奇迹。中国古代制造的青铜器、瓷器代表了中国匠人的精湛工艺水平，青花瓷以不同的浓淡色调渲染出多种层次，赢得了中外的赞誉。在改革开放后，一批中华老字号品牌企业在改革中重新焕发生机，取得了不俗的经济和社会效益，重新赢得了消费者的认可。云南白药、同仁堂、全聚德、东阿阿胶等品牌传承了中国传统的"工匠精神"，保证了产品品质，成为这些中华老字号屹立百年仍然兴旺的根本原因。

坚定、踏实、精益求精的敬业精神是工匠精神的典型气质。在今天全球化的发展潮流中，工匠精神不再是单纯的手艺人群体所要具备的品质。"工匠精神"既体现了对产品精心设计、打造、研磨，也体现在企业的管理文化和管理风格上。在中国市场经济大潮中，一批具有工匠精神的民营制造企业成长起来，比如华为、万向、格力、福耀玻璃等，成为中国民营企业的优秀代表。但是同时我们也看到，数量众多的民营中小企业由于长期以来的粗放经营，目光短视、没有长远发展目标，热衷于赚快钱，在后改革时代面临着一系列环境、资源和竞争压力，转型升级任务艰巨。很多民营企业濒临破产和倒闭。习近平总书记多次勉励民营企业要"聚焦主业""心无旁骛"。在中央提出从"制造大国"变为"制造强国"转变的战略下，承担着中国消费品制造任务的民营企业必须以"工匠精神"苦练内功，提升产品、服务和管理品质。以保持企业的可持续发展。

最后，爱国敬业既体现了与党的方针政策同向而行，又是企业健康发展的内在品质要求。

企业的价值除了利润目标之外，还有社会承认的需要，企业家的价值实现与对国家的贡献、社会贡献是紧密联系在一起的。越来越多的民营企业和企业家在就业、纳税、扶贫、助学等各项社会公共事业中做出贡献，成为令人尊敬的企业和企业家。

从乡镇企业一步步走向跨国集团的中国优秀民营企业代表——浙江万向集团，其董事局主席鲁冠球坚持把敬业精神与爱党爱国统一起来，他说："搞企业一定要做一个正经的企业，你是搞产品的，你的产品要对人类负责，不能搞假冒，不能破坏资源，要生产符合市场需要的商品。对人类负责首先要对社会负责，对员工负责，对资源负责，对环境负责，不能做有害的事，这样你才能为人类做出贡献，也只有这样你才是正经的公司。企业从一开始你就要这么做，因为大是由小开始的，只要你小的时候一点一点做好了，就会逐步做大，大了也会好，因为大是小的积累，小的做不好也就永远做不大。"

鲁冠球教育引领员工爱党爱国。"有人说企业家与政治要有一个黄金距离，我认为不是距离的问题，人总要有一种思想，如果你的思想升华到是为了给人类做贡献，这就是政治。能够为人类做更大的贡献就是企业家最大的政治。""党带领我们走向了改革开放之路，所以我就是要跟中国共产党走"。对于有些民营企业一味地把责任推给政府，认为政府这个政策不行，那个政策不行，鲁冠球采取的是主人翁的态度，"我们要求国家理解我们，我们也要理解国家。政府的角色就是负责管辖范围之内的稳定与和谐，谁对繁荣经济有利、谁对稳定有利，肯定就支持谁。""我的经历告诉我，只有共产党，能解放全中国，当然，共产党这么个大党，永远不犯错误也是不可能和不现实的"，但是"我们党建立了一个良好的纠错机制。一个国家总要有一个政党，现在看，有水源的地方就有共产党……共产党带领我们解决了 13 亿人的吃饭问题，试问哪一个党能够把中国治理得这么好？哪一个国家能够把这么多民族统一起来？我们要搞企业，就是要有一个安定的环境，共产党使我们的国家安定繁荣和谐，所以我们做企业的才可以安居乐业。"①

　　2018 年 12 月 18 日，在庆祝改革开放 40 周年大会上，浙江温州的正泰集团董事长南存辉被党中央、国务院授予"改革先锋"称号，并颁授改革先锋奖章。作为改革开放后第一批成长起来的民营企业家，南存辉经历了改革开放的全过程。从乡镇企业起步，发展为全球知名的智慧能源解决方案提供商，正泰集团参与制订和修订行业标准 190 多项，获国内外各种认证 1000 多项、专利授权 4000 余项。从小小的修鞋匠，到杰出的商业领袖，从温州农村的失学少年，到年销售额超过 150 个亿的民营企业掌门人。南存辉以温州人特有的吃苦耐劳精神从浙江草根经济的大潮中崛起，在一次次转型考验面前不断创新，突破自我，见证了温州民营经济模式的崛起，发挥了温州商业精神，成长为中国优秀民营企业家。正泰集团作为民企也从"作坊时代"迈向了"跨国时代"。

　　正泰集团能够成长为优秀的企业与其紧跟党的政策方向是密不可分的。正泰集团从做电气起家，84 年开始合作办企业，当时农民搞工业，根本不懂技术，根本不懂质量管理。那时的温州已经迅速建起大大小小的加工厂，有的企业为了赚快钱，偷工减料，导致假冒伪劣产品盛行。1986 年，针对鱼龙混杂的市场乱象，国家颁布了《工业产品质量责任条例》，要求生产低压电器的厂家必须获得生产许可证。当时市面上的产品质量参差不齐但都不愁卖，同行大多不愿申请。正泰报名参加各种培训，东拼西凑了 8 万元买来检测和试验设备，建立了全国第一个民营企业热继电器实验室。为了达到认证标准，南存辉千方百计从上海请来了国企退休的工程师指导工作。经过努力，在随后的国家八部委的严格整顿中脱颖而出，第一批领到了由国家颁发的生产许可证，成为政府重点扶持的对象。南存辉称，90 年代，"当国家对整个电气市场进行整顿打击的时候，

① 程冠军：《企业家论语》，企业管理出版社 2014 年版，第 60、61、62 页。

我们受到了表扬。"①

南存辉说，"企业家一定要有十年磨一剑的平常心，一定要耐得住寂寞，禁得起诱惑。"② 1992 年，"十万人才下海南"，海南的房地产热潮吸引很多企业投资房地产。这期间，也有人劝南存辉投资房地产，赚一笔又大又快的钱。但正泰在南存辉的带领下把当时积攒的400 多万资金，拿去购买了当时最先进的检测设备，建成了正泰第一个低压电器检测试验站。内抓技术创新和质量管理，外塑品牌声誉和企业形象，是正泰迅速发展壮大的根本。中国加入世贸组织后，很多浙江企业在走出去的过程中也看到了差距。2010 年，"正泰电器"成功上市，成为沪深股市第一家以低压电器为主营业务的公众公司，成为中国乃至亚洲最大的低压电器产销企业。正泰电器上市以来的出色表现，被国际机构投资人誉为在制造业内可与"iphone"媲美的"教科书"。

35 年来，正泰集团紧跟时代，响应党和国家的政策号召，实现了民营企业从创业到中国自主品牌的成长。从家庭工厂、前店后厂，到现代化工厂的智能制造，从电力装备制造到新能源，再到探索互联网＋、大数据、物联网等新技术与实体经济的深度融合，从"走出去"的全球性并购整合，到将先进技术"引进来"，助力企业创新发展。正泰集团成为中国民营制造企业的典范。2019 年，南存辉在接受 21 世纪经济报道记者采访时强调，重资产不是民营能源企业的目标，而是"能源技术加服务"的模式，是如何让能源使用更安全、更环保、更便捷、更便宜。"我们的优势在于制造业，在于技术创新。"

在新时代，南存辉强调，"我们要把个人的发展和国家命运结合在一起，企业发展和社会进步结合在一起。"③ 在能源革命、战略安

---

① 南存辉：《正泰能一根筋做制造业全靠企业家精神》，新浪财经，2018 年 2 月 27日，http://finance.sina.com.cn/meeting/2018－02－27/doc－ifyrwsqi 9810635.shtml。

② 南存辉：《坚守实业，并非意味着一成不变》，《钱江晚报》2018 年 10 月 26 日。

③ 《南存辉取舍平衡术：正泰 35 年做强的"加法"与"减法"》，《21 世纪经济报道》2019 年 3 月 19 日。

全和人类可持续发展上，清洁能源一定是大方向。未来 10 年，南存辉强调，正泰将按照国家"中国制造 2025"的制造强国战略，围绕"创世界名牌，圆工业强国梦"的目标，努力将正泰打造成为"全球领先的清洁能源与智能电气系统解决方案供应商"。

（三）创新、奉献是卓越企业的高尚追求

首先，缺乏创新精神是后改革开放时代许多民营企业被淘汰出局的硬伤。

练好内功是保证企业竞争力、具备可持续发展的根本。随着经济进步，资源成本和管理成本不断提高，消费需求呈现个性化、多元化，人们的需求品质不断提高。创新能力越来越成为保持企业竞争力的"内功"。

西方现代市场经济发展了近 300 年，企业经历了从资本原始积累时期的粗放经营，到重视管理和成本控制，再到通过创新提升竞争力的发展路径。目前，西方发达国家的跨国企业和高成长企业无不重视对研发的投入。中国民营经济起步至今不到 40 年，作为赶超国家，中国经济发展出现了连续上台阶的叠加现象。民营经济发展也参差不齐，很多民营企业缺乏对创新的认识。作为一个群体，很多民营企业都是从当初靠吃苦卖力、简单加工制造，低价进和高价出的粗浅经营手法迅速积累起原始资本的。但是，在由商品短缺逐渐转向产品过剩，由卖方市场转向买方市场的不断加剧的市场竞争中，民营企业开始发生分化。为数众多的民营企业主仍然延续传统思维"靠先知和力气打天下"，一些企业不问产品生命周期，一上来就跑马圈地、盖厂房、买机器，同业同质竞争，结果造成产能过剩，企业难以为继。很多民营企业主没有学习的内在动力，在市场环境发生变化的情况下不能及时转型，难以适应变化。2003 年，全国工商联在国内 21 个城市进行的一次抽样调查显示，有 70% 左右的民营企业家不懂财务报表，90% 以上的民营企业主不懂英语和计算机，大多数企业主甚至不看书，不看报，更别提钻研管理理论，进行知识更新了。结果难免在越

来越激烈的市场竞争中被淘汰。①

相反，在改革大潮中经受住考验，成为市场"常青树"的企业，无不是具有长远发展眼光、未雨绸缪和不断创新的企业。

其次，创新是企业保持核心竞争力的关键。

"关键核心技术是国之重器，必须切实提高我国关键核心技术创新能力，把科技发展主动权牢牢掌握在自己手里"。② 改革开放 40 年，中国在载人航天、高速铁路等多领域实现重大突破，人工智能、物联网、大数据、云计算、区块链等新技术、产品、模式不断涌现，一批技术进入国际市场第一方阵。但也要清醒地认识到，中国制造业创新能力薄弱，对外依存度高，整体上仍处于全球产业链和价值链的中低端。我们与发达国家还有几十年的差距，成为"制造强国"的路还很长。

华为作为中国高科技民营企业的创新典范，立志要把数字化、智能化带给每个人、每个家庭和每个组织，让大家享受数字世界带来的便利。从 30 年前一个小的民营企业发展成为世界 500 强，2018 年华为在世界 500 强中排名第 72，为全球 170 多个国家和地区的 1，500 多张网络的稳定运行提供支持，服务全球 1/3 以上的人口。华为始终保持强烈的危机意识，把科技创新能力作为企业的核心竞争力，不断加大研发投入。华为创始人任正非认为，没有创新，要在高科技行业中生存下去几乎是不可能的。在这个领域，没有喘息的机会，哪怕只落后一点点，就意味着逐渐死亡。2016 年的全国科技创新大会上，任正非发表了《以创新为核心竞争力 为祖国百年科技振兴而奋斗》的主题演讲，他在开篇中说："未来二、三十年人类社会将演变成一个智能社会，其深度和广度我们还想象不到。""越是前途不确定，越需要创造。"③ 为了确保

① 张锐：《民企 10 大内伤——一份中国民营企业经营者的白皮书》，《发现》2002 年第 10 期。
② 习近平：《中央财经委员会第二次会议重要讲话》2018 年 7 月 13 日，中国政府网 http：//www. gov. cn/xinwen/2018 - 07/13/content_ 5306291. htm。
③ 任正非：《以创新为核心竞争力　为祖国百年科技振兴而奋斗》，中华人民共和国国家发展和改革委员会 http：//rss. ndrc. gov. cn/gzdt/201606/t20160630_ 809850. html。

在管道领域的领先地位，华为 30 年来从几十人往这个城墙口冲锋、几百人冲锋，到几万人冲锋、十几万人冲锋，不怕流血牺牲，英勇奋斗，每年 200 亿美元投入研发、市场与服务，轰炸同一城墙口 30 年之久。正因为华为几十年如一日持续不断地在科技创新上攻关，才在大数据上世界领先。领先以后就有了更好的经济状况，就能把世界上更优秀的人才都吸引进来。推动科技创新是企业发展的核心驱动力，而从设计到硬件生产、软件研发到系统构建，华为全部生产环节都自行完成，今天能够屹立全球企业之巅也就不难理解了。

创新既是科技企业的核心竞争力，也是企业应对风险挑战的坚实支撑。人无远虑，必有近忧，企业亦如此。一段时间以来，美国一些政客炮制出"强制技术转让""盗窃知识产权""中国技术有害"等错误论调，滥用国家安全名义打压中国企业，将科技问题政治化，企图将中国限制在国际产业链的中低端遏制中国高科技发展。2019 年 5 月，华为被列入美国商务部工业和安全局的实体名单，遭到美国的全面限制，华为的美方供应链被切断，从芯片到操作系统都无法从美国获取供应。作为应对，华为果断采用自主研发的"芯片"，确保了公司大部分产品的连续供应，兑现了华为对客户的承诺，保住了华为的声誉和战略安全。

华为坚持科技自立原则，为此不惜代价。早在 2004 年，华为就未雨绸缪，成立自己的芯片公司海思半导体。以此减少未来对美国芯片的依赖。半导体的研发成本很高，而且风险非常大，如果方向搞错就会血本无归，有的研发出来立刻就落后了。对海思芯片的定位，任正非明确了两点：一是华为内部可以不使用海思的芯片；二是即使内部几十年不用海思的芯片，为了不受制于人，也得坚持做下去。2012年任正非在对华为实验室讲话中强调，芯片暂时没有用，也还是要继续做下去。一旦公司出现战略性的漏洞，我们不是几百亿美元的损失，而是几千亿美元的损失。我们公司积累了这么多的财富，这些财富可能就是因为那一个点，让别人卡住，最后死掉。这是公司的战略旗帜，不能动摇。①

十年磨一剑，华为的海思芯片终于不负众望，经过十几年的打磨和艰辛努力，海思在手机芯片、移动通信芯片、家庭数字芯片等方面都取得了不俗的成绩。如今，海思已经生产了超过 200 种芯片，申请了超过 5000 项专利。已发展成为我国最大的半导体和 IC 芯片设计公司（世界第五）。在华为遭遇美国的全面限制，切断美方供应链的情况下，华为保密柜里的备胎芯片"全部转正"。确保了公司大部分产品的战略安全和产品的连续供应。潜心研发华为备胎芯片 15 年的海思人，其"两弹一星"的精神价值在这一刻得到了充分的彰显。

实践反复告诉我们，关键核心技术是要不来、买不来、讨不来的，创新还是要靠自己。面对日益激烈的国际科技竞争，面对各种风险挑战，下定决心，坚定不移走自主创新之路，破解"缺芯少魂"之痛，夯实创新发展之基，把关键核心技术牢牢掌握在自己手中，是企业始终立于不败之地，牢牢把握发展主动权的必然选择。

创新既是技术创新、管理创新，也是理念和文化的创新。有人提出，日本的企业家精神是团队精神，欧美的企业家精神是创新精神，中国企业家缺乏自己的精神。对此，万向集团老总鲁冠球并不认同，他在谈到企业管理创新时提出，世界每天都在变化，哪一个模式都各有长处。只有适合自己的才是做好的，鲁冠球对自己在学习和实践中摸索的万向管理模式颇有自信。"古为今用，洋为中用，博采众长，自成一体。"成为万向自己的企业管理风格。"个人头上一方天，人人都当一把手" "这个理念我是在实践当中逐步推行并逐步提高的。"② 这一管理模式充分调动了员工的积极性。

鲁冠球强调企业转型升级首先是思想的升级，认清发展规律，按规律办事。他谈到很多企业家在企业长期居于高位之后开始膨胀，开

---

① 《任正非在 2012 实验室的讲话》，电子工程世界 http://www.eeworld.com.cn/manufacture/2012/0907/article_7951.html。

② 程冠军：《企业家论语》，企业管理出版社 2014 年版，第 64 页。

始对企业失察，然后企业就会出问题。企业一定要建立企业文化，靠文化、靠企业的价值观去融合、沟通，把它深入员工的内心。要处处关心员工，让他们自觉去工作。通过企业文化达成一致认知，他们才会作出符合企业要求的事。鲁冠球强调，形成和达到这种管理境界和水平，就实现了老子的无为而治。他同时认为，共产党作为一个大的政党组织，其管理对于企业具有一定的可借鉴性。"我认为建立学习型组织、学习型政党、学习型党组织、学习型企业这些提法非常好。"① 万向集团紧跟党的方针政策走，坚持不断学习中央精神，万向集团有 3 万多名员工，1700 多名党员，企业有党委、党总支、党支部。鲁冠球亲自任党委书记，坚持学习党的方针政策和新出台的文件。万向的企业干部均在党员中提拔，并在优秀人员中培养党员。独特的企业文化和管理风格助力万向集团的发展。

最后，奉献精神是企业走向卓越的高尚品质。

熊彼特认为，作为创造了资本主义繁荣的主体——企业家，他们"并不只受财富欲望或者任何享乐主义动机的驱使"，他们拥有"建立一个私有王国的梦想和意愿"，企业家们通过"创造的新消费品、新生产方法或运输方法、新市场、新产业组织的形式"推动资本主义的运转，保持资本主义的繁荣。② 但是企业家的创新精神并不总能保持，一旦经济进步使创新本身降为"例行公事"了，企业家就因创新职能削弱、投资机会日渐消失而变得无用，资本主义的内在动力最终"枯竭"了，必将活不下去。

那么保持持续创新的动力又源于何处？在中国有这样一批人，他们用奉献精神诠释持续创新的动力，用自力更生、艰苦奋斗、自主创新、奉献担当的拼搏精神诠释中国特色社会主义的创新动力。那就是新中国核工业人的"两弹一星"精神。20 世纪 50 年代中期，面对当

---

① 程冠军：《企业家论语》，企业管理出版社 2014 年版，第 68 页。
② ［美］约瑟夫·熊彼特：《资本主义、社会主义与民主》，吴良健译，商务印书馆 2011 年版，第 146 页。

时严峻的国际形势，为抵制帝国主义的武力威胁和核讹诈，中共中央果断作出了独立自主发展我国原子能事业的战略决策。自 1955 年中国核工业创建以来，无数科研人员和技术工人，包括许多在国外已经有杰出成就的科学家，怀着对新中国的满腔热爱，响应党和国家的召唤，义无反顾地投身到"两弹一星"研制工作中。他们放弃国外和在城市中相对优越的工作和生活条件，从各地奔赴各大核工程基地，在当时国家经济技术基础薄弱和工作条件十分艰苦的情况下，自力更生，发愤图强，完全依靠自己的力量，用较少的投入和较短的时间，突破了原子弹、导弹和人造地球卫星等尖端技术，创造了中国核工业举世瞩目的成就。让世界重新认识了中国，也让世界真正听到了中国的声音：1964 年 10 月，第一颗原子弹爆炸成功；1967 年 6 月，第一颗氢弹试验成功；1971 年 9 月，第一艘核潜艇顺利下水。

邓小平曾评价说："如果 60 年代以来中国没有原子弹、氢弹……中国就不能叫有重要影响的大国，就没有现在这样的国际地位。"[①]中国核工业成就背后凝聚了无数科技工作者和广大员工的智慧和力量，也见证了一代又一代核工业人的奉献和担当。核工业人"干惊天动地事、做隐姓埋名人"的以身许国、爱国奉献精神，激励了无数科研人员和普通干部职工爱国奋斗，建功立业。无论是在研制原子弹、氢弹的年代，还是现在的互联网、大数据时代，"两弹一星"精神都是我们走有中国特色的科研道路、发展高科技事业的重要精神支柱。

作为民营科技企业的典范，华为在科技研发的道路上同样彰显出"两弹一星"的爱国奉献精神。华为在被美国限制芯片供货之后，担当华为自主研发芯片任务的海思总裁何庭波在其《致员工的一封信》中，回顾了海思科技人员的责任担当和拼搏精神。"多年前，还是云淡风轻的季节，公司做出了极限生存的假设，预计有一天，所有美国的先进芯片和技术将不可获得，而华为仍将持续为客户服务。为了这个以为永远不会发生的假设，数千海思儿女，走上了科技史上最为悲

---

① 《邓小平文选》，人民出版社 1993 年版，第 279 页。

壮的长征，为公司的生存打造'备胎'。数千个日夜中，我们星夜兼程，艰苦前行。华为的产品领域是如此广阔，所用技术与器件是如此多元，面对数以千计的科技难题，我们无数次失败过，困惑过，但是从来没有放弃过。"海思总裁鼓励员工，"前路更为艰辛，我们将以勇气、智慧和毅力，在极限施压下挺直脊梁，奋力前行！滔天巨浪方显英雄本色，艰难困苦铸造诺亚方舟。"①

在遭到打压之后，华为不但没有慌乱反而更加团结，团队热情更加高涨。同时，华为并没有埋怨美国同行，没有给他们施压，用宽广的胸怀包容了他们不得已的断供，使得美国供应商自发向美国政府施压。而华为之所以能够扛得住美方举国之力的施压，就在于华为自上而下都盯紧了一个目标，就是不断提高自己的能力，让自己的技术领先世界，这样就没人敢打压，即便打压也不会有什么意义，只要自己掌握了最尖端的技术，就是一个完全独立的存在，不会受到任何外力影响。

"两弹一星"的奉献精神，有着中国传统文化的渊源。"穷则独善其身，达则兼济天下"的君子人格和"修身、齐家、治国、平天下"的儒家理想，孕育了中国人的家国情怀。无论学界、政界还是商界都有将个人抱负与家国情怀统一起来的文化基因，都有对社会的崇高责任感和救世济民的忧患意识、远大抱负。

古人云，"半部《论语》治天下。"日本在战后创造东亚经济奇迹的过程中，许多优秀企业家都把《论语》作为信条，坚守"义利兼顾"的经商原则。日本现代管理思想家伊藤肇指出，日本企业家只要稍有水准的，无不熟读《论语》，孔子的教诲给他们的激励影响至巨，实例多得不胜枚举。涩泽荣一认为企业家要一手论语一手算盘，算盘要靠《论语》来拨动；同时《论语》也要靠算盘才能从事真正的致富活动。因为不追求物质的进步和利益，人民、国家和社会都不会富庶，这无疑是种灾难；而致富的根源就是要依据"仁义道德"，

---

① 《海思总裁致员工的一封信》，《21 世纪经济报道》2019 年 5 月 17 日。

这样也才能确保其富持续下去。为此，他提出了"士魂商才"的概念。① 也就是说，一个人既要有"士"的操守、道德和理想，又要有"商"的才干与务实。但"只有《论语》才是培养士魂的根基"，因为成就商才，是要以道德为根基的。脱离了道德的要求，"即不道德、欺瞒、浮华、轻佻的商才，所谓小聪明，决不是真正的商才"。②

"义利兼顾"儒商精神的另一个来源就是王阳明的"良知"体系。王阳明开创了"人人皆可为圣贤"的体系，并把行动的意念放到心底的"良知"去衡量。心正，意念自然就正，而意正，行动就自然符合"天地良心"。便达到"知行合一"。一手缔造了 3 家世界 500 强的日本企业家稻盛和夫被称为现代王阳明，在他身上到处是王阳明"良知"的影子。稻盛和夫说，要判断某件事是不是有道理，不能只看其是不是符合逻辑，还应当看它是不是符合人类的道德标准，要思考其与人类价值的相关程度。在创立京都半导体公司的第二年，新进来的员工要求公司保证他们将来的收入会增加到一定程度。在当时，公司刚成立，连自己都难保，如何保证新人的收入增长？经过三天三夜的讨论，稻盛和夫与他的合作伙伴，认为员工的要求符合人类价值标准，于是他们不仅答应了员工的要求，而且还把公司的使命做了重大调整："京都半导体公司的理念，就是提供给所有员工物质与心灵成长的机会，并通过我们的共同努力促进社会与全人类的进步。"在第一次石油危机，日本楼市出现泡沫的时候，稻盛和夫的公司有很多现金放在银行，连银行都在建议稻盛和夫他们去炒楼，但稻盛和夫客气地告诉银行："我们还是用传统的方式赚钱，而不用炒地皮来赚钱。"稻盛和夫有一个人生成功方程式："成功 = 能力 × 努力 × 态度"。他解释说，能力与努力都是 0—100 没有负数，只有态度是 −100 到 +100，有负数，一个态度与价值观错误的人，会让他的能力

---

① ［日］涩泽荣一：《右手论语　左手算盘》，戴璐璐译，中国言实出版社 2007 年版，第 4 页。
② 同上。

与努力成为社会的负担。一切经营企业的道理本来都在我们内心中，这就是我们的良知。

在中国的商界，传统文化中儒家的"义""利"统一经济理想始终存在，从来没有消失过。清末民初，当康有为和梁启超等人将救国希望寄托于清政府的改良、孙中山把希望寄托于资产阶级革命时，以张謇为代表的"实业救国"派创办了一个又一个的企业，并将积累的资金投入学校教育，希望通过"实业与教育"实现国家富强、民族振兴。抗战爆发后，在中华民族生死存亡关头，大量包括华侨在内的企业家慷慨解囊，正因为民族资本家中间存在的这种家国情怀和归属感，才使抗日民族统一战线的建立成为可能。毛泽东曾批评党内那种认为中国民族资产阶级不可能和中国工人农民联合抗日的错误观点，并且指出"任何民族资本家，只要他不赞助帝国主义和中国卖国贼，我们就要保护他。……人民共和国的劳动法保护工人的利益，却并不反对民族资本家发财，并不反对民族工商业的发展，因为这种发展不利于帝国主义，而有利于中国人民。"[1]

企业表面上就是盈利组织，但是，企业是由人组成，而人的追求是多层次的。改革开放以来，部分民营企业目光短浅、总想赚快钱，使其无法应对转型升级压力和市场变换的风险挑战，而被市场淘汰；与此同时，也有许多民营企业坚守法律和道德，把企业的生存发展与社会责任相结合，从长计议，苦练内功，进而能够从容应对各种风险和挑战，成为优秀的企业。在党的方针政策指引下，越来越多的民营企业家深刻地认识到，自身的成长离不开国家、社会和广大人民的认同，企业要发展，不但需要把握市场运行的规律，而且还要具有"达则兼济天下"的抱负，这也是企业做大的最基本的要素。企业不能脱离社会，不能脱离时代，不能放弃责任，不能没有人文关怀。

家国情怀不是狭隘的民族主义。在近代中国落后挨打的条件下，中国先进的民营工商业者展现出"义利兼顾"的爱国情怀，提出实

---

[1] 《毛泽东选集》第一卷，人民出版社1991年版，第159页。

业救国、实业报国。新中国成立后，中国摆脱了殖民统治，中国人民获得了独立和解放。今天，中国的改革开放已经形成从"引进来"到"走出去"的全面开放发展格局。中国坚持互利共赢原则鼓励企业走出去，很多优秀的民营企业也从"作坊时代"走向"跨国时代"。

中国秉承"人类命运共同体"的世界认知，提出"一带一路"的倡议和建设，展现了中国传统的"义利兼顾"商业价值观，将中国优秀商业文化延伸到世界舞台。但是，与中国倡导的"互利共赢"原则相反，美国一些政客出于一己之利，丧失对全球化和自由贸易的基本认知能力。面对本国企业的流失、贸易逆差和中国在互联网领域的科技赶超，他们透过于人，不顾大国责任和中美经贸合作取得的巨大成就，将中国视为威胁，挥舞关税大棒，发动贸易"制裁"。为了限制中国在科学技术领域的竞争，滥用国家安全名义打压中国高科技企业，对企业进行围猎。企图遏制中国高科技发展，将中国限制在国际产业链的中低端。从制裁中兴公司、逮捕华为首席财务官，到对中国在美高技术人才和华人科学家进行政治调查，将科技问题政治化，暴露其根深蒂固的零和思维和霸权思维。

"达则兼济天下"，中国的"一带一路"倡议得到了国际社会的高度认可，160多个国家和国际组织同中国签署了合作文件。世界银行最近发表的报告指出，"一带一路"倡议全面实施可使3200万人摆脱日均生活费低于3.2美元的中度贫困状态，使全球贸易增加6.2%，沿线经济体贸易增加9.7%，全球收入增加2.9%。

社会主义核心价值观倡导的是新时代的家国情怀和君子人格。坚持用社会主义核心价值观引领民营企业发展，坚持做到"爱国敬业、诚信守法、创新贡献"是新时代企业和企业家健康成长的需要。利润最大化是"资本"宿命，但不是企业家宿命，企业家的精神动力需要社会责任和使命担当。唯有如此，企业才能站得高，走得远。从根本上说，共产党人的追求与企业家精神在个人价值实现的需要上是一致的。

第五章 社会主义核心价值观的引领路径

一 正确认识政府的作用

（一）关于政府作用的两种文化和态度

在市场经济的发展过程中，关于政府这只"看得见的手"的作用历来存在着两种态度。

一种态度是主张"小政府"的英美传统。自亚当·斯密以来，西方古典自由主义和西方现代新自由主义都反对政府对市场经济进行干预。个人本位是其价值观的根本出发点。在讨论由市场的奖励和惩罚带来的分配不平等时，他们从"与自由的关联、奖励的公道性以及不同收入对提高效率性的激励"方面加以辩护。[①] 与此同时，他们反对政府干预的另一个理由是对政府官僚机构的不信任。对政府失灵进行系统阐述的是公共选择学派，其影响甚广，以诺贝尔经济学奖得主布坎南为代表的公共选择学派把西方主流经济学的理性"经济人"范式扩展到政治领域，探讨在政治领域中经济人的行为选择是怎样支配和决定政治决策，并由此证明政治领域的缺陷。据此创立了既不同于古典政治经济学也不同于凯恩斯宏观经济学的西方"新政治经济学"，也称"公共选择"理论。

---

① ［美］阿瑟·奥肯：《平等与效率》，陈涛译，中国社会科学出版社 2013 年版，第 24 页。

　　首先，公共选择理论认为，作为一个人，无论他处在什么环境，人的本性都是一致的，都以追求个人利益极大化为基本动机。包括凯恩斯主义经济学在内，传统上人们对人类行为的分析采取双重标准，假定人们在市场领域是追求个人利益最大化的自利主义者，而在政治领域又是以公共利益为重的利他主义者。布坎南强调，无论是公共领域还是私人领域，无论是市场过程还是政治过程，做选择的都是个人，而其行为选择的首要依据是个人利益。即"理性经济人"。公共选择理论将政治行为作为内生变量加入经济模型中，"一切传统模式都把经济决定视为制度的内在因素，而把政治决定视为外部因素，人们拒绝就这些外因的规律及其生产进行探讨，在这种情况下，公共选择理论的宗旨却是把人类行为的两个方面重新纳入单一的模式，该模式注意到，承担政府决定的结果的人就是选择决策的人。"①

　　其次，公共选择理论认为，政治活动也与市场中的交易类似，也具有交换的性质。"民主政治中的政治家与经济中追求利润的企业家是类似的。为了实现他们的个人目的，他们制定他们相信能获得最多选票的政策，正像企业家生产能获得最多利润的产品一样。"② 政府（包括政治家和官僚）是政治市场上的供给方，提供公共产品和服务。消费者是广大民众，购买或享有政府提供的公共产品和服务。政府和公众在政治活动中产生矛盾和冲突，进行博弈和妥协，最终达成协议，都可以按照市场交易规则来理解。布坎南认为，政治家与其他代理人有着相似的行为动机，包括追求个人利益与对权力的渴望。政治家对私利的追求可能只是比在市场活动中要弱一些，但绝不是像传统理论中认为的那样，只存在公共利益而不存在个人利益。因此，政府机构不再是具有利他主义特征的集体，而是由一个个从个人利益出发进行决策的经济人组成的族群，其选择也是寻求最大利益的实现。

---

　　① James，Buchanan，*The Theory of Public Choice*，Ann Arbor：The University of Michigan Press，1972，p. 19.

　　② A. Downs. *An Economic Theory of Democracy*［M］，New York：Harper & Row，1957，p. 295.

政治规则和政策是各利益主体博弈的结果。

最后，公共选择理论对政治市场的分析结果直指政府失灵。公共选择理论把政府当作一个有自身利益的实体，打破了传统政治学理论对政治人假设的幻想：即政治家和官僚仅仅会为了公众利益而工作。因为选民与政治家也是"经济人"，在政治市场运作过程中也不能仅指望政治代理人会为公共利益而奋斗。市场的缺陷或失灵并不意味着把问题转交给政府去处理就是万事大吉，市场解决不好的问题，政府未必解决得好。总之，政府的活动并不总是像人们理解的那样或是理论上应该的那样"有效"。公共政策与人们的期望总是存在偏差，或者使公众对公共物品的需求不能得到相应的满足，或者造成公共支出规模过大和公共资源趋于浪费甚至滥用。

政府机构低效率的原因被认为源于以下三个方面：一是缺乏竞争压力。政府机构里大部分官员和公务员都是终身雇佣制，没有足够的压力去努力提高服务的质量和工作效率。二是政府官员存在扩张部门预算的倾向。由于官员花的是纳税人的钱，"用他人的钱，为别人办事"使官员行事时无成本压力，自由度比市场中私人企业家还大，造成不计成本的政府行为不断发生。政府行为也没有利润概念，政治家和官员为追求选票和政绩，尽量满足来自各利益团体的要求，增加福利开支，也包括本部门预算的扩张，最终造成了财政支出膨胀和资源浪费。三是监督信息的不完备。从理论上说，民主政治条件下，政府机构受选民及司法、审计等部门的监督，并不能为所欲为。然而在现实中，这些监督的效力很可能因为信息的不完备而降低。政府部门并不具有提供公共产品相关资源和成本信息的内在动力。因此，被监督者提供的信息常常是不完备和大打折扣的。而公众本身也是从个人利益或本团体和行业利益出发选择政治代理人，而非从公共利益出发。官员一旦决策失误，由此造成的资源损失可能远远大于企业家的投资失误。

由于政治家的行为源于自利动机，使得他们的选择实际上不是倾向于最大限度地增进公共利益服务，而是依据个人效用最大化原则。

政府决策往往不能符合增进公共利益服务这一目标，不能确保资源的最佳配置。有些政策的作用恰恰相反，它们削弱了国家干预的社会"正效应"，也就是说，政策效果往往是削弱而不是改善了社会福利。以寻租活动为例，利益集团往往通过各种合法或非法的努力，如游说和行贿等，促使政府帮助自己建立在某一经济领域的垄断地位，以获取高额垄断利润。政府权力的介入导致资源的无效配置和分配格局的扭曲，产生大量的社会成本，寻租者所得到的利润并非生产的结果，造成了扭曲的激励和社会效率损失。公共选择理论认为，市场经济条件下，最常见的寻租行为有四种：一是政府定价；二是政府的特许权；三是政府的关税和进口配额；四是政府订货。

在分析政治机构时，坚持个人主义方法论的西方公共选择学派对政府决策深表怀疑。正如布坎南所说的："公共选择理论以一套悲观色彩较重的观念取代了关于政府的那套浪漫、虚幻的观念。……在这里，有关政府及统治者的行为的浪漫的、虚幻的观点已经被有关政府能做什么、应该做什么的充满怀疑的观点所替代。而且，这一新的观点与我们所观察到的事实更为符合。"[①]

另一种态度是重视和发挥政府的作用。

与英美不同，日本、韩国、新加坡等亚洲国家和地区在经济赶超过程中，形成了强大的官僚主导的市场经济发展模式。这些地区的经济奇迹被认为是建立在儒家文化基础上"官主导"的结果。政府官僚机构被认为在经济增长奇迹中功不可没。

以日本为例，日本在战后高速增长奇迹中，呈现更强的政府干预特征。在国家与市场、企业之间，日本长期存在行政指导制度，为了实现经济赶超目标，作为经济主管部门的通产省（经济产业省的前身）其"立法和行政机构把90%的时间用在处理经济和产业界的有关问题上"。通过制定产业政策指导企业发展方向，每隔一段时期发

---

① ［美］布坎南：《自由、市场和国家》，吴良健等译，北京经济学院出版社1988年版，第282页。

表一个被称作"预测"的、"给国民增加信心"的经济发展计划，然后由政府决定优先发展哪些产业，并选择迅速发展指定产业的最佳方案，给予诸如低息贷款、财政补助、设备减税等的优惠政策，监督并指导行业内的竞争，以保证这些产业得到健康和有效的发展；对于那些正在衰退中的"夕阳产业"也给予足够的帮助，促使它们进行合并、减产或转产；为维持"有效竞争"，行政机构利用许认可权限限制某一领域的企业数目，并监督其产品质量及数量；在政府的指导下，工商业中的中小企业组成行业团体，内部相互协调，以求得资源的公平配置和防止过度竞争；除鼓励大型企业与其供应商和销售商之间建立起坚强的合作关系外，政府还通过强调终身雇佣鼓励劳资之间的合作，甚至出面说服工会组织将工资增长率纳入与经济增长率相适应的程度等。① 正是这种"行政指导"将日本社会团结成一个严密而有效的官民协调体制，将世界经济发展的未来预期与本国经济发展的阶段目标以及产业结构转换紧密结合，为战后日本经济的高速增长创造了条件。

除了制定产业政策的通产省外，日本政府的干预还体现在以大藏省（财务省和金融厅的前身）为中心的"护送舰队"式的金融行政上。"护送舰队"式行政管理模式可以说是日本政府对经济强干预在金融领域的具体体现。大藏省集国家税收制度、财政收支管理和金融行政管理等多项重要职能于一身，是金融行政的重要权力部门。战后，为了配合政府的经济复兴和赶超计划，大藏省金融行政的主要任务就是集中一切努力为战略产业提供稳定的资金来源。从战后到70年代，日本政府一直推行人为低利率政策，限定银行存款和短期贷款的利率上限，以保证储蓄资金以较低成本集中用于重点产业。作为一种对金融机构的补偿，政府对银行及其他金融机构进行保护，排除竞争，确保金融机构稳定。一方面对银行进行规制和限制、避免恶性竞争，另一方面保障其稳定的收入来源。长期以来，大藏省就是利用了

---

① 王新生：《政治体制与经济现代化》，社会科学文献出版社2002年版，第82页。

这种高度集中的权力，影响或控制着日本经济的资金流向，对经济高速增长和重工业化目标的实现发挥了积极的促进作用。20 世纪 70 年代中后期，日本赶超任务完成，在经济转型之后的未来成长产业的选择上，政府丧失了比较信息优势，使得"护送船队式"金融监管体制不再适应成熟型经济发展的需要。90 年代泡沫经济破灭，金融自由化的压力增大，"护送船队式"的金融行政体制才发生改变。

在战后二三十年经济高速增长过程中，日本形成了适合赶超战略的"政官民"一体的发展模式。一方面，政府为企业提供政策、资金等多方面支持和指导；另一方面，企业则与政府紧密合作，形成官民一体的经济协调发展。"商界与政府的精英之间存在着一种不受禁令约束的紧密关系，一种默契的合作关系……这种密切关系在整个经济里起着重要的作用，它允许商界和政府通过合作使国民福利最大化。"①

值得注意的是，这种指导和干预之所以有效与日本官僚队伍的高素质密不可分。1997 年，哈佛大学教授傅高义把日本的"精英官僚制"作为日本特有的体制提了出来，认为它"即使与世界（其他体制）相比也相当优秀"。历史上日本长期受儒家文化的影响，有着根深蒂固的"官本位"传统，公务员的选拔十分严格，淘汰率较高，被选拔上来的都是精英，相应的官僚也受到人们的尊敬和信任。在战后经济复苏和高速增长时期，政府各省厅对各行各业实施了卓有成效的指导，同时官僚们又是国家预算的实际控制者和执行者，本来在民主制下应该代表民意进行决策的国会议员实际上却处于从属的地位。在日本国会审议的议案中真正由议员提出来的只占议案总数的 30% 左右，绝大部分是政府有关省厅准备好，通过内阁会议向国会提出来的。"官高政低"的说法即源于此。民间社会对政府的依赖是以对官僚依赖的形式表现出来的。经济记者埃蒙·芬格尔顿在其影响巨大的

① ［美］保罗·克鲁格曼：《萧条经济学的回归》，朱文晖、王玉清译，中国人民大学出版社 1999 年版，第 58 页。

著作《Blindside》（1995 年出版，日语版名为《看不见的繁荣体系》）中写道："日本的官僚身上存在着道德水准高这一宝贵优点。"并把它作为"日本在 2000 年前超越美国的理由。""他们的行为只有在这一点上可以被判断，即：那对整个国家利益如何有用。日本官僚其目的是实现最大的幸福。另外，日本的官僚具有极其长远的目光，不仅考虑到如今日本的利益，还要承担起为将来一代人谋利益的责任。"

　　埃蒙·芬格尔顿热情地盛赞："大藏省官僚真的具有获得诺贝尔奖的价值。"大藏省官僚是"天才，富有创造力，坚忍不拔，有公德心。"在他们身上，"不仅有毅力和专业知识，还有理解人和人的需求的非凡感觉。"与"以贪欲为善"的欧美不同，"如今的大藏省高级官僚是'全心全意、匡扶正义'的活证据"。①但是，正如西方自由主义对政府失灵的批判那样，日本也存在政府对市场和企业的"越界"，造成保护落后、限制竞争的问题，也存在官僚权力扩张的内在冲动所造成的腐败和财政浪费问题。由于各省厅拥有巨大权限，把握着国家财政补贴的分配权、审批权和政策性减税的批准权。地方自治体、社会团体、企业为争取到更多的利益，运用各种手段对行政指导者进行拉拢腐蚀。这种现象在经济高速增长结束后愈发显露。无论是70 年代的"洛克希德公司行贿案"、80 年代的"里库路特公司行贿案"，还是 90 年代的"佐川快递公司行贿案"，无不同政府与企业过分密切的关系分不开。

　　在经济高速增长结束后，日本为了压缩公共财政开支，行政体制经过了多次的调整和改革，但是并没有从根本上改变日本官僚在国家治理中的主导地位。高效、稳定和专业的官僚体系在今天仍然发挥着重要的作用。无论在政治上因为党争造成内阁频繁更替，还是泡沫经济结束后的经济长期停滞，日本社会都相对比较稳定，主要源于日本有一支专业能干和稳定的官僚队伍。

----

　　①　［美］阿列克斯·科尔：《犬与鬼——现代日本的坠落》，周保雄等译，中信出版社2006 年版。

虽然存在这样那样的批评，但是官僚制度是现代社会管理的一个不可替代的有效的政府组织方式。如韦伯所分析的那样，政府官僚机构既是理性的，又是有效率的。"政府的官僚机构是已知的对人实行必要控制的最理性方法。在精确性、稳定性、可靠性以及纪律的严格程度等方面，它比其他任何形式都要更胜一筹。"① 但要获得它的益处、发挥它的积极功能，就必须了解其结构特征，以免被官僚制度的规则所控制，滑向非效率的境地。

对政府的两种态度反映了两种文化的差异，"亚洲人倾向于以百年和千年为单位来计算其社会的演进，把扩大长远利益放在首位"。而"美国人倾向于不信任政府，反对权威，赞成制衡，鼓励竞争，崇尚人权，倾向于忘记过去，忽视未来，集中精力尽可能扩大眼前的利益。"②

（二）中国经验

中西文化对政府的观念有很大区别。以英美为代表的西方资本主义国家从个人主义和自由主义出发，将政府与社会、公权与私权对立起来。强调自由是一种个人本位的权利，政府最大的危害是对自由的约束。政府的有限权力仅仅是作为一种"必要的恶"存在，"个人与政府之间被塑造成一种以矛盾对立为主的关系"。

在中国 5000 年文明传承中，国家和政府在中国人心目中的地位和作用与西方文化截然不同。一方面，中国传统儒家思想中认为君王与百姓是相互依存的关系。孔子曰："夫君者舟也，人者水也。水可载舟，亦可覆舟。君以此思危，则可知也。"儒家关于修身、齐家、治国、平天下的治国理念，以及"水能载舟、亦能覆舟"的告诫始终是历朝历代开明君主以及为官者的行为准则。另一方面，中华文明

---

① ［美］丹尼尔·A. 雷恩、阿瑟·G. 贝德安：《管理思想史》，孙健敏等译，中国人民大学出版社 2014 年版，第 264—265 页。

② ［美］塞缪尔·亨廷顿：《文明的冲突》，周琪等译，新华出版社 2013 年版，第 201 页。

是在各民族不断融合发展的过程中孕育形成的。多民族融合的过程需要统一而有效的国家来为"斯土斯民"提供普遍的秩序、安全和福利。近代以来，中华民族受到外来侵略，面临亡国灭种的危险，要应对"三千年未有之大变局"，实现救亡图存的任务，客观上需要有强大的国家和政治组织来凝聚起民族力量。中国共产党成立后，顺应了历史发展的趋势要求，把人民要解放和民族要独立的历史诉求与社会主义道路相结合，把马克思主义与中国革命实践相结合，带领人民实现了推翻"三座大山"的压迫，得到了人民的拥护，取得了人民的信任。

新中国成立以后，中国面临着西方的经济封锁，国内生产生活资源缺乏。要集中有限资源巩固国防，建立现代工业化的基础，同时要不断满足人民日益增长的物质文化需要，既需要发挥人民的积极性、主动性和创造性，更需要党的集中统一领导、制定正确的路线方针和政策。无论从中国传统政治思想还是从社会主义价值追求来看，中国在面对任何一个发展阶段的历史任务时，其选择都不是个体至上，个人利益永远不能压倒人民的整体利益。中国人理解的国家和政府是公共利益的代表，其目的是防止任何个体和集团凌驾于社会整体利益之上。在中国文化中，强调个人、社会和国家的统一性而非对立性。

改革开放后，尽管我们对社会主义与公有制之间的关系有了新的认识，对国家、集体与个人的利益关系做了一定的调整，肯定了市场的功能，制定了更符合社会主义初级阶段的经济政策和方针，对个人财产和非公有制经济及其产权予以充分认可并加以保护。但是，中国仍然坚持共同富裕的发展目标，坚持效率与公平兼顾，坚持国家、集体与个人的利益相统一。这既是对中国家国一体、官民一体的中华民族共同体价值观的历史传承，也是对成功引领中国实现民族独立和解放的社会主义价值观的坚守。这一价值立场和文化理念与西方存在根本的不同。

回顾中国的改革开放实践，在处理政府与市场、政府与企业关系上，中国始终坚持走自己的路。改革开放以来，中国政府职能发生转变，不断从资源配置领域退出，对于中国能否在市场化改革中保持社会主义方向，能否克服市场的不足，国内外一些学者始终存有疑问。西方新自由主义认为，市场化改革必然会推动一个国家全面私有化。20世纪80年代末90年代初，苏东一些国家的市场化改革纷纷抛弃了公有制，放弃共产党的领导权，走上了彻底拥抱"华盛顿"共识的全盘西化之路，国内也出现了"自由化"思潮。一些"西化"派学者把国有企业看成是市场经济改革的阻碍，把"国进民退"还是"民进国退"、土地私有化程度看成是衡量改革发展还是倒退的标准，把以个人主义为核心的西方新自由主义经济学作为评判中国经济改革是否彻底的理论依据。在国内外政治经济愈加复杂的环境下，原本支持改革的一些马克思主义学者也开始担心政府会被"资本"所俘获、成为"权贵资本"代言人，进而出现否定改革的声音。

在一系列质疑和考验面前，中国共产党始终坚持"两点论"，坚持把市场这只"看不见的手"与政府这只"看得见的手"相结合。一方面，坚持把市场化改革作为"解放和发展生产力"的必由之路，不断减少政府对资源的直接配置，释放市场活力，党的十八届三中全会把市场从资源配置的"基础性作用"提升到"决定性作用"，更显示出中央深化改革的决心；另一方面，在推进市场化改革的同时始终用好政府这只"看得见的手"，坚持"两个毫不动摇"，即"毫不动摇巩固和发展公有制经济""毫不动摇鼓励、支持和引导非公有制经济发展"，强调民营企业和国有企业不是对立而是要公平竞争、相互补充和相互借鉴。坚持在经济改革和建设中把"看得见的手"与"看不见的手"相结合，一方面，大幅度减少政府对资源的直接配置，使政府从计划经济条件下的全能政府变成市场经济条件下的有限政府，从经济活动的参与者转变为市场秩序的维护者。另一方面，始终坚持公有制经济的主体地位，更好发挥政府这只"看得见的手"的调控功能，加强市场监管，保障改善民生，维护社会公平。对于市场经济与社会主义的关系，市场与政府的作用，中国共产党始终坚持"两点论"和辩证法。认为市场与政府不是对立关系，二者职能定位不同，统一服务于社会主义的建设发展目标，既不能用市场功能取代和否定政府功能，也不能用政府作用取代和否定市场作用。

私有制和自由放任市场经济最终只能把社会引向两极分化，形成以"资"为本的社会，引发阶级对立和冲突。这是马克思早已预见和批判过的。改革开放之初，邓小平就指出，中国的市场化改革只能走社会主义道路，"如果走资本主义道路，可能在某些局部地区少数人更快的富起来，形成一个新的资产阶级，产生一批百万富翁，但顶多也不会达到人口的百分之一，而大量的人仍然摆脱不了贫穷。"[①]此外，中国的市场实践也表明，市场不是万能的，存在自发性、盲目性，存在市场失灵。包括"资本"对"劳动"的过度占有、制假贩假、资源环境破坏，经济的"脱实向虚"，以及资本越出经济领域与权力勾结，带来腐败和不公平。政府的作用必不可少。改革开放以来中国的经济成就一方面得益于市场的作用，另一方面离不开政府的作用。在政府与市场的关系问题上坚持"两点论"和辩证思维，坚持公平与效率相统一，使中国既没有停止深化经济改革的步伐，也没有掉进私有化的陷阱。

由于我国民营企业家的成长环境各不相同，他们的政治面貌、文化素养和行业领域各不相同，因此他们的价值取向既具有共性，又存在差别。大部分民营企业的管理者对目前的经济体制和经济政策较为认可，在生产经营中能够遵纪守法、诚实守信，重视企业、个人形象以及社会美誉度、信任度，愿意在各级党委、政府组织下参与扶贫济困、光彩事业等公益活动，具备一定的社会责任意识。但依然存在不少民营企业只顾眼前利益，不图长远发展，在生产经营中投机取巧、不择手段，做出损人利己的行为。

党的十八大以来，中共中央多次强调要用社会主义核心价值凝聚民心，尤其强调企业家和企业家精神对市场经济改革的重要作用。提出构建"亲"和"清"的新型政商关系，共筑中华民族伟大复兴中国梦的"同心圆"。

---

① 《邓小平文选》第三卷，人民出版社1993年版，第208页。

在 2018 年 12 月召开的第十七届中国企业领袖年会上,《中国企业家》杂志社社长何振红在致辞中表示,改革开放 40 年,虽然过程曲折艰难,但是国家发展、人民富裕。在闯过一个又一个的思想关口,一重又一重的利益关隘,一道又一道制度关卡之后,在中国,包括企业家在内的各个阶层,已经形成一个改革共同体,在一些关键问题上达成共识。这些共识包括:第一,唯有中国特色社会主义道路才能发展中国。40 年来我们开辟了中国特色社会主义道路,迎来了中华民族从站起来、富起来到强起来的伟大飞跃。坚持党的领导是中国特色社会主义最本质的特征,也是最大的优势。第二,唯有改革开放才能实现中华民族的伟大复兴。在改革开放的伟大实践中,中国释放出无穷的创造力。第三,相信市场的力量。在建立起社会主义市场经济的改革中,在市场与政府之间谁来配置资源的问题上,打破价格管制坚冰,让市场配置资源,让供求关系、竞争机制、优胜劣汰走上前台,做市场力量的信仰者、守候者和践行者。第四,弘扬企业家精神。企业家精神是改革开放 40 年来最宝贵的财富。企业家凭借着创新的灵魂,凭着敢为人先的冒险精神,做别人不敢做的事,闯别人不敢闯的关,永不退缩。企业家把个人理想和国家前途命运结合在一起,以蚍蜉撼树之力成为改变世界的重要力量。在 2017 年度全球 500 个经济体的排名中,入选这 500 个经济体的只有 96 个国家和地区,而企业或公司有 404 家。其中美国公司 108 家,中国公司 95 家。不少公司已经成为拥有可以匹敌国家的经济实力。

作为中国的改革共同体,无论是民营企业、国有企业还是外资企业,这些理念都成为共识,都得到奉行。并且各个主体命运相连,利益攸关,荣辱与共,唇齿相依。[①] 习近平总书记明确指出:"把最大公约数找出来,在改革开放上形成聚焦,做事就能事半而功倍。"[②]

---

① 马吉英:《改革共同体》,《中国企业家》2018 年第 23 期。
② 习近平:《把握全面深化改革的内在规律,坚持正确的方法论》,人民网 2014 年 8 月 4 日,http://jhsjk.people.cn/article/25395110。

用改革开放的"关键一招"实现民族伟大复兴的"中国梦",这是全体中华儿女的共同愿望。在这个奋斗目标和实现路径的指引下,要不断凝聚共识、形成合力,就必须寻求最大公约数。寻求公约数的过程,就是统一思想、达成共识,进而形成合力、形成聚焦的过程。共识与合力成正比,共识越多,合力越强,公约数就越大。

二　教育引导与帮扶解困相结合

(一)建立"亲清"政商关系

过去受"左"的观念影响,党内曾一定程度上存在不加区别地把非公经济主体等同于剥削者的观念,对企业家的道德能动性发挥产生不利影响。改革开放以来,民营企业地位得到承认,民营经济的发展获得了政府的政策支持,政商关系发生了根本改变。党的十八大以来,中共中央进一步肯定了企业家和企业家精神对市场经济改革的重要作用,并要求政府官员在与民营企业打交道时进一步转变态度,构建"亲"和"清"的新型政商关系,

2016 年 3 月全国两会期间,习近平总书记在看望参加政协会议的民建、工商联界委员时,首次提出要构建"亲"和"清"的新型政商关系。对领导干部而言,所谓"亲",就是要坦荡真诚同民营企业接触交往,特别是在民营企业遇到困难和问题情况下更要积极作为、靠前服务,对非公有制经济人士多关注、多谈心、多引导,帮助解决实际困难。所谓"清",就是同民营企业家的关系要清白、纯洁,不能有贪心私心,不能以权谋私,不能搞权钱交易。对民营企业家而言,所谓"亲",就是积极主动同各级党委和政府及部门多沟通多交流,讲真话,说实情,建净言,满腔热情支持地方发展。所谓"清",就是要洁身自好、走正道,做到遵纪守法办企业、光明正大搞经营。新型政商关系的提出在领导干部和企业家中引起巨大反响,使双方都有了一杆秤,明白彼此交往所应遵循的准则和尺度,为建立公平竞争的市场环境起到了关键的作用。为用社会主义核心价值观约

束和引领民营企业行为、企业发展方向创造了条件。

第一，正人先正己，各级党的领导干部要首先成为社会主义核心价值观的践行者。

民营企业的健康发展关系着国家富强、人民幸福。作为领导十几亿人口大国的大党，中国共产党始终强调"办好中国的事情，关键在党"。这既是中国传统为政者"修身、齐家、治国、平天下"的责任和使命使然，也是马克思主义执政党的宗旨和要求。价值观的引领首先是人格的塑造，部分非公经济人士对党的领导干部作风不满意，影响了民营企业对社会主义的价值认同。民营企业在创业阶段和转型过程中不可避免地会遇到各种困难、遭遇政策"瓶颈"，在与政府部门打交道的过程中，部分民营企业受到"玻璃门""弹簧门"等不公正待遇，部分领导干部表现出来"门难进""脸难看"的冷漠态度。特别是腐败现象的存在，导致市场的不公平竞争，使部分非公经济人士对政治生态不满，直接影响了社会主义核心价值观对民营企业的引领作用。

作为与民营企业家打交道的党的各级领导干部首先要加强自身的党性修养，党的组织首先要成为廉洁自律、勇于奉献和不断创新、本领过硬、自觉践行社会主义核心价值观的政治组织。新型政商关系，就是要领导干部同民营企业家的关系要清白、纯洁，不能有贪心私心，不能以权谋私，不能搞权钱交易。而在实际工作中，一些官员混淆了权力的公私属性，认为"有权不用，过期作废"，把人民赋予的公共权力当作谋取私利的手段，竭尽所能将权力变现。部分官员在与民营企业打交道的过程中，要求回报的心理比较突出，甚至认为民营企业赚来的钱是自己"帮忙"的结果，在收受贿赂时心安理得，完全丧失党性原则。一些官员在与企业家接触时，存在收入差距的心理落差，认为自己付出与收益不匹配，也促使其不能抵制金钱诱惑。

正如公共选择理论所分析的那样，政府也不是永远公正、大公无私，也存在政府权力"失灵"。政府权力既存在为公共利益服务的"善"的一面，也可能出现公权私用、权钱交易等损害社会公众利益的"恶"的一面。在从计划经济向市场经济转轨过程中，由于政府与市场边界的模糊，使得政府官员在与民营企业打交道的过程中存在越界冲动和越界行为，造成政商关系出现扭曲现象。为此，中央狠抓党的建设，重拳反腐。习近平指出："如果管党不力、治党不严，人民群众反映强烈的党内突出问题得不到解决，那我们党迟早会失去执政资格，不可避免被历史淘汰。这决不是危言耸听。"① 他强调，凡是影响党的创造力、凝聚力、战斗力的问题都要全力克服，凡是损害党的先进性和纯洁性的病症都要彻底医治，凡是滋生在党的健康肌体上的毒瘤都要坚决祛除。为此，中央作出八项规定，深入开展党的群众路线教育实践活动，加强"三严三实"专题教育和"两学一做"学习教育。通过补足共产党人精神上的"钙"加强思想建党，通过把权力关进制度的笼子里加强制度治党，同时把思想建党和制度治党紧密结合起来；大力加强党的纪律建设，用铁的纪律维护党的团结统一，管住全体党员；坚持"老虎""苍蝇"一起打，以零容忍、全覆盖、无禁区态度深入开展反腐败斗争。

习近平告诫全党"人民群众最痛恨腐败现象，腐败是我们党面临的最大威胁。"推进全面从严治党，把纪律和规矩挺在前面，必须牢牢抓住领导干部这个"关键少数"，强化党章党规意识，落实党纪严于国法要求，一级带一级，层层传导压力，为依规管党治党、重塑纪律生态奠定坚实基础。强调全体共产党员特别是党的领导干部，要坚定理想信念，始终把人民放在心中最高的位置，弘扬党的光荣传统和优良作风，坚决反对形式主义、官僚主义、享乐主义、奢靡之风，坚决同一切消极腐败现象作斗争，永葆共产党人政治本色，矢志不移地为党和人民事业而奋斗。②

长期以来，中国共产党一党长期执政的合法性屡屡受到西方质

---

① 《十八大以来重要文献选编》（上），中央文献出版社 2014 年版，第 349—350 页。
② 习近平：《坚定不移全面从严治党，不断提高党的执政能力和领导水平》，人民网，2017 年 11 月 8 日 http：//jhsjk. people. cn/article/29635045。

疑，并被西方认为中国的经济改革会因此受挫、不会成功。20 世纪
90 年代末，世情、国情、党情发生了巨大变化，中国共产党面临
"执政考验、改革开放考验、市场经济考验、外部环境考验"，面临
着长期执政所带来的"精神懈怠的危险、能力不足的危险、脱离群众
的危险、消极腐败的危险"，对此，中国共产党坚持通过自我革命予
以回应。中央提出"党要管党、从严治党"。一方面，将中国传统的
"修身、齐家、治国、平天下"的政治素养和"内足以修身、外足以
经世"的人格要求，在新的历史条件下转化为共产党人"严以修身、
严以用权、严以律己"，"谋事要实、创业要实、做人要实"的人格典
范。另一方面，从建设学习型政党到践行"三个代表"思想，从克
服"四大危险"、应对"四大考验"的警示，到提高党的治理水平和
治理能力现代化，从持续的反腐败行动和强化党内监督自律处分条例
法规，到坚持"选贤任能""德才兼备"的用人标准，中国共产党通
过自我革命保持党的先进性和纯洁性。

　　面对深化改革攻坚期国内经济发展的诸多矛盾和问题，习近平总
书记强调，"打铁必须自身硬"，党面临的"赶考"远未结束，全党
要牢记毛泽东同志提出的"我们决不当李自成"的深刻警示，要有
"生于忧患，死于安乐""居安思危，思则有备，有备无患"的忧患
意识，要强化新时代的责任担当，不断增强党驾驭全局、大局的能力
和力量，从容应对复杂多变的国内外局势。正是这样的使命和责任担
当，推动中国共产党始终走在时代前列，带领人民开拓出一条人类历
史上从未有过的中国特色社会主义发展道路，取得经济改革的成功。
习近平总书记在纪念中国共产党成立 95 周年大会上强调："全党要以
自我革命的政治勇气，着力解决党自身存在的突出问题，不断增强党
自我净化、自我完善、自我革新、自我提高能力。"① 通过提高"四
自能力"保持和发展党的先进性和纯洁性。

---

　　① 《习近平在庆祝中国共产党成立 95 周年大会上的讲话》，《人民日报》2016 年 7 月
2 日第二版。

在西方"尚贤"文化退化，把法律、程序等制度安排作为唯一合法性依据的话语体系下，中国共产党坚持依法治国与以德治国相结合，坚持把党自身建设好作为合法性的关键，强调"中国共产党的领导是中国特色社会主义最本质的特征"，把经济改革成败与党的事业兴衰相统一。使中国共产党成为社会主义核心价值观的践行者和合格的引领者。

第二，引导民营经济从靠权力向靠市场、靠法治转变。

引导民营经济从靠权力向靠市场、靠法治转变，实际上是一个向公平竞争转变。在中国，素有商人依附官僚的传统，在封建社会"士农工商"的职业等级序列中，商业排在末位。商人长期缺乏主体认同，一端是官员们大权在握，一端又是官商勾结。王亚南在《中国官僚政治研究》一书中说："秦汉以后的历代中国商人都把钻营附庸政治权力作为自己存身和发财的门径。"王毅在《中国皇权制度研究》一书中写道："托庇于官僚政治之下，是制度环境对于中国商人生存出路的根本性规定。""中国商人具有与西方企业家完全不同的想法：中国的传统不是制造一个更好的捕鼠机，而是从官方取得捕鼠的特权"。[①]费孝通在《乡土中国》中考察了中国的"熟人社会"对于交往习惯的影响，在中国传统社会中，由于人们居住地域相对稳定，私人联系的增加构成了一张张"熟人社会"的关系网，这种"熟人关系"会削弱法律秩序，人们遇到问题不是想着怎样按照法律和规则来解决，而是先"找关系"。[②]

改革开放后，一些民营企业延续了中国的这一官商传统，把精力用于经营政商关系，而不是经营市场。由于我国非公有制经济的发展时间短，基础薄弱，政策操作限制较多，部分非公有制企业为了获取政策上的便利，时常利用利益诱导官员达到目的，把找关系、经营人

---

① 转引自吴晓波《浩荡两千年：中国企业公元前7世纪—1869年》，中信出版社2012年版，前言XVI。

② ［美］费正清：《美国与中国》，商务印书馆1971年版，第43页。

脉和贿赂官员看成是"投资",把由此获得的政策倾斜当作投资收益。从而滋生了政治与资本合谋等腐败现象。党的十八大以来,从中央惩治腐败行动中所查处的案件来看,背后大都存在"官商勾结"问题。一个落马官员背后往往涉及几个、几十个甚至数百个的商人。在周永康案中,有 300 多人被列入调查名单,其中就包括许多民营企业家。大量官商勾结的腐败案件,究其本质来讲,是资本的逐利手段不受约束与政府公共权力私用相结合的结果。

2013 年 11 月党的十八届三中全会强调,要"使市场在资源配置中起决定性作用",进一步明确了民营企业在资源配置中所应发挥的市场主体功能和责任。党的十八大以来,随着反腐败斗争的不断深入,净化政治生态、经济生态和理顺市场秩序成为深化市场改革的重要方向。在这一过程中,民营企业也受到了教育,提升了认识,增强了对自身在维护市场声誉中的主体责任意识。

2015 年 6 月,多个国内知名企业联合发起成立了中国企业反舞弊联盟,推动廉洁从业。在 2015 年 10 月举行的第三届世界浙商大会上,阿里巴巴董事局主席、浙商总会会长马云倡议:"浙商永远不参与任何行贿,如果我们的会员参与行贿,就清除出去……我们拼真本事,拼的是睡地板,拼的是勤奋,拼的是不断改变自己,拥抱变化。"①"永不行贿"逐渐被民营企业家所认同,成为企业自律的底线。马云发出"永不行贿"的号召,顺应了建设法治国家的需要,顺应了建设干净健康政商关系的需要。

第三,激发企业家精神。

内因是事物变化发展的内在根据,是事物运动的源泉和动力。企业家是社会的稀缺资源,是市场经济的活力之源。市场条件下企业功能的发挥大部分需要企业家来完成,企业家的责任意识对于财富创造的路径选择起着决定性作用。习近平强调,"市场活力来自于人,特

①《马云世界浙商大会演讲:永远不要行贿》,腾讯网 https://new.qq.com/rain/a/20151026010110。

别是来自于企业家，来自于企业家精神。"① 优秀的企业家可以影响一个行业的创新发展，甚至会影响一个国家的生产力和经济活力。引领企业家把企业自身发展与社会责任、国家命运前途相结合，把企业家的奋斗精神与践行社会主义核心价值观相结合，是保持企业家不懈努力、持续创新的动力源泉。改革开放以来，我国涌现出一批优秀企业家，他们为我国经济发展和社会进步作出了突出贡献。

2018 年 11 月，在纪念改革开放 40 周年之际，中共中央公布了拟表彰的包括科学家、教育家、经济学家、企业家和基层改革带头人、文体界名人等百名杰出贡献者名单。在百名杰出贡献者名单中，共有 28 位企业界代表，其中民营企业家多达 17 人。这与改革开放中，民营经济撑起我国经济"半壁江山"的贡献相契合。从行业来看，其中既有互联网公司代表，如阿里巴巴（中国）有限公司董事局主席马云，腾讯科技（深圳）有限公司董事会主席、首席执行官马化腾，百度在线网络技术（北京）有限公司董事长、首席执行官李彦宏；也有来自家电、汽车、农牧业等行业的代表，如海尔集团党委书记、董事局主席、首席执行官张瑞敏，浙江吉利控股集团董事长李书福，新希望集团有限公司董事长、总裁刘永好等。

登上改革开放的光荣榜，既是民营企业家自身奋斗的结果，也是中共中央代表全国人民对民营企业带头人所做贡献的充分肯定。这一点在对企业家所做贡献的介绍中可以得到印证，以互联网三位企业家为例，其介绍如下：

阿里巴巴（中国）有限公司董事局主席马云。他创立了阿里巴巴集团，打造了全球最大电子商务平台，年交易额达数万亿元，成为拉动内需巨大推动力；创建互联网支付、物流体系等，为中小企业打造商业基础设施；建立全球领先移动支付网络，通过大数据技术建立新型社会诚信体系；自主研发飞天操作系统，奠定我国云计算基础；首

---

① 《习近平在亚太经合组织工商领导人峰会开幕式演讲》，《人民日报》2014 年 11 月 10 日第二版。

倡世界电子贸易平台（eWTP），并推动写入二十国集团领导人峰会公报，成为践行"一带一路"倡议的重要民间力量。在他的带领下，阿里巴巴集团跻身全球企业市值前十，使我国在电商、互联网金融和云计算领域的国际竞争中居于领先水平，带动了一大批企业家和创业青年改革创新、锐意进取。荣获"浙江省优秀中国特色社会主义事业建设者"称号。

腾讯科技（深圳）有限公司董事会主席、首席执行官马化腾。他创立并带领腾讯，从一个仅有 5 人的小企业成长为全世界最具影响力的互联网公司之一。提出"互联网＋"概念，大力推动微信、QQ、在线支付等互联网应用，从民生政务、生活消费、生产服务、生命健康、生态环保等方面推动数字化转型升级，在实体经济和数字经济、传统行业和科技创新融合发展等方面发挥了重要作用。搭建腾讯基金会平台，倡导全民公益理念，通过信息技术打造广泛参与、透明可信的公益新格局。荣获"中国优秀民营科技企业家"称号和"南粤突出贡献奖"。

百度在线网络技术（北京）有限公司董事长、首席执行官李彦宏。他秉持"用科技让复杂的世界更简单"的理念，20 世纪 90 年代率先深入研究搜索引擎技术，拥有"超链分析"技术专利。2000 年归国创业成立百度公司，发展成为全球第二大独立搜索引擎和最大的中文搜索引擎。注重人工智能前沿科技研究，推动人工智能、大数据等技术与制造、汽车、教育、金融、生活服务等领域的深度融合及在社会治理方面的应用，助力我国经济的高质量发展和智慧城市的构建。成立百度基金会，促进公益事业。荣获"首都杰出人才奖"等。

此外，其他登上改革开放光荣榜的民营企业家也都在不同时期获得过各种荣誉，比如：新希望集团有限公司董事长、总裁刘永好，荣获"全国劳动模范"称号和"全国脱贫攻坚奉献奖"，先后担任第九届、十届全国政协常委，第七届、八届全国工商联副主席；浙江吉利控股集团董事长李书福，荣获"浙江省非公有制经济人士新时代优秀中国特色社会主义事业建设者"称号，担任全国工商联副主席（兼

职）；海尔集团党委书记、董事局主席、首席执行官张瑞敏，荣获
"全国劳动模范""全国优秀共产党员"称号，担任第十六届、十七
届、十八届中央候补委员；正泰集团股份有限公司董事长南存辉，荣
获"优秀中国特色社会主义事业建设者"等称号，担任全国工商联
副主席（兼职）、第十二届、十三届全国政协常委；万向集团公司董
事局原主席鲁冠球，曾荣获"全国劳动模范""全国五一劳动奖
章"等。

　　企业家们的入选集中体现了中国民营企业家的创新精神和永不满
足的奋斗精神。当前，我国经济发展正在从要素驱动转向创新驱动，
更加需要充分激发企业家精神。应着力营造更加公平规范的市场环
境，让企业家能够集中精力研究市场需求，最大限度地发挥企业家才
能，提高生产管理效率；着力营造鼓励创新、允许试错、宽容失败的
社会氛围，尊重企业家的创新精神和实干精神，让他们切身感受到社
会的理解和信任。

　　习近平总书记在十三届全国人大一次会议广东代表团审议会上强
调，发展是第一要务，人才是第一资源，创新是第一动力。中国如果
不走创新驱动道路，新旧动能不能顺利转换，是不可能真正强大起来
的，只能是大而不强。面对全球化和新工业革命背景下全球产业体系
重构、经济结构调整，面对信息化社会大众消费内容和消费方式的急
剧变化，中国企业能否摒弃过去赖以生存的低成本、同质化、范围扩
张的发展模式，在尽可能短的时间内实现向创新驱动、差异化、重质
量的效益增长发展模式转型，在全面参与新一轮全球产业体系重构中
培育出新的竞争优势，要靠创新、靠人才。

　　传统上，中国商人有小富即安的心态，阻碍了企业的创新，也是
很多民营企业小老板不能做大做强的原因。激发民营企业不断进取、
持续奋斗，保持创新动力，需要教育引导民营企业家树立更高追求和
更远目标，教育引导民营企业家把社会主义核心价值观与企业家精神
相统一，把强国梦与企业梦相结合，把全面建设小康社会、实现中华
民族伟大复兴的历史责任作为民营企业不断开拓进取的精神动力之

源。通过教育引导使企业家的追求与党的事业相向而行，发挥政企合力使民营企业做大做强。党的十九大之后，习近平总书记希望广大个体私营企业家们"要认真学习贯彻党的十九大精神，弘扬企业家精神，发挥企业家作用，坚守实体经济，落实高质量发展，在全面建成小康社会、全面建设社会主义现代化国家新征程中作出新的更大贡献"。[①]

（二）教育引导民营企业担负起社会主体责任

民营企业既是市场主体，也是社会主体。用社会主义核心价值观引领民营企业发展必然要求企业承担社会责任。党的十九大报告指出，中国特色社会主义进入新时代，我国社会主要矛盾已经转化为人民日益增长的美好生活需要和不平衡不充分的发展之间的矛盾。新时代的企业发展目标要与社会主义的发展目标相统一，满足人民对美好生活的需要。

一是对企业内部的责任。

要引导企业处理好劳动关系，要让企业家认识到企业发展与员工个人发展密不可分，只有协调好企业利益与个人利益才能调动企业员工的主动性、积极性。教育引导民营企业发展要坚守企业与员工命运共同体的理念，要坚持"共建、共享、共赢"理念，营造尊重、关心、爱护企业员工的良好氛围，激发员工的奋斗精神和创造活力，让员工各得其所、各施其长。

企业的目的究竟是为股东带来最大价值，还是让员工获得最大幸福？2010 年，78 岁高龄的稻盛和夫应日本政府的再三邀请，出任破产重建的日本航空公司的会长，仅仅用了一年时间就使日航起死回生，成为世界企业经营史的经典案例。78 岁高龄，十足的外行，零薪水出任会长，稻盛和夫带着"追求全体员工物质和精神两方面幸

---

① 习近平：《弘扬企业家精神发挥企业家作用，坚守实体经济落实高质量发展》，《人民日报》2018 年 1 月 23 日第一版。

福"的理念和目标在日航践行其经营哲学。相较于为旅客提供服务和为社会做贡献，日航把员工的幸福放在了第一位。这个理念一开始并不被企业各部门的高层所理解和接受，各部门的高层认为，不是应该向旅客提供最优质的服务才是航空企业的生存之道吗？对此，稻盛和夫这样回答："过于崇高的企业理念员工是没办法明白的。""正是因为企业员工乐于追求个人幸福，才会为客户提供高水平的服务，才会实现企业的价值和对社会做出贡献。不论你提出多么崇高的理念，如果员工从心理不接受，觉得做不到，也只是曲高和寡。也可以说，只有先实现员工身心两方面的幸福，员工才能提供好的服务，从而为社会做出贡献。"

"这是一个经营承诺，是我们对员工的承诺。只有这样，我们才有底气让员工跟着我们奋斗。"实际上，日航首先是为了员工度过美好的人生，企业追求全体员工物质和精神两方面幸福，在此前提下，企业的另一个目标是"向旅客提供最高水平的服务"和"提升企业价值，为社会的发展和进步做出贡献"，创建一个崭新的日航。通过教育，日航层层向下传递这样的企业理念，但日航并不强迫，也并不否定每个人的生活方式，只需要志同道合者留在日航。即所谓的"道不同，不相为谋"①。

无论是稻盛和夫带领京瓷跨越半个世纪的成功，还是日航的 600 天扭亏为盈，都只是表面现象。背后的深刻本质是公司上下在稻盛和夫的引领之下，对"作为人，何为正确"这一命题的不断思索、认知和践行。

20 世纪 80 年代以来，东亚经济的腾飞使得以儒家伦理为特征的东亚企业文化受到西方管理学界的关注，西方传统的科学"理性主义"管理观点得到修正，人文、伦理和企业价值观受到重视。管理学家在评价汤姆·彼得斯与罗伯特·沃特曼《追求卓越》一书时更是

---

① ［日］引头麻实：《日航重生：稻盛和夫如何将破产企业打造为世界一流公司》，陈雪冰译，中信出版社 2014 年版，第 76 页。

进一步指出："优秀企业的秘诀在于懂得人的价值观和伦理，懂得如何把它们融合到公司战略中。""这场卓越革命的基本伦理是对人的尊重。这是企业关心顾客、关心质量背后的根本原因，也是理解优秀企业难以置信的责任感和业绩的关键。"[①]

中国很多优秀民营企业也在致力于建立企业与职工命运共同体的管理文化，用"共同愿景"规划企业未来发展目标，使员工跟企业在价值观上能够保持高度一致；用"共同利益"激励员工，通过薪酬、股权等的激励使企业发展与员工利益紧密捆绑，使员工能够享受到发展的成果，有更多的获得感；用"共同责任"约束员工，增强员工爱企业、维护企业利益的主人翁责任感；用"共同发展"为员工在职业生涯发展上创造机会，提供平台，强化企业发展的内生动力。

2005年1月，中国人力资源网站——中国人才热线（JOBS-DB. COM. CN&CJOL. COM）举行了首届"2004年最具员工成长价值企业"评选，其中，海尔、华为、TCL、万科集团、联想集团等十家企业荣获首届"最具员工成长价值企业"称号。这说明"人本管理"和员工的成长已经引起中国企业的高度重视。在获奖企业名单中，海尔、TCL、中集、万科……均为各行业的领军企业，且多具有20年左右的发展历史。这些大企业制度相对完善、理念更为成熟，在为其他企业树立榜样和方向的同时，也在引领着众多民营企业的成长。

马云曾经说过，我们的目标使命和价值观是阿里巴巴走下去的动力。事业想做大，人是第一位的。马云认为，一个企业最大的财富就是员工。员工高兴了，就会把快乐传递给客户，客户也就高兴了。客户高兴了，公司也就跟着高兴了。"我们坚信员工不成长，企业是不会成长的。"福耀玻璃董事长、民营企业家曹德旺认为："要保证企业的高效益，先策划保证员工的高工资，因为企业真正的利润是员工

---

① 《管理伦理学：管理科学发展的第三个里程碑——访中央党校哲学部戴木才教授》，《学习时报》http://www.china.com.cn/chinese/zhuanti/xxsb/896530.htm。

贡献的。同时，企业家所做的事情必须瞄准着国家的需要、社会的需要，才会做得起来。"企业家必须有这样的境界和胸怀："国家会因为有你而强大，社会会因为有你而进步，人民会因为有你而富足。"[①]这就是企业家做的事情。

员工作为企业发展最重要的要素之一，直接关系到企业的生死存亡。随着时代变迁，企业员工诉求也发生了变化，以 2018 年浙江民营企业的调查为例，企业员工结构呈现如下新趋向：其一，员工年龄越来越年轻。一些新兴产业员工年轻化趋势尤为明显，阿里巴巴、网易员工平均年龄都在 28 岁左右。与此对应的是年轻员工的思想观念、思维方式、处事态度、价值理念、事业追求等都发生了新的变化。其二，员工学历越来越高。传化集团员工本科以上学历占比达到42.4%。高新技术和新兴产业员工学历水平更高，网易员工本科以上学历达到 100%，其中硕士研究生以上占 60%。其三，员工诉求越来越多元。员工对自身权益的主张，从以前的单一关注薪资，上升到对工作生活环境、职业发展前景、休息权益保障、隐性福利待遇等全面诉求。

在劳动关系和谐状况方面，民营企业还存在很多问题。调查发现，一方面，73.2% 的民营企业表示对和谐劳动关系建设越来越重视。认为"企业与员工为合作关系和利益共同体"的占 91.1%，而认为是雇佣关系的仅占 11.6%。

另一方面，为数众多的民营小微企业在生产经营过程中，劳动关系不和谐问题仍然较多。比如，小微企业用工不规范，各种劳动关系问题仍然不同程度地存在。建筑、餐饮、服装等劳动密集型行业，劳动争议纠纷频发。农民工、高管和高级技术人员流动大、跳槽频繁，成为与企业产生劳动纠纷的重点群体。去年，浙江全省劳动人事争议仲裁机构和调解组织共处理劳动人事争议案件 11.39 万件，涉及劳动者 17.36 万人；通过加强劳动保障监察执法，为 10.27 万名劳动者追

---

① 程冠军：《企业家论语》，企业管理出版社 2014 年版，第 156 页。

讨工资等待遇 9.68 亿元。又如，社保类争议频发。当前，由于我国社会保险制度不够完善，社会保险争议特别是工伤保险待遇案件总量较大。2017 年，浙江全年认定（视同）工伤人数为 15.52 万人，比上年增加 0.44 万人；享受工伤保险待遇人数为 19.42 万人，比上年增加 0.74 万人。①

由于中国民营企业发展时间短，各种因素叠加导致企业文化建设落后，人本管理跟不上。教育、引导民营企业建立"企业与员工命运共同体"的企业管理制度既是一个长期的过程，也是一个需要持续努力的任务。

二是对消费者的责任。

部分民营企业违背诚信原则，在生产经营中通过虚假广告宣传、制假贩假等手段获取不正当利润和损害消费者利益情况时有发生，引起广大消费者的强烈不满。三聚氰胺奶粉、地沟油、长春长生"假疫苗"事件等一系列侵害消费者权益的不良行为曝光之后，引起了人们的口诛笔伐，不仅消费者的利益和安全受损，相关行业、企业以及市场的声誉也因此受到牵连。在市场分配所带来的贫富差距效应下，部分仇富现象也不能不说与此有关。

近年来，随着互联网的发展，消费者通过网上消费、学习、搜集信息越来越成为不可逆转的趋势，互联网已经深刻嵌入社会生活的方方面面，成为人们生活的一个新空间。与此同时，互联网的安全问题凸显，越来越需互联网企业担负起建设安全、诚信、干净的互联网空间的社会责任。

习近平在网络安全和信息化工作座谈会上指出，网络空间是亿万民众共同的精神家园。建设好这个精神家园，互联网企业是重要主体，既要讲发展，也要讲责任。互联网企业生存在社会之中，不能只讲经济责任、法律责任，还要讲社会责任、道德责任。互联网企业增强社会责任意识是改善网络生态的客观要求。习近平指出，网络空间

---

① 浙江新闻 2018 - 04 - 30，据浙江人社微信公众号，浙江省人力社保厅网站等。

天朗气清、生态良好，符合人民利益；网络空间乌烟瘴气、生态恶化，不符合人民利益。要本着对社会负责、对人民负责的态度，依法加强网络空间治理，加强网络内容建设，做强网上正面宣传，为广大网民特别是青少年营造一个风清气正的网络空间。①

应当承认，我国互联网企业在快速发展过程中，承担了很多社会责任，作出了大量社会贡献。但也有一些企业只顾发展、不讲责任，或是在发展中忽视了责任这一面。部分互联网企业并没有认识到其为什么要担负社会责任，习惯于用"平台论"为自己开脱，导致不少问题。增强社会责任意识是由互联网在社会生活中的地位决定的。当前，互联网企业是这个空间的主要建设者。当互联网技术无孔不入、社会离不开网络的时候，互联网企业就应当承担起更多的社会责任，让伦理与道德、秩序与制度为技术护航，使互联网更好地服务社会、造福人类。近年来发生的一些互联网事件，凸显了增强互联网企业社会责任意识的紧迫性。

2016 年 5 月 1 日，一篇微信文章刷爆朋友圈，文中称，大学生魏则西在 2 年前体检出滑膜肉瘤晚期，通过百度搜索找到武警北京总队第二医院，花费将近 20 万元医药费后，仍不治身亡。此事件在社会上引起了广泛关注。5 月 2 日，国家网信办会同国家工商总局、国家卫计委成立联合调查组进驻百度公司，对魏则西事件及互联网企业依法经营事项进行调查。调查发现，百度搜索相关关键词的竞价排名对魏则西选择就医产生了影响，而百度竞价排名机制存在付费竞价权重过高、商业推广标识不清等问题，影响了搜索结果的公正性和客观性，容易误导网民，要求百度企业必须立即整改。

百度官方随后承诺会加强针对广告推广方面问题的审核，并以此为契机加强对员工的社会责任教育，创始人兼 CEO 李彦宏以内部信的方式把企业应该负担的社会责任传达给了百度全体员工。强调用户

---

① 习近平：《网络安全和信息化工作座谈会上讲话》，《人民日报》2016 年 4 月 20 日第一版。

至上，牺牲收入在所不惜。将百度近年来存在的一些问题进行了批评，尤其针对部分员工对短期 KPI 的追逐，使百度的价值观被挤压变形，辜负了多年来用户的支持与期望，并向全员强调若不整改，离百度破产只有 30 天。提出担负社会责任是广大消费者即网民希望百度做的事儿，强调百度要顺应民心和民意，积极承担社会责任。要认清哪些钱可以赚，怎么赚。为了经受住商业道德考验，进一步规范企业员工行为，提出今后必须集中力量做好几件事：首先，是重新审视公司所有产品的商业模式，是否因变现而影响用户体验，对于不尊重用户体验的行为要彻底整改。要建立起用户体验审核的一票否决制度，由专门的部门负责监督，违背用户体验原则的做法，一票否决，任何人都不许干涉。其次，要完善用户反馈机制，倾听用户的声音，让用户的意见能快速反映到产品的设计和更新中，让用户对产品和服务的评价成为搜索排名的关键因素。最后，要继续完善现有的先行赔付等网民权益保障机制，增设 10 亿元保障基金，充分保障网民权益。在此基础上李彦宏表达了整改的决心，坚持百度要实现从大企业到伟大企业的发展目标，坚守用户至上的价值观。①

三是对环境、资源保护与合理利用的责任。

从长远来看，企业的目标与社会的目标是一致的，所以要引导非公经济人士将社会责任与企业发展相结合，积极履行社会责任，通过技术革新减少生产环节对环境造成的污染，降低能耗，节约资源。生态环境资源一方面是工业价值存在和实现的前提和基础。另一方面，自然生态系统是无数物种生命赖以生存繁衍的家园，也是人类生存和发展的物质根基和精神家园，是难以用经济价值衡量的。正如赫尔曼·戴利所言："没有森林，锯木厂的价值为零；没有鱼，渔业的价值为零；没有石油的储存，炼油厂的价值为零；没有河流和充足森林覆盖的集水盆地区域来阻止大坝后面湖泊的侵蚀和淤泥，水坝的价值

---

① 《百度 CEO 李彦宏：用"壮士断腕"的决心进行整改》，腾讯网 https：//new. qq. com/rain/a/20160510054341。

为零……"①

尽管在改革开放之初，中央就曾提出不能走西方一些国家在现代化过程中走过的"先污染、后治理"的老路，但是巨大发展压力下，各地方对快速脱贫和富裕起来的渴望远远超过环境保护和资源节约的要求，导致生态环境的保护形势非常严峻。正如习近平所言："你善待环境，环境是友好的；你污染环境，环境总有一天会翻脸，会毫不留情地报复你。这是自然界的规律，不以人的意志为转移。"② 近年来，雾霾、饮用水和土壤污染、食品药品不安全等，已经严重影响到人们的身体健康和生活质量。针对雾霾引起的大气污染问题，2013年环境保护部副部长吴晓青曾在全国"两会"上表示，我国中东部地区反复出现雾霾，大气污染十分严重，给工业生产、交通运输和群众的健康带来了较大影响。

这些问题的产生表面上看有不利气候条件这一外部因素的影响，但深层次的原因则是我国快速工业化、城镇化过程中所积累环境问题的显现，高耗能、高排放、重污染，产能过剩、布局不合理和以煤为主的能源结构持续强化，城市机动车保有量的快速增长，污染排放量的大幅增加，建筑工地遍地开花，污染控制力度不够，主要的大气污染排放总量远远超过了环境容量。一些大中城市的雾霾不断发生，不但冬天有，夏天也时有发生，尤其是在京津冀、长三角、珠三角出现的频次和程度最为严重。在这三个区域，虽然国土面积仅占我国国土面积的8%左右，却消耗全国42%的煤炭、52%的汽柴油，生产55%的钢铁，生产40%的水泥，二氧化硫、氮氧化物和烟尘的排放量均占全国的30%，单位平方公里的污染物排放量是其他地区的5倍以上。这些污染物的大量排放，既加剧了PM2.5的排放，更加重了霾的形成。③

---

① ［美］赫尔曼·E.戴利：《超越增长：可持续发展的经济学》，诸大建等译，上海译文出版社2001年版，第312页。

② 习近平：《之江新语》，浙江出版联合集团2007年版，第129页。

③ 吴晓青：《粗放型经济发展模式是形成雾霾污染深层次诱因》，央视网。

我们已经为粗放的经济发展模式付出了沉重的环境代价。十八届三中全会明确指出，要纠正单纯以经济增长速度评定政绩的偏向，截至2014年9月，中国超过70个县市取消GDP考核，以环境和民生的考核导向取而代之。既要"金山银山，又要绿水青山"，这是对发展模式的革命，是对唯GDP思维的革命，带来的是各地经济发展方式的转变。党的十八大以来，习近平关于建设生态文明和维护生态安全的讲话、论述、批示超过60次，足见其对绿色发展的重视。2015年两会期间，习近平在参加江西代表团审议时强调，要"像保护眼睛一样保护生态环境，像对待生命一样对待生态环境"。为了实现绿色发展，十八届五中全会提出一系列新要求：坚持绿色发展，"必须坚持节约资源和保护环境的基本国策，坚持可持续发展，坚定走生产发展、生活富裕、生态良好的文明发展道路，加快建设资源节约型、环境友好型社会，形成人与自然和谐发展现代化建设新格局，推进美丽中国建设，为全球生态安全作出新贡献"。①

由于中小型民营企业在发展初期资金有限，为求得初步的发展，往往对环境保护投入不足，有的甚至不惜浪费资源破坏环境，可以说绝大多数走的是粗放经营的道路。为此，要教育引导民营企业走节能减排的绿色发展道路，改变高投入高消耗的粗放经营老路，实现技术上的突破。2007年政府在全国掀起了节能减排风暴。受造纸业高利润的吸引，河南省开封市某民营企业于2006年底投资800万元建设了一个小型的造纸厂，于2007年6月竣工。在即将生产之际，公司却收到当地市环保局发来的"不准生产"的通知。根据"十一五"规划规定，单位GDP能耗要降低20%，主要污染物排放总量减少10%。该造纸厂新增的项目没有达到这一环保要求，这并不仅是该民营企业所面临的问题，也是众多中小型企业在节能减排的政策下所面对的现状。有许多企业认为，加大环保投入、加大自主创新，必将增加成本，降低企业的经济效益和市场竞争力。该造纸厂业主在接受记

---

① 《人民日报》2015年10月30日第一版。

者的采访时就认为："要想实现国家减排目标，企业仅污水治理就需要投入 500 万元。即使我有实力进行投资，引进污水治理设备，但是这将会增加企业的成本。而如果想回收成本，只有提高纸张的价格，而价格的提高必然会降低我们公司市场的竞争力。"[①]

表面上看这种说法有道理，深层次分析起来就不是这样，如果所有企业都按照国家甚至国际标准开展清洁生产，那么，所有企业的成本、经济效益都是在原有状态下的同步升级，不存在谁的市场竞争力下降的问题；退一步讲，如果有的企业加大了环保投入，有些没有，表面看起来加大投入的企业要背负高成本的负担，但是，没有加大环保投入的企业背负的法律风险和产品的各种贸易壁垒（绿色壁垒、技术壁垒等等）所潜藏的成本更大、更危险，无法实现可持续发展，更谈不上有竞争力。

全国工商联住宅产业商会会长聂梅生认为，民营企业应该认清形势，节能减排已成为自上而下的强烈共识，因此对于民营企业来说"已没有退路"，因为强制性的指标越来越多，越来越硬。

（三）帮助民营企业渡过难关

帮助民营企业渡过难关是建立党的领导与民营企业信任联系的关键。亲其师信其道。信任是社会中最为重要的软力量之一，人际信任对于社会系统的整合以及社会关系的维系都具有举足轻重的作用。[②]如果一个企业里的员工都有共同的愿景、遵守共同的伦理，那么就会彼此信任，企业的经营成本就会降低。相反，缺乏信任的企业必然造成低效率、高成本，成为企业做大做强的障碍。组织之间的信任也是如此，组织之间相互信任可以降低社会治理成本，容纳多样化的社会群体，提高包容度，求同存异。形成最大公约数，画出最大的同

---

① 《把握机遇　节能减排政策下民企如何生存》，《中华工商时报》2007 年 9 月 29 日。
② 刘爱玉：《社会学视野下的企业社会责任：企业社会责任与劳动关系研究》，北京大学出版社 2013 年版，第 76 页。

心圆。

中央反复强调和充分肯定非公有制经济的作用，并为其"撑腰"："任何想把公有制经济否定掉或者想把非公有制经济否定掉的观点"，"都是错误的"。习近平总书记结合自己的从政历程谈道，"无论福建、浙江还是上海，我们恰恰是在实践中认识到民营企业的不可替代性和重要作用，更加坚定了对中国特色社会主义基本经济制度的理解，我们党已经把这些理论创新、实践创新成果上升到制度层次。""总之，基本经济制度是我们必须长期坚持的制度。民营经济是我国经济制度的内在要素，民营企业和民营企业家是我们自己人。"① 道不可坐论，德不能空谈。对非公经济代表人士最为关心的前途问题、安全问题和生存发展问题解决不好的话，对其价值观的引领作用会受到很大影响。中国古代的思想家政治家管子说过："仓廪实而知礼节，衣食足而知荣辱"，经济基础不打好，上层建筑就难以稳固。因此，对非公经济人士提供充分的服务，帮助他们解决各种困难，提供更大的发展空间，这是提升非公经济人士践行社会主义核心价值观的基础，在获得他们的信任之后，再导之引之才会有根本性的成效。

近年来，一些民营企业在经营发展中遇到不少困难和问题，有的民营企业家形容为遇到了"三座大山"：市场的冰山、融资的高山、转型的火山，其成因是多方面的，既有外部因素，也有内部因素，既有客观原因，也有主观原因。

一是国际经济环境变化的结果。2008 年国际金融危机以来，全球经济复苏进程中风险积聚，保护主义、单边主义明显抬头，给中国经济和市场带来诸多不利影响。中国出口总额民营企业占 45%，一些民营出口企业必然会受到影响，那些为出口企业配套或处在产业链上的民营企业也会受到拖累。

二是政策落实不到位的结果。有些部门和地方对党和国家鼓励、支持、引导民营企业发展的大政方针认识不到位，工作中存在不应该

---

① 习近平：《在民营企业座谈会上讲话》，《人民日报》2018 年 11 月 2 日第二版。

有的政策偏差，在平等保护产权、平等参与市场竞争、平等使用生产要素等方面还有很大差距。有些政策制定过程中前期调研不够，没有充分听取企业意见，对政策实际影响考虑不周，没有给企业留出必要的适应调整期。有些政策相互不协调，政策效应同向叠加，或者是工作方式简单，导致一些初衷是好的政策产生了相反的作用。比如，在防范化解金融风险过程中，有的金融机构对民营企业惜贷不敢贷甚至直接抽贷断贷，造成企业流动性困难甚至停业；在"营改增"过程中，没有充分考虑规范征管给一些要求抵扣的小微企业带来的税负增加；在完善社保缴费征收过程中，没有充分考虑征管机制变化过程中企业的适应程度和带来的预期紧缩效应。

三是中国经济由高速增长阶段转向高质量发展阶段的结果。当前，我们正处在转变发展方式、优化经济结构、转换增长动力的攻关期，经济扩张速度会放缓，但消费结构全面升级，需求结构快速调整，对供给质量和水平提出了更高要求，必然给企业带来转型升级压力。在结构调整过程中，优势企业胜出，而部分民营企业遇到困难和问题是难免的，这也是市场优胜劣汰的竞争结果。

此外，在实践中，地方政府领导对一些成为纳税大户的大型民企比较重视，也很给面子，会将人大代表、政协委员的头衔加于其身。但对于一些纳税额不高的中小民企，在政策执行中政府不作为现象大量存在。近年来，在高压反腐的背景下，部分政府官员奉行"不干事就不出事"的原则，谈商色变、躲商避商。不愿与私人企业主正常接触，对私营企业主的合理要求"软拒绝"、踢皮球。有的官员虽然与企业家接触，但不积极、不情愿、不主动、应付了事。这些干部虽然降低了自己违纪腐败的风险，但是造成了为官不为、庸官懒政的事实，影响了社会的正常运转。

针对上述问题，应加快转变政府职能，充分释放改革红利，要根据实际情况加以解决，为民营企业发展营造良好环境。

第一，切实减轻企业税费负担。要抓好供给侧结构性改革降成本行动各项工作，实质性降低企业负担。要加大减税力度，推进增值税等实质性减税，而且要简明易行好操作，增强企业获得感。对小微企业、科技型初创企业可以实施普惠性税收免除。要根据实际情况，降低社保缴费名义费率，稳定缴费方式，确保企业社保缴费实际负担有实质性下降。既要以最严格的标准防范逃避税，又要避免因为不当征税导致正常运行的企业停摆。要进一步清理、精简涉及民间投资管理的行政审批事项和涉企收费，规范中间环节、中介组织行为，减轻企业负担，加快推进涉企行政事业性收费零收费，降低企业成本。一些地方的好做法要加快在全国推广。

第二，解决民营企业融资难融资贵问题。要优先解决民营企业特别是中小企业融资难甚至融不到资问题，同时逐步降低融资成本。要改革和完善金融机构监管考核和内部激励机制，把银行业绩考核同支持民营经济发展挂钩，解决不敢贷、不愿贷的问题。要扩大金融市场准入，拓宽民营企业融资途径，发挥民营银行、小额贷款公司、风险投资、股权和债券等融资渠道作用。对有股权质押平仓风险的民营企业，有关方面和地方要抓紧研究采取特殊措施，帮助企业渡过难关，避免发生企业所有权转移等问题。对地方政府加以引导，对符合经济结构优化升级方向、有前景的民营企业进行必要财务救助。省级政府和计划单列市可以自筹资金组建政策性救助基金，综合运用多种手段，在严格防止违规举债、严格防范国有资产流失前提下，帮助区域内产业龙头、就业大户、战略新兴行业等关键重点民营企业纾困。要高度重视三角债问题，纠正一些政府部门、大企业利用优势地位以大欺小、拖欠民营企业款项的行为。

第三，营造公平竞争环境。要打破各种各样的"卷帘门""玻璃门""旋转门"，在市场准入、审批许可、经营运行、招投标、军民融合等方面，为民营企业打造公平竞争环境，给民营企业发展创造充足市场空间。要鼓励民营企业参与国有企业改革。要推进产业政策由差异化、选择性向普惠化、功能性转变，清理违反公平、开放、透明市场规则的政策文件，推进反垄断、反不正当竞争执法。

近年来，中国清洁能源投资方面突飞猛进，风能、太阳能无论是生产能力还是装机容量都位居世界前列，电动汽车发展势头良好，与政府的激励政策的引导和帮助密切相关。

走节能减排之路，对于很多民营企业具有一定的难度和挑战性。为此，国家在限制高耗能、高污染行业发展的同时，也向一些行业推出了优惠政策，比如为从事风电、太阳能等新能源业务以及节能业务的公司创造了更为宽松的发展环境，向节能环保项目加大了财政上投资力度，实行节能环保项目减免企业所得税及节能环保专用设备投资抵免企业所得税政策，鼓励和引导金融机构加大对循环经济、环境保护及节能减排技术改造项目的信贷支持。2017 年 11 月，工信部、发改委、科技部、财政部、环保部等十六个部门印发了《关于印发发挥民间投资作用推进实施制造强国战略指导意见的通知》。意见提出：支持有条件的民营企业组建国家技术创新中心，攻克转化一批产业前沿和共性关键技术，培育具有国际影响力的行业领军企业。开展绿色制造试点示范，支持民营企业实施绿色化改造、开发绿色产品，引导民营企业和社会资本积极投入节能环保产业。鼓励民营企业"走出去"参与国外基础设施建设，构建国内外优势产业长效合作机制。[①]

三　制度保障

（一）形成交流学习机制

学习型组织理论的倡导者、《第五项修炼：学习型组织的艺术与实践》作者彼得·圣吉强调，深度交流的反思型文化对于跨组织合作具有重要作用。通过跨越组织边界的合作，分享信息和知识可以做出更好的决策。"如果每个人都能更好地了解别人在做什么，我们就能开始看到各种可能性，进而从中呈现出正确的模式构架和设计方案。"通过组织一系列研习营提出各种问题以及解决问题的选择方案，逐渐

---

① 工信部、发改委、科技部、财政部、环保部等十六部门印发《关于印发发挥民间投资作用推进实施制造强国战略指导意见的通知》2017 年 11 月。

形成了新的观点，"我非常惊讶地发现，研习营中出现的观点，并不是我开始时想到的观点，而实际上，我自己的观点是错误的。"①

通过交流学习、站在对方的立场考虑问题，不断提升自我修养，维护自身社会形象，是习近平对非公经济人士提出的学习期望。习近平说："非公有制经济要健康发展，前提是非公有制经济人士要健康成长。广大非公有制经济人士也要认识到这一点，加强自我学习、自我教育、自我提升。不要听到这个要求就感到不舒服，我们共产党内对领导干部也是这样要求的，而且要求得更严，正所谓'金无足赤，人无完人'。我们都要'自强不息，止于至善'。许多民营企业家都是创业成功人士，是社会公众人物。用一句土话讲，大家都是有头有脸的人物。你们的举手投足、一言一行，对社会有很强的示范效应，要十分珍视和维护好自身社会形象。"②

有效引领非公经济人士的价值追求，关键在人，关键在引领主体的引领能力和水平。为此，一要提升引领主体精准把握政策的能力，提高其对党的路线、方针、政策的解读宣讲水平，对党委、政府的决策要"拿得准""吃得透""讲得明"。二要提升引领主体调查研究的能力。"没有调查，没有发言权"。在引领工作中，要"注重调查"，而不是"闭门造车"。通过深入企业生产一线进行实地调研，逐个谈心，准确把握该群体经济、政治、文化等各层面的利益诉求，准确把握该群体的思想动态，提高引领工作的针对性。三要提升引领主体的推介宣传能力。榜样的力量是无穷的。各类模范和先进典型人物具有很强的感染力和示范性，是引领工作应着力关注的对象。要善于发现各类模范和先进典型人物，通过报纸、电视、微博、微信公众号等媒介主动讲好他们的故事，使社会主义核心价值追求显示出强大的感染力和感召力。

---

① ［美］彼得·圣吉等：《第五项修炼：学习型组织的艺术与实践》，张成林译，中信出版社2009年版，第270页。

② 习近平：《毫不动摇坚持我国基本经济制度，推动各种所有制经济健康发展》，《人民日报》2016年3月9日第二版。

改革开放以来，政府官员和非公经济人士常常把握不好交往的界限，"亲"与"清"新型政商关系的提出为政商交往提供了依据和标准。许多地区根据自身特点创建了互相交流和学习的新机制。

"亲清园"是浙江省余姚市市委统战部以"亲清"新型政商关系为主题，以民营企业主和管理层为主要宣传教育对象，旨在加强新型政商关系建设的交流学习。"亲清园"中除了展示王阳明家训之外，还特别收集展示了十余位当地知名企业家提炼的厂规家训。自建成以来，"亲清园"接待了大量前来参观和学习交流的各界人士，成为展现"亲清"文化建设的重要窗口，受到了企业家的广泛好评。设立"亲清"讲堂，定期邀请知名专家、学者走上"亲清"讲堂为企业家讲课，先后举办了廉政文化、"中国制造 2025"、互联网经济、人才经济、财产保护、政商时事等授课活动，为广大企业家提供最新的前沿资讯、生产经营的新思路新策略，让企业家感受到"亲清"讲堂之"亲"的温度和"清"的力度，收到了良好的成效。①

（二）完善政商交往平台

民营企业的价值引领工作，关涉各方面，需要发挥党总揽全局的领导核心作用。一方面，树立大统战理念，构建大格局。党委和政府部门要总揽全局，发挥主导作用，履行主体责任；另一方面，完善多元主体联动机制，要协调各方，整合资源，调动各社会团体、非政府组织的积极性，形成多元参与、协同推进的引领新格局。习近平总书记在 2015 年 5 月召开的中央统战工作会议上强调："统战工作是全党的工作，必须全党重视，大家共同来做。"② 要摒弃某一部门主导、"单兵作战"的旧理念，确立由党委和政府有关部门、社会主义学

---

① 杨卫敏：《论新时代政商关系中的若干领域和关系》，《江苏省社会主义学院学报》2018 年第 5 期。

② 习近平：《在中央统战工作会议上的讲话》，新华网，2015 年 5 月 18 日 http：//www.xinhuanet.com//politics/2015 - 05/20/c_ 127822785.htm。

院、党校、工商联、企业家协会、行业组织、社区等多部门协同参与的新理念，将"单兵作战"转为"多兵联合作战"，形成"大引领"格局。同时，依据各参与主体的比较优势，在目标定位、方案设计、分工界定、任务推进等层面加强协调与沟通，充分发挥多部门协同推进的整体优势。

第一，充分用好各级人大和政协的政治渠道。2016 年习近平在同各民主党派中央、全国工商联负责人和无党派人士代表座谈时，指出，中国共产党领导的多党合作和政治协商制度，是中国共产党、中国人民和各民主党派的伟大政治创造。我们要坚定走自己的道路，不畏艰难，奋勇向前。要用好政党协商这个民主形式和制度渠道，有事多商量、有事好商量、有事会商量，通过协商凝聚共识、凝聚智慧、凝聚力量。千篇著述诚难得，一字知音不易求。充分发挥这些基本制度在构建新型政商关系中的主渠道作用。政府和相关部门可以利用这种权威平台发布信息，解读政策，解答企业家的疑惑等。

第二，发挥工商联在构建新型政商关系中的重要作用。一是要加强工商联与基层商会的联系。工商联既是党委、政府和广大非公经济人士沟通的桥梁，又是该群体自我管理的组织。因而，要切实重视工商联组织在非公经济人士价值引领工作中的积极作用。二是充实工商联队伍。工商联组织核定编制少，队伍建设薄弱，而其联系服务的对象有几十万，甚至是几百万，从事实际工作的人员不足限制、弱化了工商联组织的优势和功能的发挥。所以，应根据实际工作需要，增加机构编制，招募社会工作志愿者，充实工商联队伍。三是提升工商联队伍业务能力。这主要包括对国家形势政策的敏锐感知和宣传解读能力，把握市场走向和企业运行规律的能力，在市场化条件下有效开展非公党建和维护员工合法权益的能力。等等。

第三，发挥社会主义学院的教育主阵地作用。非公经济人士的价值引领过程，是对其价值观进行重塑的过程。在此过程中，教育必不可少。然而，我们的"短板"恰是教育。既有对教育认识不到位的原因，也有现实存在的受众流动性强、师资力量和教育经费不足等原因。因此，应着力补上价值观教育的"短板"：一是转变认识和观念，切实提高对非公经济人士价值观教育重要性的认识。二是提高教师政治业务素质，提升教师对国家形势政策的认知解读能力。同时，将思想政治素养好、理论水平高、备受认可的专家聘为兼职教师，以缓解师资数量不足，提升教育效果。三是创新教育教学方法和手段。坚持人本化教育教学理念，从教师主体向教师与非公经济人士双向交流互动转变；充分运用微信公众号等大众传播媒介，形成线上线下教育手段的互补。四是扩大教育对象覆盖面，既抓典型代表人士，发挥其带头作用，也要把教育对象向普通非公经济认识延伸。等等。

第四，促进非公有制经济人士的有序政治参与。改革开放以来，随着非公经济和非公经济人士被认可，非公经济人士规模不断增大、政治参与热情不断高涨，促进非公有制经济人士的有序政治参与是加强政商关系的重要方式。2015 年颁布的《中央统战工作条例》明确规定，要"畅通非公有制经济人士有序政治参与渠道"。非公有制经济人士的政治参与要抓住三个关键词：有序、适度、标准。一是要有序。非公有制经济人士和其他社会成员一样，都有政治参与的权利，通过他们的有序政治参与，及时反映非公有制经济人士的意见和利益诉求。二是要适度。我国的政治制度决定了，不能以权力大小和财富多寡作为分配政治资源的标准。非公有制经济人士大多有雄厚经济实力，占有较多的社会财富，但在政治参与上与其他社会成员是平等的。因此，在人大、政协中非公有制经济人士要保持适当的比例。三是要严格标准。真正把那些思想政治强、行业代表性强、参政议政能力强、社会信誉好的非公有制经济代表人士推荐出来，担任人大代表和政协委员。

（三）加强社会媒体监督

追求善、避免恶符合人们的伦理诉求。正因为如此，当三鹿奶粉、富士康跳楼事件、长春长生"假疫苗"事件曝光之后，引起了人们的口诛笔伐，"空手套白狼"的野蛮资本、无良资本也会受到人们抵制。而华为、海尔、阿里巴巴等一批始终肩负社会责任的优秀民营企业，成为爱国敬业的企业榜样，不断受到国人的点赞。通过媒体对不良企业的揭露和对正能量企业的报道，可以对企业进行有效监督和激励。

随着互联网新媒体的普及，广大劳动者和消费者的诉求很多是通过网络传播的。主流媒体通过网络新媒介，及时回应广大劳动者和消费者的诉求，借此教育引导非公经济人士，成为社会主义主流价值观引领的必要手段。以近一段时间引发网友广泛讨论的"996"工作制的引导教育为例：

"996"工作制最先是由经常加班的互联网员工吐槽所引发的。所谓996，是指工作从早上9点到晚上9点，一周工作6天。这实际上是对企业加班认同与否的讨论，涉及民营企业的劳动关系。如何对待工作与休息、奋斗拼搏与加班文化、员工权利与企业治理，不同的人有不同的理解。阿里巴巴、京东等企业的负责人相继就996发表了看法，主要观点是：为了达成企业目标，工作时间不可能受一天工作8小时的时间限制。由于立场不同，对于上述从企业管理方所持的观点，处在企业员工立场上的广大网友并不买账。由此暴露出了许多民营企业管理者与员工关于劳动报酬等方面认知的分歧。

对此，主流媒体《人民日报》官网及时发表了一系列文章，理性、全面、客观地予以回应。人民日报提出"崇尚奋斗，但不等于强制996"①。一方面站在企业立场上，对企业管理者面对经济下行压力和企业生存考验所表现出来一定程度的忧患意识，文章予以充分理解，对企业家和创业者身上的奋斗精神予以充分肯定。在此基础上提出缓解企业生存压力的方法不是让员工加班越多越好。强制推行996，不仅解决不了企业管理中的"委托—代理"难题，也会助长"磨洋工"的顽疾。在此基础上提出，要考虑到普通员工的立场和诉求，强制灌输996的加班文化，不仅体现了企业管理者的傲慢，也不

---

① 《人民日报》2019年4月15日。

实际、不公平。最后，引出企业管理的核心问题：如何才能最大限度激励员工的积极性？希望企业管理者把996引发的讨论，作为反思互联网企业文化和管理机制的契机。

另一方面站在员工立场上强调，对996有争议并不是不想奋斗、不要劳动。从梦想改变命运的个体，到在经济下行压力背景下负重前行的企业，再到我们这个正在进行复兴冲刺的民族，都仍然需要奋斗精神，需要艰辛劳动。没有人不懂"不劳无获"的道理。但崇尚奋斗、崇尚劳动不等于强制加班。苦干是奋斗，巧干也是奋斗；延长工时是奋斗，提高效率也是奋斗。因此，不能给反对996的员工贴上"混日子""不奋斗"的道德标签，而应该正视他们的真实诉求。

从宏观上看，中国的经济奇迹正是源于中国人的勤劳与奋斗，把不可能变成了可能。正是拼搏奋斗精神推动中国用几十年时间走完了发达国家几百年走过的工业化历程。我们国家还处于"发展中"的阶段，仍然需要奋斗与拼搏，但我们也需要认识到人们的"美好生活"具有更广阔的内涵，在此认知上更好地完善企业治理激励机制的设计。随着中国的人均GDP逐步接近1万美元，人们对"美好生活"也有了更高的诉求，不再是温饱时期的拼命工作赚钱，而是需要有在工作之外获得更多价值，发现兴趣、陪伴家人、寻找意义。

文章在上述分析的基础上，提出新时代企业文化和管理应该遵循的原则和方向：不仅要依靠员工的汗水，更要激发员工的灵感；不仅要让员工更努力地工作，更要激发员工更高效地工作；不仅要靠加班工资的激励，更要让家人的陪伴、身体的健康、意义的饱满也成为工作的奖赏。只有那些能够做好平衡兼顾的企业，才能顺应时代的变化，获得可持续发展的竞争力。

官方主流媒体及时发声，澄清了模糊认识，凝聚了共识。对教育和引导民营企业管理者把企业目标与员工个人发展、幸福诉求相统一，建立企业与员工命运共同体的"共赢"组织文化，起到了很好的社会主义价值观培育和引领作用。

（四）完善法律保护和约束

首先，完善和落实产权保护制度。民营企业家的信心、安心、专心对民营经济发展十分重要。有恒产者有恒心，这是弘扬企业家精神、推动创新创业的前提。党的十八大以来，我国积极推进权利平等、机会平等、规则平等，实行统一的市场准入制度，鼓励、支持、引导非公有制经济发展的政策和制度不断完善，给民营企业家吃下了定心丸，有利于他们坚定发展信心，安心谋发展、专心干实业。特别是《中共中央国务院关于完善产权保护制度依法保护产权的意见》的出台，回应了民营企业家的关切，对他们形成良好预期、增强发展信心起到了重要作用。今后，应进一步加强产权保护，健全以公平为核心原则的产权保护制度，保证各种所有制经济的财产权不可侵犯；坚持全面保护，不仅保护物权、债权、股权，而且保护知识产权及其他各种无形财产权；建设法治政府、责任政府、诚信政府，增强公民产权保护观念和契约意识，强化社会监督。完善政府行政权力约束机制。从授权、行使、监督等环节规范和约束行政权力，管牢"有形之手"，斩断"错位、越位之手"，接上"缺位之手"，依法保障非公经济人士在市场经济中的平等地位和合法权益，依法保护他们依靠自身辛勤劳动和合法经营获取的社会财富。

我们在对待民营经济和民企的态度上，虽有党纪国法，但在现实环境中还是缺乏评判标准，以至在具体工作中不断出现偏差。比如，某些纪检监察机关在履行职责过程中，对一些民营企业历史上曾经有过的一些不规范行为，不以历史的眼光、发展的眼光看问题，将一些原本蒸蒸日上的民企治罪。某些地方将"打黑"变成"黑打"，制造了许多冤案错案，导致企业关门。因此，"保护企业家人身和财产安全"很有必要。要想让民企老板卸下思想包袱，轻装前进，就必须抓紧甄别纠正一批侵害企业产权的错案冤案，以正本清源，最终回到"以法护企"的轨道上来。

　　其次，建设法制化的市场竞争环境。腐败毒化了我们的经济环境和政治环境，是社会经济发展最大毒瘤。在反腐败与经济发展的关系问题上，党中央始终立场坚定，零容忍打击腐败分子。"把权力关进制度的笼子"，建立廉洁、服务型政府，为经济发展营造公平、公正、法制化的市场竞争环境。完善党内法规体系，使权力能够得到有效的约束。建立完善对官员的监督考核机制，把上级监督和企业评价结合起来，奖励为官有为、亲商富商的干部，惩罚为官不为、明哲保身的干部。通过反腐败和制度建设，矫正市场主体发展的路径，让企业回归市场主体本位，使企业转向依靠创新、依靠提升产品和服务质量的内生发展道路上来。同时，对企业的行贿行为也要依法惩治。2012 年 12 月 31 日，《最高法院、最高检察院关于办理行贿刑事案件具体应用法律若干问题的解释》出台。解释规定，为谋取不正当利益，向国家工作人员行贿，数额在一万元人民币以上的应当依照刑法规定追究刑事责任。这一司法解释在实质上强化了行贿问责，改变了过去行贿难判的司法现状，提高了企业非正常政商关系的风险，也间接减少了官员受贿的机会。2013 年 10 月，中组部发布了明文规定，官员不得在企业兼职，斩断企业与政府官员的利益输送链条。

　　最后，依法惩处突破法律底线的企业不良行为。资本的逐利性决定了其不能总是自觉、自律。以食品安全为例，屡屡查处仍然屡屡出问题。习近平指出："守法经营，这是任何企业都必须遵守的一个大原则。公有制企业也好，非公有制企业也好，各类企业都要把守法诚信作为安身立命之本，依法经营、依法治企、依法维权。法律底线不能破，偷税漏税、走私贩私、制假贩假等违法的事情坚决不做，偷工减料、缺斤短两、质次价高的亏心事坚决不做。"① 一个好的市场生态的形成是主客体相互作用的过程。平等竞争的市场机制的建立需要

_____

　　① 习近平：《毫不动摇坚持我国基本经济制度，推动各种所有制经济健康发展》，《人民日报》2016 年 3 月 9 日第二版。

企业主体的配合。与市场机制对"资本"财富创造的激励功能不同，保持社会主义"资本"实践的合法性不能完全依靠资本的"自觉"。中国还有大部分中小民营企业并没有良好的企业文化、价值观的引领，还能自觉履行企业的劳动关系法律和社会责任，法律制约必不可少。从20世纪80年代到现在，中国已经进行了很多次行政体制改革。行政体制改革的一个重要目标是政府从经济领域回撤，把空间让渡给市场和企业，成为服务型政府。但是，在放权给企业的过程中，由于忽视了对企业的监管，出现了很多不诚信不合法的问题，尤其是食品药物安全、环保、生产安全等等。不直接干预市场并不意味着撒手不管，市场经济是法制经济，依法规范企业行为是社会主义价值引领的必然要求。

房子是用来住的，不是用来炒的。改革开放以来，人民居住条件不断改善得益于众多房地产开发企业，但与此同时，部分民营房企为了追求超额利润做出了违背公共利益的行为。囤积土地、炒房现象严重，开发商通过囤地获取的超额利润，并不是依靠自己的经营行为而获得，不仅浪费资源、抬高土地价格，推动房价上涨，同时扰乱市场秩序，违背"有效配置资源"这一市场经济功能。形成不公平竞争。此外，随着互联网的发展，不断涌现出新的市场组织形式，出现了法律盲区和监管真空。这些都需要加紧研判，补足政府监管，制定相关法律，制止不正当竞争行为和扰乱市场秩序行为。实现法治全覆盖。

随着市场化改革的推进，一方面，人们对民营企业逐利性的认知越来越成熟，认识到资本逐利的合理和必要性；另一方面，人们对突破道德和法律底线的无良企业也是零容忍的。随着社会的不断进步和开放，越来越多的企业管理经验表明，利润与诚信、人本观念、社会责任等管理文化的关联度越来越高，"血汗工厂"、威胁公共安全、触碰人们道德底线等无良企业一旦被曝光会立刻遭到人们的抵制，失去生存空间。良好的管理文化越来越成为企业的无形资本，这也对无良企业形成了客观上的限制。

用社会主义核心价值引领民营企业发展，决定了对民营"资本"

既有激励又有约束和限制。激励的目的是通过激发民营企业家的社会责任感与使命感，将社会责任和道德软约束内化为企业家的自觉选择，使资本的谋利与社会主义目标相互一致，按同一方向作用，实现资本与社会共赢。约束和限制的目的是要求企业主能够将守法经营作为底线，维护公平竞争的市场秩序，在法律许可的范围内进行财富创造。如何在实践中让人们切身感受到社会主义能够发挥资本的"好"、限制资本的"坏"，使资本在促进经济增长与促进人、社会和生态的均衡发展方面并行不悖，这既是保持非公经济合法性的关键，也是考验执政党治国理政能力、增强中国道路自信的关键。

结语　用社会主义核心价值观引领
民营经济的世界意义

一　澄清新自由主义的市场经济"价值中立"说

西方新自由主义经济学派认为，市场"不相信眼泪"，它解决的是资源配置效率问题，不需要讨论伦理道德问题。个人本位和利润最大化是西方经济学分析的出发点，1970 年 9 月 13 日，诺贝尔奖获得者、经济学家米尔顿·弗里德曼在《纽约时报》刊登题为《商业的社会责任是增加利润》的文章，指出，"极少趋势，比公司主管人员除了为股东尽量赚钱之外应承担社会责任，更能彻底破坏自由社会本身的基础"，"企业的一项、也是唯一的社会责任是在比赛规则范围内增加利润"。哈耶克宣称，市场是自发演化的自生自发秩序，从结果上看，市场经济能够带来财富的增加就是最大的"善"。如果硬要追问市场经济的伦理问题，那么，自由本身就是市场的内在伦理。

从理论上看，现代市场经济的发源地在西方，但是其经济学理论先驱亚当·斯密在200 多年前创作《国富论》时，并没有因为强调国民财富的增加源于人的自利性动机而回避市场的伦理考量。作为长期在大学讲授道德哲学的教授，亚当·斯密认为其所倡导的自由市场交换是合乎伦理道德的，"他受着一只看不见的手的指导，去尽力达到一个并非他本意想要达到的目的。也并不因为事非出于本意，就对社会有害。他追求自己的利益，往往使他能比在真正出于本意的情况下更有效地促进社会的利益"①。从现实结果上来看，互利性、财富的普遍增加、公共利益的促进是斯密为自由贸易辩护的伦理考量。可以说，市场伦理从西方现代经济理论建立之初就是需要加以辩护的范畴。

马克思在肯定了资本主义市场经济带来生产力巨大发展的同时，揭露和批判了资本主义私有制造成资本对劳动者的剥削和贫富两极分化。尽管马克思强调社会发展规律的必然性，反对任何试图将社会主义的实现与某种道德辩护联系起来。"工人阶级企图实现的社会变革正是目前制度本身的必然的、历史的、不可避免的产物。"② 但是纵观马克思的理论著作，其对资本主义市场经济的批判始终同其伦理归旨密不可分。西方马克思主义新流派科恩认为，所有的马克思主义者都信奉某种形式的平等，尽管他们中的许多人会拒绝承认他们信奉它，尽管也许没人能确切地说出他们信奉的平等原则是什么。马克思和恩格斯很少关注，因而也很少深入探究过平等问题。相反，他们把精力都用在了他们认为使平等最终得以实现的历史必然性上，用在那些有关普遍的历史，特别是有关资本主义历史的解释性的论题上。这是因为，在他们看来，经济上的平等从历史上看是不可避免的，从道德上讲也是正确的。在他们看来，既然经济上的"平等正在到来，而且它是受欢迎的，那从理论上去说明它为什么受欢迎，而不去说明如何使它尽快和尽可能无痛苦地实现，将是浪费时间"。③ 西方经济史家和社会学家韦伯在为资本主义进行辩护时，对资本家在原始积累时期的贪婪无度、残酷无情避而不谈，反复强调资本家是勤俭自律和严守规则的。可见，无论是马克思的批判还是资产阶级学者的辩护，无

①　[英]亚当·斯密：《国民财富的性质和原因的研究》（下册），郭大力、王亚南译，商务印书馆 2002 年版，第 27 页。

②　《马克思恩格斯文集》第三卷，人民出版社 2009 年版，第 214 页。

③　段忠桥：《社会主义优于资本主义在于它更平等——科恩对社会主义的道德辩护》，《学术月刊》2011 年第 5 期。

论是亚当·斯密对市场竞争机制的伦理辩护还是马克斯·韦伯对市场经济主体的伦理辩护，市场经济本身是需要伦理支撑的，否则它不可能被思想家和理论界如此重视。

从实践上看，人类发明和选择了市场，而市场的主体是人，市场的面貌自然由作为市场主体的人来塑造。人性中既有善的一面，也有恶的一面，有理性的一面也有非理性的一面（有限理性）。市场经济主体的行为选择塑造着市场经济的面貌。市场经济既可以是道德的，也可以是非道德甚至反道德的。好的市场经济表现为公平竞争、遵守契约、讲究诚信。坏的市场经济表现为垄断、与权力勾结、欺诈等不公平竞争，而个体理性在自由竞争的市场经济中也会造成集体非理性，如"劣币驱逐良币""公共地悲剧"等公共利益受损的市场现象。市场经济之所以效率高是基于其分配机制而引发的竞争。但是竞争的手段却不能保证合乎道德。市场经济促进了西方资本主义的繁荣，但并不代表实践中的市场经济在任何时候、任何地区和任何情况下都合乎人们的期待，在某些情境下市场甚至不能合乎大多数人的期待。

现实中的市场并不总是如亚当·斯密所描述的那样，对自我利益的追求总是会被引导成利他的结果。随着市场的扩张和企业规模的扩大，无论是企业与企业之间、生产者与消费者之间、生产商与供应商、销售商之间，还是企业内部投资人与管理者、管理者与员工之间，均存在信息不对称带来的道德风险，影响着市场互利功能的发挥。同时，一些企业为了获得超额利润，也会寻求市场外的利润来源，在中国由计划经济向市场经济转轨过程中，比较典型和普遍的现象就是"寻租"。由于政府掌握了大量的公共资源，且在政府招标过程中权力监督的缺失，给企业"寻租"留有大量机会，使企业不是将资源用于创造和服务消费者，而是专注于搞关系，造成社会资源极大浪费。既破坏了市场竞争秩序，引发了不公平竞争，又造成了权钱交易的权力腐败，降低了政府信用。扭曲了政府与企业的关系。

博弈论的"囚徒困境"模型呈现了个人理性与公共理性之间可能

存在的矛盾冲突。该理论表明，个人理性选择的结果并不完全是互惠互利与合作共赢，而很可能是由于不信任而导致双方利益共同受损。为了防止出现"集体非理性"而带来的损失，行为人需要采取的并不是更加"精致的个人理性"，而是需要与个人理性不同的公共理性立场。① 因此，市场为企业创造财富提供了激励机制，但市场功能的有效发挥不是无条件的。而用来约束人们经济行为、协调竞争关系的手段主要包括两种，一是法律和契约的调节；二是社会习俗、价值观念等伦理道德的维系。

法律是调整人们之间经济行为的有效措施，但是法律不是万能的。任何法律契约都不可能涵盖经济关系的所有领域。"当组织的法规越来越庞杂，涵盖的社会关系也越来越广泛时，它们所带来的就不再是合乎理性的效率，而是社会'负功能'的象征。"② 由于信息不对称的普遍存在，为了避免掠夺、欺诈、恶意隐瞒等市场道德风险，人们不断细化法律条文、扩展法律调节的领域。庞杂的经济法规体系，不仅引起巨额的诉讼费用、提高了交易成本，而且也破坏了正常的经济交往过程和人们之间的信任关系。凡事都诉诸法律，实际上也就意味着，人们之间缺乏必要的信任关系。人们越是依赖于法律，人们之间的信任程度就越低。缺乏信任的市场是低效率的，只能造成人与人之间狼一样的恶性竞争，使市场功能发生扭曲，最终导致市场体系的崩溃。"劣币驱逐良币"现象在信任度低的地区和市场普遍存在就源于此。因此，市场经济不仅需要法律，也需要共同的伦理道德、价值观念来维系。伦理上的自我约束是市场功能有效发挥的必要条件。

资本主义在经历了市场经济的世纪大萧条及其引发的社会危机之后，为了应对危机，西方经济学产生了主张政府干预的凯恩斯学派和

---

① 李永刚：《西方经济学的个人主义与功利主义》，中国社会科学网 2017 年 3 月 29 日。

② ［美］弗兰西斯·福山：《信任——社会道德与繁荣的创造》，李宛蓉译，远方出版社 1998 年版，第 24 页。

分配补偿的福利经济学派。但是，无论是主张政府在经济周期处于不景气时期增加政府投资的凯恩斯主义，还是主张通过税收等手段调节收入分配差距的福利经济学，都是在自由主义市场经济之外寻求对市场的补救措施。经济史学家道格拉斯·诺思指出，自由市场制度本身并不能保证效率，一个有效率的自由制度，除了需要一个有效的产权和法律制度相配合之外，还需要在诚实、正直、合作、公平、正义等方面，有良好道德的人去操作这个市场。自由放任不是对市场经济的褒奖，没有伦理内涵的市场只会坏了市场经济的名声。

中国的市场化改革没有完全照搬西方，在生产资料所有制方面坚持公有制经济和非公有制经济共同发展，邓小平在改革开放之初提出"允许一部分人先富起来"的前提是"诚实劳动、合法经营"。但是市场分配机制对人们的激励功能是共性的，人们追求财富的欲望和动能被不断地激发出来，一方面，使中国保持了三四十年的经济高速增长，成为世界第二大经济体，不仅解决了温饱问题、摆脱了贫困，绝大多数地区和人口实现了小康。但另一方面，个人主义、功利主义、拜金主义取代了传统的社会主义的"人人为我、我为人人"集体观念和道德风尚，价值的失范造成假冒伪劣商品充斥市场，同时，交易法则也侵蚀了传统的家庭、政府、医院以及学校教育等，造成了种种社会关系的异化现象。很多伦理学家慨叹人心不古，世风日下，一些马克思主义经济学家则认为资本的逐利性决定了其在市场经济中必然会破坏社会主义的发展目标，资本必将由经济优势扩展到社会政治优势，对市场抱悲观态度，陷入"市场宿命论"。

追求善、避免恶符合人们的伦理诉求。正因为如此，当三鹿奶粉、富士康跳楼事件、长春长生"假疫苗"事件曝光之后，引起了人们的口诛笔伐，"空手套白狼"的野蛮资本、无良资本侵蚀实体经济会受到人们抵制。而华为、海尔、万科、阿里巴巴等"义利兼顾"的优秀民营企业和创造出一个又一个大国重器奇迹的国有企业，成为中国企业的榜样，不断受到国人的点赞。中央一系列打老虎、拍苍蝇等惩治腐败、斩断政商权钱交易链条的行动也得到百姓的广泛支持。

显然，民众期待一个安全、良心的市场生态。

中国改革开放 40 年的市场经济实践，既改变了中国人的物质面貌也改变了人们的精神面貌，无论是作为市场供给主体的企业还是市场需求主体的广大消费者，都在实践中不断改变对市场的认知，市场伦理问题越来越成为大众关注和关心的焦点。坚持发展"善"的市场经济、限制"恶"的市场经济，越来越成为人们的共识。这些共识为培育市场伦理提供了社会基础。

二　打破市场伦理的西方一元化解释

市场需要伦理，而伦理需要文化或者意识形态来支撑。用什么样的文化和价值观涵养市场伦理，决定市场为谁服务和未来走向。一方面，受西方经济学影响，经济学者很少关注市场伦理问题；另一方面，现代市场经济本身就是舶来品，关于市场经济的西方资本主义文化辩护在中国也得到传播。马克斯·韦伯对资本主义精神的宗教伦理阐释、哈耶克的新自由主义辩护、福山的资本主义自由民主的"普世价值"宣扬，对中国理论界、媒体和社会都产生了一定影响。

马克斯·韦伯对资本主义的新教伦理辩护无论在西方还是中国都产生了广泛影响。马克斯·韦伯认为，新教的"天职观"与西方理性主义文化传统造就了一批勤俭自律和严守规则的企业家，不断推动着资本主义走向繁荣。"当获取财富是天职中一项需要履行的责任时，那么它不仅在道德上是被允许的，而且事实上是必须践行的。"[1] 只要他们注意保持言行举止的正确得体，道德行为的无可挑剔，以及他们对财富的使用不会引起异议，那么他们就可以竭尽全力地去追求经济利益，并且将其视作一种责任的履行。

韦伯认为，理性主义是西方资本主义文化的特有优势，中国传统

---

① ［德］马克斯·韦伯：《新教伦理与资本主义精神》，马奇炎、陈靖译，北京大学出版社 2012 年版，第 164—165 页。

儒家思想产生不出资本主义精神，因而儒家伦理不可能产生与市场经济相适宜的企业道德。他认为，"基于利用交易机会而追求利得的行为"在所有的文明国家都早已存在，但是，只有西方发展了"（形式上）自由劳动的合理的资本主义组织"。① 韦伯认为，正是这种理性的自由劳动的组织形式使西方资本主义发展具备了现代特征："生意与家庭分离"和"理性的簿记方式"，精确的计算以及各种现代商业形式的发展也都离不开这种自由劳动组织形式。而这种理性的资本主义组织之所以只出现在西方，恰恰是由西方文化"所固有的、特殊形态的'理性主义'"精神特质推动的。② 经济的理性主义的形成，不仅有赖于理性的技术与理性的法律，而且（一般而言）也取决于人们采取某种实用——理性的生活样式的能力与性向。一旦这种能力与性向为精神上的障碍所阻挠，则经济上的理性的生活样式亦将遭遇到严重的内在阻力。而这种理性主义的精神和文化就是韦伯为资本主义辩护的伦理指向。

西方资本主义文化的"自负"在当代也有所体现，即资本主义自由民主制度的"普世价值"说。20 世纪 80 年代末，美国社会学家弗朗西斯·福山，提出西方的自由民主制作为一种政体，已经战胜了与之竞争的各种意识形态，关于其合法性的共识，已经在全世界范围内出现。并表示西方的自由民主可能形成"人类意识形态演化的终点"与"人类政体的最后形式"，也构成了"历史的终结"。1992 年福山进一步认为，20 世纪最后的 25 年，世界政治发生重大变化，"威权主义与社会主义中央计划经济的双重危机，使意识形态竞争圈内只留下了唯一一种潜在地具有普遍有效性的意识形态：那就是自由民主主义"。③

---

① ［德］马克斯·韦伯：《新教伦理与资本主义精神》，马奇炎、陈靖译，北京大学出版社 2012 年版，第 11 页。

② 同上书，第 16 页。

③ ［美］弗朗西斯·福山：《历史的终结与最后的人》，陈高华译，广西师范大学出版社 2014 年版，第 63 页。

福山把社会主义国家与法西斯主义相提并论，认为社会主义是集权国家或者威权国家，是自由民主的主要竞争对手。他坚持把社会主义理解为高度集权的计划经济体制，参照西方资本主义主要是英美制度的标准，把中国改革开放以来的经济制度变化理解成为西方化，把中国的政治制度理解为威权主义或者专制制度而非民主制度。在定义自由国家的标准上，福山认为资本主义与自由主义原本是一致的，但是由于"资本主义"一词近年来被赋予了太多的贬义，最近时髦的做法是将资本主义改称"自由市场经济"。对于自由市场经济的定义，福山也承认，由于当代资本主义国家都有大量的公共部门，而绝大多数社会主义国家也存在一定程度的私营经济。关于公共部门的数量多到哪个程度会使一个国家不再自由也存在争议。对此，福山撇开按照百分比的衡量标准，指出"不如考察国家在原则上对待私有财产和私有企业之合法性的态度，这样可能更为有效。那些保护上述经济权利的国家，我们将认为是自由国家；那些反对上述经济权利或把它们建基于其他原则（比如'经济正义'）的国家，则不是自由国家。"①

针对许多国家并没有全部转向西方制度的情况，福山提出，"我们所见的胜利与其说是自由主义实践，不如说是自由主义理念。"②"自由民主仍是横跨全球不同地区和文化的唯一一种一致的向往。"据此，当现实没有按照他预测的方向发展时，他对西方资本主义自由民主的"制度自信"就退回到"理念自信"的层次上了。这种理论自信并没有超出自亚当·斯密以来的自由主义辩护，更无法与马克思提出的"人类自由全面发展"的共产主义理想目标相比肩。福山抱怨说，"社会主义应当作为第三世界国家选择的发展策略，这一观点显然因拉丁美洲地区的资本主义长期以来未能保持经济增长而大大增

---

① ［美］弗朗西斯·福山：《历史的终结与最后的人》，陈高华译，广西师范大学出版社 2014 年版，第 65 页。

② 同上书，第 66 页。

强。实际上，我们完全可以说，若不是第三世界，马克思主义在二十世纪恐怕早就已经消失了。"① 但是，福山没有认识到，恰恰是马克思主义的平等信念符合广大劳动人民的政治诉求才使得马克思主义经久不衰。

无论是对资本主义意识形态的辩护，还是对社会主义意识形态的抨击，福山在价值观和手段的转换上都采取了双重标准。他认为社会主义的中央计划经济依然具有吸引力，因为它能快速地进行资本积累，"理性地"把国家资源用于"均衡的"工业发展，"苏联在 1920 年代和 1930 年代完成这一过程，是通过公开运用恐怖手段剥削农业地区完成的，而在美国和英国这些早期的工业化国家，这一过程是以非强制手段经由好几个世纪才得以完成。"② 他不仅回避了资本主义原始积累时期"资本"对"劳动"的剥削、缺少劳动法保障以及造成大规模的工人阶级反抗的历史事实，而且把社会主义国家计划经济政策的失效上升到社会主义价值观的层面上来抨击，相反，对资本主义自由民主制度在对落后国家输出时带来的经济退步和政治社会混乱，却认为是没有彻底贯彻西方资本主义自由制度的结果。对于西方发达资本主义国家面临的严重现实问题，包括从"毒品泛滥、无家可归、犯罪"等安全问题，到"环境破坏和消费主义甚嚣尘上"等问题，福山轻描淡写地认为"显然不是根据自由原则所不可解决的"。

"从表面上看，美国强调'自由'和'民主主义'是正义，独裁和专制国家是罪恶的，但实际上，美国更看重的是自己国家的利益。美国为了击溃当前的敌人不惜在背后援助独裁和专制国家，采取所谓双重标准。……民主主义更是招牌，在这块招牌背后，呈现出强烈的美国国家主义色彩。"③ 近年来，受到国际金融危机的影响，一向标

---

① ［美］弗朗西斯·福山：《历史的终结与最后的人》，陈高华译，广西师范大学出版社 2014 年版，第 117 页。

② 同上。

③ ［日］梅原猛、稻盛和夫：《拯救人类的哲学》，曹岫云译，机械工业出版社 2015 年版，第 38 页。

榜自由的美国开始挥舞贸易保护主义的大棒。美国一些政客出于一己之利，丧失基本认知能力。面对本国企业流失、贸易逆差和中国在互联网领域的科技赶超，他们诿过于人，不顾大国责任和中美经贸合作取得的巨大成就，将中国视为威胁，挥舞关税大棒，发动贸易"制裁"。为了限制中国在科学技术领域的竞争，滥用国家安全名义打压中国高科技企业，对企业进行围猎。企图遏制中国高科技发展，将中国限制在国际产业链的中低端。从制裁中兴公司、逮捕华为首席财务官，到对中国在美高技术人才和华人科学家进行政治调查，将科技问题政治化，暴露其根深蒂固的零和思维和霸权思维。更反映出其标榜的自由民主的双重标准和虚伪性。

近年来，金融危机与信用问题、贫困与环境问题、贸易保护主义以及世界地区发展不平衡等问题，使市场经济的声誉不断受到损害，反映了资本主义文化的固有缺陷。在 2008 年金融危机中暴露的由华尔街金融大鳄们导演的一幕幕金融欺诈面前，资本主义的精神文化支撑显然失灵。"通过吃苦流汗制造产品来发展经济，简直太累了！这种事让那些勤奋国家的人去干，自己只做设计和销售就行。""以钱生钱最省力"，美国由此产生了"金融工学"，"雇佣头脑聪明的数学家，开发复杂的金融技术，在黄金、石油、大豆、玉米等期货以及股票的基础上，制造出金融衍生品，利用这种产品不费吹灰之力地赚大钱，从而维持美国世界第一经济大国的地位。"[①] 2008 年，由于投机资金大量涌入商品市场，油价一路飙升。油价暴涨给世界经济带来了打击，然而投机家们为了能让自己赚钱还在尽力抬高价格。"尝到甜头的投机家们又涌入了谷物期货交易市场。结果是，原本粮食就短缺的发展中国家，许多民众活活饿死。"[②]

实际上，早在 20 世纪七八十年代，西方经济理论的"价值中立"

---

① ［日］梅原猛、稻盛和夫：《拯救人类的哲学》，曹岫云译，机械工业出版社 2015 年版，第 41 页。

② 同上书，第 42 页。

观点就受到了部分学者的批判。罗尔斯在其政治哲学著作中提出分配正义的观点。阿玛蒂亚·森重新说明了 经济学的伦理根源。奥肯提出"在平等中注入一些合理，在效率中注入一些人道。"此外，日本经济的成功使得东亚企业文化受到西方管理学界的关注，传统的科学"理性主义"管理观点得到修正，人文、伦理和企业价值观受到重视。近年来，更有学者试图从文化上挽救资本主义市场经济的伦理困境。然而，资本主义的固有文化缺陷难以解决市场伦理的现实困境。从实践上看，西方主流的市场经济理论，一方面把人类追求自我利益与市场经济效率的内在关系揭示了出来，对中国推动市场化改革起到了重要作用；但另一方面，建立在"个人本位"基础上的西方文化及其价值观念，形成以"资"为本竞争格局，使得西方政治经济政策始终无法破解效率与公平、经济与伦理兼顾的难题。

当代中国社会主义核心价值观，综合了中国传统文化、马克思主义价值观和西方现代进步理念和文明观念，既吸收外来，又立足本土，既体现共产主义理想，又着眼全球化中的现代市场发展阶段。具有"立足传统""博采众长""兼收并蓄"的独特优势。中华文明源远流长，伦理根基厚重，传统文化中虽有落后于现代文明的地方，但也有许多大智慧，通过现代转化可以引导市场经济突破西方传统认知，朝着更加有利于世界和谐幸福的方向转变。"民本思想""义利兼顾""天人合一"等传统文化价值理念之所以历经几个世纪而不衰，正是因为其具有超越了西方个人主义、功利主义文化的群众根基。五四运动后，马克思主义在中国的传播，尤其新中国成立后的社会主义思想改造，中国传统的家国情怀通过集体主义观念和共产主义理想教育获得了新的道德生命力。改革开放后，在市场经济条件下，中华民族优秀传统文化再次与现代市场经济所要求的理性契约精神、创新进取精神相结合，为培育社会主义市场经济伦理提供精神支撑。苏联、东欧改革的全盘西化及其教训不仅警示了我们的党，也教育了人民，人民群众变得愈加理性和成熟，中国道路自信、制度自信、文化自信逐渐增强。

　　纵观社会主义 500 年的发展历程，社会主义从诞生那天起就是一种整体主义价值观。无论从中国传统政治思想还是从坚持社会主义立场来看，中国社会都不是个体至上的。国家、集体与个人利益兼顾，人民的眼前利益与长远利益兼顾，是社会主义自由民主的前提和基础。自由不等于自由主义，民主不等于个人主义。倡导自由和民主，反对自由主义和个人主义，这是社会主义与西方资本主义价值观的根本区别。建立在个人本位基础上的资本主义自由民主人权观并不是适合一切民族和国家、适合一切历史发展阶段的普世价值观。中国坚持马克思主义的辩证唯物主义自由民主和公平正义观，坚持与中国历史、国情和文化相结合的社会主义价值认识论，决定了社会主义民主是尊重人民的首创精神，倾听人民的呼声，贯彻群众路线；决定了社会主义的财富观是缩小贫富差距、实现共同富裕，是人、社会与自然的协调发展。

　　拥有 5000 年悠久文化传统的中华民族之所以能够绵延至今，在历经跌宕起伏后仍然不断焕发出新的活力，这本身就证明了中国文化的博大精深、包容智慧。经过 5000 年历史洗礼而沉淀下来的发展模式，远非西方学者的简单对比就能下定论。日本在战后创造东亚经济奇迹的过程中，许多优秀企业家都坚持一手《论语》，一手算盘。中国在近代落后挨打的条件下，中国先进的民营工商业者展现出"义利兼顾"的爱国情怀，把创办企业与救国报国相结合。改革开放以来，在党的方针政策指引下，越来越多的民营企业家深刻地认识到，自身的成长离不开国家、社会和广大人民的认同，企业要发展，不但需要把握市场运行的规律，而且还要具有"达则兼济天下"的抱负，这也是企业做大做强最基本的要素。改革开放 40 年，一批又一批勇于创新、敢于超越的优秀企业成长起来，越来越多的中国企业"走出去"，为塑造新的市场主体形象打上中国文化、中国精神的烙印。

　　"天人合一""和谐共生"的宇宙观是 2000 多年前中华民族培育的独特思维。近代以后，中华民族受到了外来资本主义文明的冲击和帝国主义入侵，历经磨难。在寻求救国救民的现代化方案上，中国共产党选择了以反对压迫、实现人类平等与解放为特征的社会主义制度，而不是那些给中国带来深重灾难的西方发达国家所走的资本主义道路。这与中国"尚和合、求大同"的历史文化传统是一脉相承的，也决定了中国发展起来之后不会走西方近代"逢强必霸"的帝国殖民老路。中国经济改革的成功受益于对外开放。中国发展起来之后，也愿与广大发展中国家分享推动经济增长的成功经验，与世界其他经济体一同分享发展机遇。

"中国道路""中国模式"的背后是中国共产党秉承的政治文化传统、文化自信和政治智慧。作为领导 14 亿人口大国的大党，中国共产党的政治文化"软实力"决定着中国共产党能否在错综复杂的国内外环境中始终保持清醒头脑、坚持走中国特色的社会主义市场经济改革之路。认识不到这一点就无法全面解读中国的经济改革实践，也不能参透用西方主流经济学无法解释的中国式市场化改革为什么能够成功。

用社会主义核心价值涵养市场伦理，建立"共赢"的市场思维，超越西方个人主义、追求短期利益的市场竞争秩序，是破解长期以来效率与公平无法兼顾、经济学与伦理学无法达成和解的必要努力，既符合中国人民需要，也符合世界人民需要。中国政府本着负责任的态度，以"共商共建共享"为原则，以构建"人类命运共同体"为目标，推行"一带一路"倡议建设，在全球层面中推动和贯彻包容性发展，以实现"互利共赢"。"一带一路"作为国际经济合作的新平台，不仅为深化中国的经济改革和发展注入新的活力、增添新的动力、拓展新的空间，也为促进世界经济繁荣、推动建设开放型世界经济，贡献中国力量，提供中国智慧。

参考文献

（一）著作

《马克思恩格斯选集》第一卷、第二卷，人民出版社 1995 年版。

《马克思恩格斯选集》第三卷，人民出版社 2001 年版。

《马克思恩格斯选集》第二十三卷，人民出版社 1972 年版。

《马克思恩格斯文集》第一卷、第二卷、第三卷、第五卷、第九卷，
   人民出版社 2009 年版。

《马克思恩格斯全集》第一卷，人民出版社 1995 年版。

《马克思恩格斯全集》第三卷，人民出版社 2002 年版。

《马克思恩格斯全集》第二十三卷，人民出版社 1975 年版。

《马克思恩格斯全集》第二十六卷（第三册），人民出版社 1974
   年版。

《马克思恩格斯全集》第四十二卷，人民出版社 1979 年版。

《马克思恩格斯全集》第四十六卷（下册），人民出版社 1980 年版。

《列宁全集》第十三卷，人民出版社 1987 年版。

《列宁选集》第四卷，人民出版社 2012 年版。

《毛泽东选集》第一卷，人民出版社 1991 年版。

《毛泽东文集》第八卷，人民出版社 1999 年版。

《邓小平文选》第二卷，人民出版社 1994 年版。

《邓小平文选》第三卷，人民出版社 1993 年版。

《邓小平文集（一九四九——一九七四年）》（上、中、下三卷），人民出版社 2014 年版。

《邓小平年谱（一九七五——一九九七）》（上下），中央文献出版社 2004 年版。

《习近平谈治国理政》第一、第二卷，外文出版社 2014、2017 年版。

《资本论》第一卷，人民出版社 1975 年版。

《资本论》第二卷、第三卷，人民出版社 2004 年版。

中共中央文献研究室等编：《大型电视文献纪录片〈新中国〉解说词》第四集，中央文献出版社 1999 年版。

中共中央党史研究室编：《中国共产党历史（第二卷）》（1949—1978），中共党史出版社 2011 年版。

中共中央文献研究室编：《三中全会以来重要文献汇编》上册，人民出版社 1982 年版。

《十六大以来重要文献选编》（下），中央文献出版社 2008 年版。

《十八大以来重要文献选编》（上），中央文献出版社 2014 年版。

《陈云文选》第二、三卷，人民出版社 1995 年版。

程冠军：《企业家论语》，企业管理出版社 2014 年版。

戴清亮等：《社会主义学说史》，人民出版社 1987 年版。

单元庄：《中国私人资本人格——总裁笔记之一》，社会科学文献出版社 2005 年版。

高放：《社会主义的过去、现在和未来》，北京出版社 1982 年版。

《谷牧回忆录》，中央文献出版社 2009 年版。

黎红雷：《人类管理之道》，商务印书馆 2000 年版。

李向前：《旧话新题：关于中国改革起源的几点研究——兼答哈里·哈丁和麦克法夸尔两先生对中国改革的质疑》，《中共党史研究》1999 年第 1 期。

廖小平：《核心价值观变迁与核心价值体系的解构和建构》，中国社会科学出版社 2013 年版。

林洁珍：《儒家与基督教的市场道德》，转引自陆晓禾、［美］乔治·

尹继佐《发展中国经济伦理》，上海社会科学院出版社 2003 年版。

刘爱玉：《社会学视野下的企业社会责任：企业社会责任与劳动关系研究》，北京大学出版社 2013 年版。

鲁品越：《社会主义对资本力量：驾驶与导控》，重庆出版社 2008 年版。

《缅怀毛泽东》（上册），中央文献出版社 1993 年版。

欧阳润平：《义利共生论：中国企业伦理研究》，湖南教育出版社 2000 年版。

王新生：《政治体制与经济现代化》，社会科学文献出版社 2002 年版。

吴晓波：《浩荡两千年：中国企业公元前 7 世纪—1869 年》，中信出版社 2012 年版。

吴晓波：《激荡三十年：中国企业 1978—2008》（上下），中信出版社 2007、2008 年版。

吴易风：《空想社会主义》，北京出版社 1980 年版。

薛暮桥：《薛暮桥回忆录》，天津人民出版社 2006 年版。

晏智杰：《西方经济学说史教程》，北京大学出版社 2002 年版。

邹铁力：《中国共产党与私营经济》，中共党史出版社 2003 年版。

［德］马克斯·韦伯：《新教伦理与资本主义精神》，马奇炎、陈婧译，北京大学出版社 2012 年版。

［法］亨利·勒帕日：《美国新自由主义经济学》，北京大学出版社 1985 年版。

［法］马布利：《马布利选集》，何清新译，商务印书馆 1960 年版。

［法］马克·夸克：《合法性与政治》，佟心平、王远飞译，中央编译出版社 2002 年版。

［法］摩莱里：《自然法典》，刘元慎、何清新译，商务印书馆 1959 年版。

［法］《圣西门选集》第一卷，王燕生等译，商务印书馆 1979 年版。

［美］阿列克斯·科尔：《犬与鬼——现代日本的坠落》，周保雄译，

中信出版社 2006 年版。

［美］阿瑟·奥肯：《平等与效率》，陈涛译，华夏出版社 1999 年版。

［美］保罗·克鲁格曼：《萧条经济学的回归》，朱文晖、王玉清译，中国人民大学出版社 1999 年版。

［美］彼得·圣吉等：《第五项修炼：学习型组织的艺术与实践》，张成林译，中信出版社 2009 年版。

［美］丹尼尔·A. 雷恩：《管理思想史》，孙健敏等译，中国人民大学出版社 2014 年版。

［美］丹尼尔·贝尔：《资本主义文化矛盾》，严蓓雯译，人民出版社 2010 年版。

［美］费正清：《美国与中国》，董乐山译，商务印书馆 1971 年版。

［美］弗兰西斯·福山：《信任：社会道德与繁荣的创造》，李宛蓉译，远方出版社 1998 年版。

［美］弗朗西斯·福山：《历史的终结与最后的人》，陈高华译，广西师范大学出版社 2014 年版。

［美］赫尔曼·E. 戴利：《超越增长：可持续发展的经济学》，诸大建等译，上海译文出版社 2001 年版。

［美］柯林斯·菲舍尔、艾伦·洛维尔：《经济伦理与价值观：个人、公司和国际透视》（第 2 版），范宁译，北京大学出版社 2009 年版。

［美］肯尼斯·R. 胡佛：《改变世界的三个经济学家》，启蒙编译所译，上海社会科学院出版社 2013 年版。

［美］米尔顿·弗里德曼：《资本主义与自由》，张瑞玉译，商务印书馆 2004 年版。

［美］萨缪尔森、诺德豪斯：《经济学》，萧琛译，商务印书馆 2013 年版。

［美］塞缪尔·亨廷顿、劳伦斯·哈里森：《文化的重要作用：价值观如何影响人类进步》，程克雄译，新华出版社 2002 年版。

［美］塞缪尔·亨廷顿：《文明的冲突》，周琪等译，新华出版社 2013 年版。

［美］约翰·罗尔斯：《正义论》，何怀宏等译，中国社会科学出版社
　　1988 年版。

［美］约瑟夫·熊彼特：《资本主义、社会主义与民主》，吴良健译，
　　商务印书馆 2011 年版。

［美］詹姆斯·E. 布坎南：《自由、市场与国家》，吴良健等译，北
　　京经济学院出版社 1988 年版。

［日］梅原猛、稻盛和夫：《拯救人类的哲学》，曹岫云译，机械工业
　　出版社 2015 年版。

［日］涩泽荣一：《右手论语 左手算盘》，戴璐璐译，中国言实出版
　　社 2007 年版。

［日］幸德秋水：《社会主义神髓》，马采译，商务印书馆 2011 年版。

［日］引头麻实：《日航重生：稻盛和夫如何将破产企业打造为世界
　　一流公司》，陈雪冰译，中信出版社 2014 年版。

［苏］И. Н. 奥西诺夫斯基：《托马斯·莫尔传》，商务印书馆 1984
　　年版。

［印度］阿玛蒂亚·K. 森：《伦理学与经济学》，王宇、王文玉译，
　　商务印书馆 2001 年版。

［英］安德鲁·甘布尔：《自由的铁笼》，王晓冬、朱之江译，江苏人
　　民出版社 2002 年版。

［英］布赖恩·斯诺登等：《现代宏观经济学指南》，苏剑等译，商务
　　印书馆 1998 年版。

［英］弗里德里希·冯·哈耶克：《法律、立法与自由》（第二、三
　　卷），邓正来、张守东、李静冰译，中国大百科全书出版社 2002
　　年版。

［英］弗里德里希·冯·哈耶克：《经济、科学与政治：哈耶克思想
　　精粹》，冯克利译，江苏人民出版社 2000 年版。

［英］托马斯·莫尔：《乌托邦》，戴镏龄译，商务印书馆 1959 年版。

［英］亚当·斯密：《道德情操论》，蒋自强等译，商务印书馆 2003
　　年版。

［英］亚当·斯密：《国民财富的性质和原因的研究》（上下册），郭
　　大力、王亚南译，商务印书馆 2002 年版。

［英］约翰·梅纳德·凯恩斯：《劝说集》，蔡受百译，商务印书馆
　　1962 年版。

（二）期刊论文

陈岱孙：《西方经济学与我国现代化》，《世界经济》1983 年第 9 期。

陈平：《中国道路的争议与新古典经济学的迷思》，《政治经济学评
　　论》2012 年第 2 期。

程恩富、谢长安：《论资本主义和社会主义的混合所有制》，《马克思
　　主义研究》2015 年第 1 期。

段忠桥：《社会主义优于资本主义在于它更平等——科恩对社会主义
　　的道德辩护》，《学术月刊》2011 年第 5 期。

丰子义：《全球化与资本的双重逻辑》，《北京大学学报（哲学社会科
　　学版）》2009 年第 3 期。

侯惠勤：《"普世价值"的理论误区和制度陷阱》，《世界社会主义研
　　究》2017 年第 2 期。

廖小平：《改革开放以来价值观演变轨迹探微》，《伦理学研究》2014
　　年第 5 期。

蔺子荣、王益民：《中国传统文化与东方伦理型市场经济》，《中国社
　　会科学》1995 年第 1 期。

刘国光：《进一步重视社会公平问题》，《经济学动态》2005 年第
　　4 期。

万俊人：《论市场经济的道德维度》，《中国社会科学》2000 年第
　　3 期。

吴易风：《为什么我们不能用西方经济学取代马克思主义政治经济
　　学?》，《思想理论教育导刊》2003 年第 3 期。

习近平：《关于坚持和发展中国特色社会主义的几个问题》，《求是》
　　2019 年第 7 期。

杨卫敏：《论新时代政商关系中的若干领域和关系》，《江苏省社会主义学院学报》2018 年第 5 期。

余源培：《资本与中国社会主义建设》，《上海财经大学学报》2006 年第 4 期。

《"张五常热"解析——吴易风教授访谈》，《国外理论动态》2003 年第 4 期。

周瑞金：《"皇甫平"交锋与邓小平南巡》，《理论参考》2012 年第 3 期。

（三）报纸文章

曹普：《邓小平沉重"问号"启动改革》，《学习时报》2008 年 9 月 29 日。

《江泽民在庆祝建党八十周年大会上的讲话》，《人民日报》2001 年 7 月 2 日第一版。

马国川：《周其仁访谈录：一部未完成的产权改革史》，《经济观察报》2009 年 1 月 17 日。

习近平：《把培育和弘扬社会主义核心价值观作为凝魂聚气强基固本的基础工程》，《人民日报》2014 年 2 月 26 日第一版。

习近平：《巩固发展最广泛的爱国统一战线　为实现中国梦提供广泛力量支持》，《人民日报》2015 年 5 月 21 日第一版。

习近平：《毫不动摇坚持和发展中国特色社会主义　在实践中不断有所发现有所创造有所前进》，《人民日报》2013 年 1 月 6 日第一版。

习近平：《毫不动摇坚持我国基本经济制度，推动各种所有制经济健康发展》，《人民日报》2016 年 3 月 9 日第二版。

习近平：《弘扬企业家精神发挥企业家作用，坚守实体经济落实高质量发展》，《人民日报》2018 年 1 月 23 日第一版。

习近平：《坚持运用辩证唯物主义世界观方法论　提高解决我国改革发展基本问题本领》，《人民日报》2015 年 1 月 25 日第一版。

习近平：《人民有信仰民族有希望国家有力量》，《人民日报》2015 年

3 月 1 日第一版。

《习近平在民营企业座谈会上讲话》,《人民日报》2018 年 11 月 2 日
　第二版。

《习近平在庆祝中国共产党成立 95 周年大会上的讲话》,《人民日报》
　2016 年 7 月 2 日第二版。

《习近平在省部级主要领导干部学习贯彻党的十八届五中全会精神专
　题研讨班上的讲话》,《人民日报》2016 年 5 月 10 日第二版。

《习近平在网络安全和信息化工作座谈会上的讲话》,《人民日报》
　2016 年 4 月 20 日第一版。

《习近平在亚太经合组织工商领导人峰会开幕式演讲》,《人民日报》
　2014 年 11 月 10 日第二版。

《沿着有中国特色的社会主义道路前进——在中国共产党第十三次全
　国代表大会上的报告》,《人民日报》1987 年 11 月 4 日。

《中国共产党统一战线工作条例（试行）》,《人民日报》2015 年 9 月
　23 日第五版。

（四）电子文献

江泽民:《全面建设小康社会,开创中国特色社会主义事业新局面——
　在中国共产党第十六次全国代表大会上的报告》,中央政府门户网站
　http：//www. gov. cn/test/2008 - 08/01/content_ 1061490. htm。

习近平:《巩固发展最广泛的爱国统一阵线》,新华网 http：//www.
　xinhuanet. com/politics/2015 - 05/20/c_ 1115351358. htm。

习近平:《国无德不兴,人无德不立》,2018 年 12 月 11 日 人民网 ht-
　tp：//jhsjk. people. cn/article/30457713。

《习近平经济形势专家座谈会上讲话》,新华网 http：//www. xinhua-
　net. com//politics/2016 - 07/08/c_ 1119189505. htm。

《习近平在中央统战工作会议上的讲话》,新华网 2015 年 5 月 18 日 ht-
　tp：//www. xinhuanet. com/politics/2015 - 05/20/c_ 127822785. htm。

《中国共产党第八次全国代表大会关于政治报告的决议》,中央政府门

户网站 http：//www. gov. cn/test/2008 −06/04/content_ 1005260. htm。

《中国民营经济 30 年：从"作坊时代"迈向"跨国时代"》，中央政府门户网站 http：//www. gov. cn/govweb/jrzg/2008 −10/26/content_ 1131504. htm。